浙江省哲学社会科学规划
后期资助课题成果文库

宏观经济周期背景下融资约束
对企业并购影响的实证研究

The Impact of Financing Constraints
on M&A: An Empirical Study Based
on Macroeconomic Cycle

赵利娟 著

ZHEJIANG UNIVERSITY PRESS
浙江大学出版社

图书在版编目(CIP)数据

宏观经济周期背景下融资约束对企业并购影响的实证
研究 / 赵利娟著. —杭州：浙江大学出版社，2021.6
ISBN 978-7-308-21288-5

Ⅰ. ①宏… Ⅱ. ①赵… Ⅲ. ①企业兼并—研究—中国
Ⅳ. ①F279.214

中国版本图书馆 CIP 数据核字(2021)第 077106 号

宏观经济周期背景下融资约束对企业并购影响的实证研究
赵利娟 著

策划编辑	吴伟伟
责任编辑	丁沛岚
责任校对	陈 翩
封面设计	周 灵
出版发行	浙江大学出版社
	(杭州市天目山路 148 号　邮政编码 310007)
	(网址:http://www.zjupress.com)
排　　版	杭州朝曦图文设计有限公司
印　　刷	广东虎彩云印刷有限公司绍兴分公司
开　　本	710mm×1000mm　1/16
印　　张	15.75
字　　数	266 千
版 印 次	2021 年 6 月第 1 版　2021 年 6 月第 1 次印刷
书　　号	ISBN 978-7-308-21288-5
定　　价	68.00 元

前　言

随着国际次贷危机的蔓延加深,我国宏观经济发展出现周期性波动,面对经济增速不断下滑的发展形势,国家先后推出 4 万亿计划、差别准备金动态调整机制、以"三去一降一补"为重点的供给侧结构性改革等宏观调控政策,以引导货币信贷和社会融资规模合理增长,加大金融支持经济发展方式转变和经济结构调整的力度,这必然直接影响到企业融资约束状况。而国家实现经济转型升级、产业结构优化调整和企业健康发展的重要途径—并购重组,是宏观、微观领域协同共生的产物,其不仅受融资约束的影响,也会在宏观经济周期不同阶段随着宏观经济环境变化呈现不同的特征。尽管学术界认识到融资约束对企业并购活动具有一定的影响,但是相关研究并不充分,忽略了外部经济环境的重要作用。从宏观经济周期视角研究融资约束对企业并购活动的影响,对于完善这一领域的研究内容、拓展融资约束与并购战略选择关系的研究范畴,具有重要的理论意义;另外,相关研究为企业并购决策的制定提供参考,对国家宏观层面的经济发展也具有重要的现实意义。

本书以 2007—2017 年我国 A 股主板上市公司为研究样本,基于宏观经济周期的研究视角,以"提出问题—理论分析—实证分析—研究结论"为基本思路,运用并购动因理论、融资约束相关理论及金融加速器理论分析了在宏观经济周期背景下融资约束对企业并购的影响,并提出本书的研究假设,通过描述性统计分析、倾向得分匹配法、二元逻辑回归和多元线性回归分析等方法对研究假设进行实证检验,得出本书的研究结论。

本书主要的研究工作和内容如下:

第一,根据本书的研究主题,梳理了融资约束、企业并购、经济周期等方面已有研究文献,指出已有研究文献的贡献和不足,进而提出本书的研究问题。

第二,在理论分析和作用机理方面,本书运用代理理论、信息不对称理论、融资优序理论和金融加速器理论针对融资约束影响企业并购的机理进行分析,据此提出本书的研究假设。

第三,在实证研究方面,运用描述性统计分析、倾向得分匹配法、二元逻辑回归和多元线性回归分析等方法检验了在宏观经济周期不同阶段融资约束对样本企业并购的影响,并验证了市场化程度和股权性质在其中的调节作用,得出本书的实证结论,最后采用更换样本和主要研究变量的方法进行了相应的稳健性检验。

第四,最后给出本书的主要研究结论,并指出本书的研究局限和未来研究方向。

本书的主要研究结论如下:

①我国企业并购交易具有顺周期性的特点,即在宏观经济繁荣期,企业的交易数量和交易金额增速较快;在衰退期,并购市场活跃度减弱,并购交易数量和金额增速放缓。

②上市公司融资约束状况在行业间具有较大差异,随着我国市场经济体制改革和资本市场的发展,我国上市公司的融资约束状况具有时变特征,并且与宏观经济环境周期变化具有一定的同步性;同时研究发现,国有企业依靠其天然优势具有较低的融资约束,在市场化程度较高的地区,公司的融资约束程度较轻,具有一定的区域分布特征。

③在宏观经济周期背景下,融资约束对企业并购可能性具有负向影响;与市场化程度较高地区的企业相比,市场化程度较低地区的企业融资约束程度对企业并购可能性的影响更大;与非国有企业相比,国有企业融资约束程度对企业并购可能性的影响更大。

④企业的融资约束状况能够显著影响企业的并购战略选择。在宏观经济周期背景下,企业融资约束程度越高,企业进行大规模并购的可能性越大,进行非同一行业之间并购的可能性也越大;在宏观经济繁荣期,融资约束程度越高,企业越有可能进行异地并购,但是在经济衰退期,这种影响并不显著;同时发现,在宏观经济周期的不同阶段,市场化程度和股权性质可能会强化或者削弱融资约束对企业并购战略选择的影响,在宏观经济繁荣期,市场化程度对融资约束与并购战略选择之间关系具有较强的调节作用;在宏观经济衰退期,股权性质则发挥了较强的调节作用。这也证明了我国企业并购与融资约束的一个特点,即在经济繁荣期,市场将发挥较大的作用,而在衰退期,政府将发挥更大的作用。

⑤在宏观经济周期的不同阶段,融资约束程度不同的企业实施不同的并购战略所产生的并购绩效具有显著的差异性。在经济繁荣期,良好经济

形势对于高融资约束企业来说是一个良好的并购契机,选择相对小规模的并购、同一行业之间的并购和本地范围内的并购都能够获得较高的绩效;在经济衰退期,得益于较低的并购成本,对于低融资约束企业来说,进行小规模并购、非同一行业之间的并购以及本地的并购都有利于绩效的提高。

本书的创新之处体现在:

①已有关于融资约束对企业并购影响的研究大多集中在融资约束与并购支付方式、并购溢价的关系等方面,鲜少从并购规模、并购类型以及并购区域选择角度研究融资约束在其中的作用。本书从理论和实证两方面证明了在宏观经济周期背景下融资约束能够影响企业并购规模、并购类型和并购区域的选择,进一步研究了在宏观经济周期背景下面临不同融资约束的企业实施不同并购战略决策带来的并购绩效变化。本书有助于弥补这一研究领域的不足,丰富和完善融资约束对并购影响的研究内容。

②以往对企业并购的研究主要关注公司治理层面以及并购交易特征两个维度,尽管取得了丰富的研究成果,但对宏观经济政策、宏观经济周期波动等外部因素考虑较少。本书考察了在宏观经济周期背景下融资约束对企业并购的影响,研究发现,在宏观经济周期的不同阶段,面临不同融资约束的企业,并购战略选择具有显著的差异性,并且市场化程度和股权性质在对融资约束与企业并购战略选择影响上的调节作用也是明显不同的。本书的研究进一步拓展了并购领域的研究视角。

③本书创造性地从财务协同、经营协同和管理协同三个方面构建了衡量企业并购绩效的评价指标体系,丰富和拓展了并购绩效的衡量方法;采用倾向得分匹配和二元逻辑回归相结合的方法研究融资约束对企业并购的影响,使本书研究内容更加切合实际,实证研究结论更加客观、稳健。

目　录

第一章 绪 论

第一节 研究背景

受 2008 年全球金融危机的影响,中国的经济增长率在 2009 年第一季度跌到了近 20 年以来的最低值 6.6%。随着我国 4 万亿经济刺激计划的推出,货币政策的不断调整,在 2009 年年底,经济触底回升,通货膨胀也出现了逆转性的提高。但自 2010 年以来,我国传统产业产能过剩的问题显得愈加突出,传统的经济增长方式受到了环境、资源等因素的制约,竞争力下降。大规模的经济刺激和货币政策的频繁调整虽然遏制住了经济增速的下滑,但并没有从根本上解决我国经济可持续发展的问题。在这样的背景下,加快转变经济增长方式、推动经济结构调整和产业转型升级是政府和企业面临的必然选择,而并购重组则是最有效的途径之一。

企业是宏观经济系统的重要组成部分,任何企业的战略决策都是在特定的宏观经济背景下做出的。由于市场传导机制的存在,在宏观经济波动以及国家经济政策不断调整的背景下,企业投资决策势必受到直接影响,而并购决策是最为典型的代表(Gertler,Gilchrist,1994)。

随着我国改革开放和市场经济的不断发展、市场环境的不断完善,我国的企业并购先后经历了初级、规范以及初级与发展并举的市场化阶段。2016 年,国内经济继续承压,以"三去一降一补"为重点的供给侧结构性改革等调控政策的出台,政策层面突出稳定发展和系统性风险防控。并购重组作为我国市场经济不可缺少的重要组成部分,在经济转型实现资源的优化配置、推动企业竞争力的提高,实现做大做强的战略目标中发挥至关重要的作用。国家先后出台《国务院关于促进企业兼并重组的意见》(2010)、《关于加快推进重点行业企业兼并重组的指导意见》(2013)、《关于修改上市公司重大资产重组与配套融资相关规定的决定》(2014)、《商业银行并购贷款风险管理指引》(2015)等多项法规政策支持并购市场的发展,在强化市场定价机制、精简审批程序、融资支持、投资者保护以及市场监管方面都给予了最大限度的支持。在政策推动下,中国的企业并购已成为全球并购市场上的重要力量。自股权分置改革以来,我国并购市场呈现如火如荼的态势,清科网数据显示,并购交易数量由 2007 年的 117 起增加至 2017 年的 2813 起,交易金额由 186.7 亿美元增加到 3091.7 亿美元,具体见表 1-1 和图 1-1。

表 1-1　我国 2007—2017 年企业并购交易情况

并购情况	2007年	2008年	2009年	2010年	2011年	2012年	2013年	2014年	2015年	2016年	2017年
交易数量/起	117	66	294	622	1157	991	1232	1929	2692	3105	2813
交易金额/亿美元	186.7	129.6	331.5	348.1	669.2	507.6	932.1	1184.9	1706.3	3013.3	3091.7

数据来源:依据清科网 2007—2017 年中国并购市场年度报告整理。

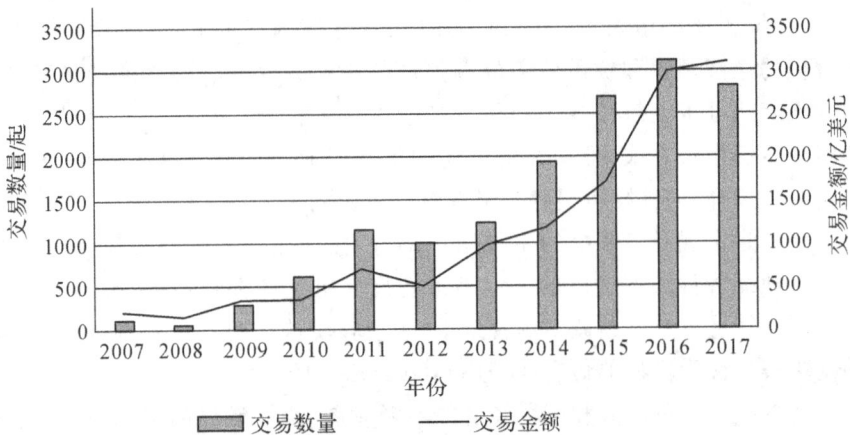

图 1-1　我国 2007—2017 年并购案例数量及金额

表 1-2 列示了 2007 年以来我国宏观经济发展趋势和我国的并购交易活动状况。可以看到,在经济发展速度缓慢、股票市场低迷时期,国家实施宽松的货币政策,企业资产负债率较高,企业并购活动大幅下降;随着国家积极进行宏观调控,经济形势好转,股票市场活跃以后,并购交易也出现了增

长的趋势。那么在宏观经济周期性波动的背景下,企业的并购战略具有哪些特征呢? 在宏观经济周期波动下企业会选择何种并购战略呢? 其内在机理是什么? 回答这些问题是本研究的现实动因。

表 1-2 2007—2017 年我国宏观经济政策与企业并购交易变化

年份	货币政策	GDP增长率/%	M2增长率/%	股票发行量/万股	资产负债率/%	并购交易数量增长率/%	并购交易金额增长率/%
2007	紧缩	11.4	16.74	637.24	0.50	0.16	2.03
2008	宽松	9.7	17.82	180.34	0.49	−0.44	−0.31
2009	宽松	9.4	28.5	400.05	0.49	3.45	1.56
2010	稳健	10.6	19.73	920.99	0.47	1.12	0.05
2011	稳健	9.2	13.61	272.36	0.43	0.86	0.92
2012	稳健	7.8	13.84	299.81	0.43	−0.14	−0.24
2013	稳健	7.7	13.59	259.92	0.44	0.24	0.84
2014	稳健	7.4	12.16	354.5	0.44	0.57	0.27
2015	稳健	6.9	13.34	595.67	0.44	0.40	0.44
2016	稳健	6.7	11.3	390.14	0.43	0.15	0.77
2017	稳健	6.9	8.2	431.102	0.41	−0.09	0.03

数据来源:货币政策类型数据根据中国人民银行网站公布的货币政策执行报告整理,其他数据来源于国家统计局网站。

在经典资本结构理论中,假定资本的供给是具有完全弹性的,企业并不需要考虑资本供给的限制而选择企业价值最大化的融资决策。但是 Leary (2009),Lemmon 和 Roberts(2010)等学者模型化宏观经济形势以及政策颁布等企业资本供给的外生冲击,证明了资金供给是影响企业战略选择的决定因素。一起成功的并购交易离不开充足资金的支持,并购企业的资金直接影响企业的并购战略的成败。目前,众多学者对企业并购的研究,往往假设主并购企业并未面临融资约束问题,但由于资本市场中存在信息不对称和委托代理成本问题,企业面临的外部融资和内部融资成本存在显著差异。当企业面临融资成本过高,企业的投资战略未达到最优水平时,必然出现投资不足的问题,也就是我们所说的融资约束。我国当前处于经济转轨阶段,资本市场的发展程度远远落后于西方发达的资本市场,企业融资方式有限,宏观经济环境及政策环境频繁变化,企业的融资工具匮乏,企业可选择的空间狭窄都加重了企业的融资约束程度,这都直接影响着企业并购战略的选择。在宏观经济波动背景下,面临不同融资约束程度的公司会选择何种并购战略?会带来什么样的并购绩效?这些问题已经逐渐成为国内外并购理论与实践研究的热点,也是本研究尝试解决的问题。

第二节　研究目的及意义

一、研究目的

以往关于融资约束与企业并购关系的研究更关注融资约束对企业并购支付方式影响的研究,但是受到不同程度融资约束的企业在实施并购战略过程中必然面临不同的选择,这既是并购市场中切实存在的客观事实,也是并购领域研究的热点之一。基于宏观经济周期背景研究融资约束与企业并购的关系,对企业并购的相关研究是一个有益的探索。本书正是从这样的客观事实出发,结合已有的管理学、经济学经典理论,从宏观经济周期的视角,揭示融资约束对企业并购影响的作用机理和效果。

本书旨在解决以下问题:

第一,在宏观经济周期背景下,企业的并购活动具有哪些特征?企业面临何种程度的融资约束?这些融资约束具有哪些特征?

第二,在宏观经济周期背景下,企业的融资约束状况是否会影响企业的并购可能性?面临不同融资约束程度的企业在并购战略选择上具有哪些偏好?其内在作用机理是什么?

第三,在宏观经济周期背景下,融资约束对企业的并购绩效会产生何种影响?

二、研究意义

企业并购活动与宏观经济发展的特定阶段紧密相关,对于产业结构的调整具有重要意义。我国的经济发展方式已由最初的粗放投资转向依靠科技进步和并购重组来实现资源的优化配置,推动经济发展质量的提高。但是,由于我国金融市场发展不够完善,资金配置效率低,融资约束已经成为企业实施并购过程中面临的重大难题。企业并购作为重要的投资活动,需要大量资金的支撑,企业融资约束程度的高低关系到企业成功并购的可能性和并购交易的各个环节,在并购规模、并购类型和并购区域选择等方面均会产生显著的差异影响。因此,基于宏观经济周期背景探索融资约束对企业并购的影响,具有重要的理论意义和现实意义。

本研究的理论意义在于:由于我国的资本市场发展程度有别于西方发达的资本市场,在信息的不对称程度以及代理成本问题方面具有一定的差异性,西方已有的关于融资约束与企业并购之间关系研究的结论并不一定适用于我国的企业并购现实。本书结合我国近十年来的宏观经济周期波动情况,研究我国企业融资约束对并购活动的影响,将宏观经济周期、融资约束、并购战略纳入同一研究框架内,为研究面临融资约束的企业的并购行为提供了一个新的研究视角,有利于丰富和拓展并购和融资约束相关理论。

本研究的现实意义在于:当前我国处于经济转轨阶段,并购市场具有中国制度环境特点,存在一定的政府干预和市场机制不完善等问题,本书基于宏观经济周期视角研究融资约束对企业并购的影响,选择符合我国企业状况的融资约束测度指标,得到的结论更具实用性和针对性,能够更准确地引导企业并购决策者依据自身融资约束情况在中国市场情境下做出最优并购战略。同时,本书结合宏观经济周期波动考察不同融资约束企业的并购战略选择行为和并购绩效情况,为监管机构制定相关政策提供理论依据,提高并购市场效率,有利于促进并购市场的健康发展。

第三节　研究思路及研究方法

一、研究思路

本书将沿着"研究现状—发现问题—提出研究问题—理论分析—实证分析—研究结论"的研究思路开展研究。

具体研究思路如下。

(一)现状分析

通过收集、整理国内外相关研究文献,了解和掌握有关宏观经济周期背景下的并购、融资约束以及企业并购战略与融资约束关系研究的现状,全面把握研究角度、理论观点、研究方法、变量设计以及基本研究结论,为后续研究做准备。

(二)发现问题

结合当前宏观经济周期背景下我国上市公司的融资约束和并购活动现状,分析评价在实践中融资约束对企业并购影响的情况;通过对相关文献的梳理,找到未达成共识的结论或学者研究较匮乏的领域,分析其原因,结合相关理论找到本研究的切入点。

(三)提出研究问题

采用文献研究法、理论分析法,针对已发现的问题,结合对相关理论的分析论述,确定本书的研究问题和研究内容。

(四)分析问题和解决方案

本书将基于宏观经济周期的视角,针对企业融资约束问题和并购战略选择问题进行理论分析,运用实证研究的方法,遵循"理论分析与假设提出—研究设计—实证分析过程与检验—实证研究结论"的研究思路进行分析论述。

(五)研究结论

结合理论分析和实证研究结果,运用归纳法,给出我国上市公司中融资约束与企业并购战略之间影响关系的基本结论。

二、研究方法

本书以我国2007—2017年A股上市公司为研究样本,采用理论分析和实证分析相结合的研究方法进行研究。

研究方法具体如下。

(一)归纳法和历史文献研究法

运用归纳法和历史文献研究法对国内外相关文献进行归纳和梳理,确定现有关于融资约束对企业并购影响的文献所存在的不足,进而明确本书的研究方向。

（二）理论分析法

运用理论分析法,采用并购动因理论、信息不对称理论、委托代理理论、融资优序理论、金融加速器理论等对企业融资约束现状、并购战略选择以及融资约束对并购活动的影响进行分析,为本书的研究奠定理论基础。

（三）实证研究法

运用实证研究方法,利用 STATA 13.0,EViews 6.0 统计软件,采用 HP 滤波、倾向得分匹配、描述性统计分析、相关性分析、均值差异性检验、Logistic 逻辑回归分析、多元线性回归等方法,针对宏观经济周期背景下融资约束对企业并购的影响进行实证检验。

第四节　研究内容及技术路线

一、研究内容

全书分为八章,具体内容如下:

第一章为绪论。本章主要介绍选题背景、研究意义、研究思路与方法、研究内容及技术路线、本书创新之处。

第二章为文献综述。本章对已有的关于宏观经济周期视角下的融资约束特征、并购状况、融资约束与企业并购之间的关系等相关文献进行回顾与梳理,并对其进行简要评述,从而明确研究方向,引出研究问题。

第三章为制度背景及相关理论分析。本章首先对研究所涉及的概念包括公司并购、融资约束以及宏观经济周期等进行界定,其次利用并购动因理论、融资约束以及经济周期相关理论对融资约束与企业并购战略之间的关系进行理论分析,为后续研究奠定理论基础。

第四章为实证研究设计。针对本书研究主旨,根据前文的分析,本章首先提出宏观经济周期背景下,融资约束对企业并购可能性、并购战略选择以及并购绩效影响的研究假设,然后交代本书实证研究所涉及的样本选择、变量界定和实证研究模型,为后面的实证检验奠定基础。

第五章为融资约束对并购可能性影响的实证分析。本章依据前面的实证研究设计,通过描述性统计分析、倾向得分匹配、逻辑回归分析等方法实证检验融资约束对并购可能性的影响,并进行相应的稳健性检验。

第六章为融资约束对并购战略选择影响的实证分析。本章将依据前面的实证研究设计,通过描述性统计分析、均值差异显著性检验、分组数据对比、逻辑回归分析等方法实证检验融资约束对并购战略选择的影响,并进行相应的稳健性检验。

第七章为融资约束对并购绩效影响的实证分析。本章将依据前面的实证研究设计,通过描述性统计分析、均值差异显著性检验、分组数据对比、主成分分析、多元线性回归分析等方法实证检验融资约束对并购绩效的影响,并进行相应的稳健性检验。

第八章为研究结论。本章在前面各章分析的基础上,对全书进行归纳总结,给出本书的研究结论,并指出本书研究存在的局限性和未来研究方向。

二、研究技术路线

根据本书的研究目的和研究思路,研究技术路线设计如图1-2所示。

第五节　创新之处

本书的创新之处主要体现在以下几个方面:

(1)已有关于融资约束对企业并购影响的研究大多集中在融资约束与并购支付方式、并购溢价的关系等方面,鲜少从并购规模、并购类型以及并购区域选择角度研究融资约束在其中的作用。本书从理论和实证两方面证明了在宏观经济周期背景下融资约束能够影响企业并购规模、并购类型和并购区域的选择,进一步研究了在宏观经济周期背景下面临不同融资约束的企业实施不同并购战略决策带来的并购绩效变化。本书有助于弥补这一研究领域的不足,丰富和完善融资约束对并购影响的研究内容。

(2)以往对企业并购的研究主要关注公司治理层面以及并购交易特征两个维度,尽管取得了丰富的研究成果,但是对于宏观经济政策、宏观经济周期波动等外部因素考虑较少。本书考察了在宏观经济周期背景下融资约束对企业并购的影响,发现在宏观经济周期的不同阶段,面临不同融资约束的企业,其并购战略选择具有显著的差异性,并且市场化程度和股权性质在对融资约束与企业并购战略选择影响上的调节作用也是明显不同的。本书进一步扩展了并购领域的研究视角。

```
┌──────────┐        ┌──────────┐        ┌──────────┐
│  研究思路  │ ◀───── │  研究内容  │ ─────▶ │  研究方法  │
└──────────┘        └──────────┘        └──────────┘
```

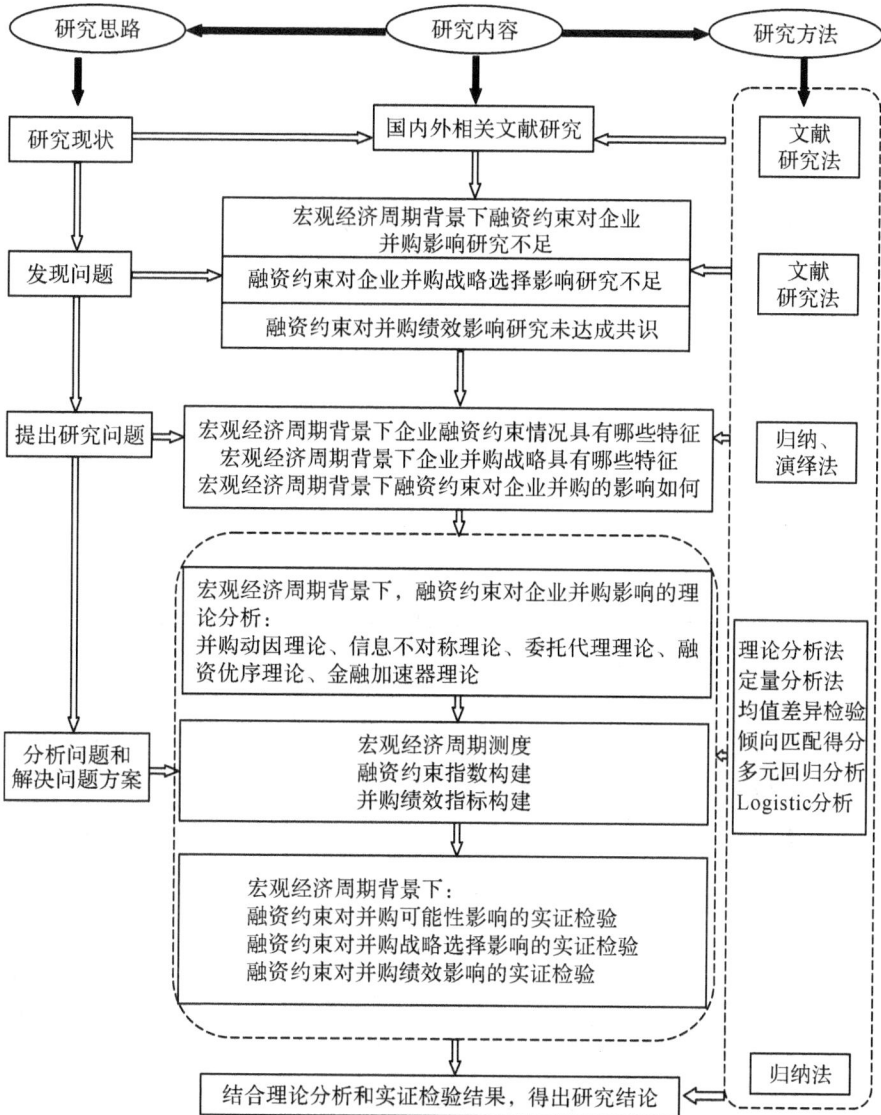

图 1-2　本书研究技术路线

（3）本书创造性地从财务协同、经营协同和管理协同三个方面构建了衡量企业并购绩效的评价指标体系，丰富和拓展了并购绩效的衡量方法；采用倾向得分匹配和二元逻辑回归相结合的方法研究融资约束对企业并购可能性的影响，使本书内容更加切合实际，实证研究结论更加客观、稳健。

第二章 文献综述

第一节 融资约束的相关研究

企业的融资来源方式一般分为内部融资和外部融资。MM 理论认为这两种融资方式不存在差别,但在不完善的资本市场中,由于信息不对称、代理问题等因素的存在,内部融资和外部融资具有显著差异,融资约束问题就成了企业外部融资相较于内部融资的难易程度的问题。基于这一观点,Stiglitz 和 Weiss(1981),Bernanke 和 Gertler(1989),Gertler(1992)等学者针对融资约束问题开展了广泛研究。本小节通过对融资约束主要相关文献的梳理,从融资约束成因和影响,以及度量方法两个方面进行介绍,为后文的研究奠定基础。

一、融资约束的成因和影响

根据 MM 理论,完美的资本市场中,企业外部资本可以完全替代内部资本,因此企业的投资行为只与企业投资需求有关,而与企业的财务状况无关(Modigliani,Miller,1958)。但是完美的资本市场并不存在,由于信息不对称和代理问题的存在,企业的外部融资成本往往高于内部融资成本,企业的投资决策又依赖于企业的融资能力。Myers 和 Majluf(1984)基于信息不对称理论提出了优序融资理论,认为企业的信息不对称程度与企业的融资约束程度正相关,较高的外部融资成本致使企业放弃净现值为正的投资项目。随后 Bernanke 和 Gertler(1989),Gertler(1992)在前人研究的基础上进一步指出,代理问题的存在也具有同样的作用。Stiglitz 和 Weiss(1981)继续指出,除了信息不对称和代理问题,企业在资本市场融资过程中还需要承担谈判、签约、监督等交易费用,这些费用提高了企业外部融资成本,导致企业投资不足。

根据上述分析,传统的融资约束理论认为信息不对称、委托代理问题以及交易成本造成了企业融资约束问题的产生。但是现代融资约束理论认为宏观经济的周期性波动、国家货币政策的变化以及政府的干预也能够影响企业的融资约束状况。

(一)宏观经济的周期性波动能够影响企业的外部融资能力

Bernanke 和 Gertler(1989)研究发现,受宏观经济形势的影响,企业外部融资成本提高,企业融资约束程度提高。Korajczyk 和 Levy(2003)通过构建宏观经济变化与企业特征的最佳资本结构函数,研究了宏观经济条件和融资约束对企业资本结构的影响,发现低融资约束企业的目标资本杠杆同经济周期反向变动,而高融资约束企业的目标资本杠杆同经济周期同向变动。Levy 和 Hennessyi(2007)考察了债务融资和股权融资的周期性特征,发现债务融资具有逆周期性的特点,而股权融资则是顺周期性的。我国学者陈志斌和刘静(2010)研究发现了扩张性的财政政策能够影响宏观经济形势变动,进而缓解企业的融资约束现状。闵亮和沈悦(2011)以制造业企业为样本建立了动态模型,以研究宏观经济变化下融资约束程度不同的企业的资本结构动态调整,发现融资约束企业对融资规模更加敏感,而非融资约束企业则更关注融资成本。刘春红和张文君(2013)以我国上市公司为样本,研究发现了企业的融资约束程度具有逆周期的特点,并且非国有控股公司表现得更为明显。

(二)货币政策的变化能够影响企业外部融资能力

货币政策对企业融资影响的途径主要包括信贷渠道和货币渠道。信贷渠道主要是指外部货币的供给,表现为银行贷款效应和资产负债表效应,前者通过银行贷款的发放影响利率,进而影响企业的外部融资成本,后者则通过利率影响企业的价值进而导致企业的融资成本发生变化。货币渠道主要表现在企业的投资机会方面,具体包括通过折现率变化影响企业投资的货币资产传导和通过资产价格变化影响投资机会的非货币资产传导两种方式。Leary(2009)分别以 1961 年和 1966 年为时间窗口期考察银行信贷变化对企业的影响,发现具有较高贷款依赖、债券信用等级较低的小型企业的财务杠杆对信贷资金变动的敏感性高于低贷款依赖、信用等级高的大型企业。我国学者祝继高和陆正飞（2009）根据央行发布货币政策指数考察货币政策与企业现金持有的关系，发现企业的现金持有水平同货币政策的松紧变化具有显著相关性，面临紧缩的货币政策时企业的融资约束程度显著提高。靳庆鲁等（2012），黄志忠和谢军（2013）等分别以 2003—2009 年民营企业的季度数据和 2002—2012 年沪深两市季度数据为研究样本，分析了货币政策对上市公司投资的影响，发现宽松的货币政策能够缓解企业的融资约束。

（三）政府利用对生产要素资源和金融资本的控制影响资源的配置效率

出于政治目标实现以及地方官员晋升等目的，政府可能会通过征税、监管、行政审批等方式影响企业的经营决策，出现银行信贷方面的"金融歧视"，影响企业的融资约束程度（Shleifer，Vishny，1994；La Porta et al.，1999）。

二、融资约束的度量

关于融资约束的度量主要有以下三类方法。

（一）模型的量化

Fazzari、Hubbard 和 Petersen（1988）（三位学者以下合称 FHP）提出投资－现金流敏感度指标，指出企业的融资约束程度越高，企业的投资－现金流敏感性越大。20 世纪 90 年代，大量学者证明了该方法的合理性（Whited，1992；Fazzari，Petersen，1993；Gilchrist，Himmelberg，1995；Shin，Park，1999）。但 Kaplan 和 Zingales（1997）以及 Cleary（1999）的研究却得出相反的结论，认为企业融资约束程度与投资—现金流敏感性之间具有反向相关的关系。从此，融资约束领域内关于投资—现金流敏感度是否有用的论争持续不断，直到 Moyen（2004）首次指出投资—现金流敏感性对融资约束的测度存在一定的局限性，主要体现在两个方面：一是企业的现金流代表的是企业将来的收益，较高的现金流说明企业面临较好的投资机会，当企业所处融资环境较好时，企业能够因为良好的投资机会获得外部资金，进而放大了企业的投资—现金流敏感性，此时企业的融资约束程度却是较低的，两者完全相反；二是当股东与管理者之间的代理冲突较为严重时，管理者为了实现自身利益的最大化往往会过度投资，该种情形下，企业的投资—现金流敏感性也会较大。Almeida 等(2004)随后在这些讨论的基础上提出了现金—现金流融资约束模型,他认为若企业处于高融资约束状态,企业所拥有资产的未来现金流无法支撑企业投资净现值为正的项目,则企业必须从现有现金流中提取现金累积以满足未来投资需求,此时企业具有较强的现金—现金流敏感性。连玉君和程建(2007)经研究也发现,在我国,投资—现金流敏感性更多地反映了代理问题,而不是企业的融资约束问题。

(二)单指标量化

大批学者借鉴 FHP 的研究方法,从企业规模(Whited,1992;Athey,Laumas,1994)、股利支付率(Fazzari,Petersen,1993)、集团关系(Gilchrist,Himmelberg,1995;Shin,Park,1999;Degryse,Jong,2001)、利息保障倍数(Guariglia,1999)、债券等级(Gilchrist,Himmelberg,1995)等角度来量化融资约束程度。在我国,由于政府干预的存在,民营企业在融资过程中处于明显劣势(程六兵,刘峰,2013),因此就中国的融资约束问题也有部分学者用产权性质来量化(王彦超,2009)。显然单一的指标的量化存在一定的局限性,不能综合反映企业的融资约束程度。

(三)多指标构建指数的量化方式

鉴于模型计量融资约束的弊端,Kaplan 和 Zingales(1997)(两位学者以下合称 KZ)利用定性信息(主要来自对股东、公众及公司管理层的调查与讨论)和定量信息(现金流、增长率、股利、利息保障倍数和债务等在内的财务指标数据)相结合的综合指标,确定融资约束水平。Lamont 等(2001)沿袭KZ 的研究思路,选取了营业现金流量、托宾 Q 值、资产负债率、股利支付率和现金持有量等五个变量进行次序逻辑回归分析,利用估计系数构造了衡量融资约束程度的新 KZ 指数。但是,在后续的研究中,KZ 指数也遭到了大量质疑,Whited 和 Wu(2006)发现,KZ 指数在度量融资约束时存在着不少与事实相反的情形,比如高融资约束企业在债券信用等级、投资率、销售增长率等方面反而是最高的。鉴于 KZ 指数的局限性,Whited 和 Wu(2006)基于动态结构估计方法设计出了衡量融资约束程度的 WW 指数。该指数在一定程度上能够较好地契合融资约束概念,但是该指标的构建是以美国发达的资本市场为背景的,是否适用于中国资本市场有待进一步的检验。

总之,学术界关于融资约束的度量仍存在很大争议,这就为学术界对该问题的研究提出了挑战,也指明了方向。

第二节　并购动因及并购绩效影响因素的相关研究

随着市场经济的发展,并购重组逐步成为公司实现发展战略、优化资源配置的重要举措,在实务和理论研究领域一直是国内外学者的重要研究主题之一,在并购动因及并购绩效的影响因素方面也取得了丰富的研究成果。本小节针对主流研究进行文献的梳理,为后文的研究奠定理论基础。

一、并购动因的相关研究

从发生在世界工业革命史上的五次并购浪潮到"全球并购,中国整合",国内外学者们一直从不同视角对并购浪潮以及并购发生的动因进行了分析解释,结合相关文献,西方学者们先后提出了效率理论、代理理论、管理者自负理论等。本书在以往文献基础上,将并购动因的相关研究分为传统并购动因理论、并购浪潮理论及我国特殊的并购动因理论。

(一)传统并购动因理论研究

1. 协同效应理论

该理论认为通过并购能够提高企业的效率,并购之后的公司在业绩等方面应当高出原来两家公司独立存在时曾预期或要求达到的水平。从其形式来说主要有管理协同效应、经营协同效应、财务协同效应及市场势力理论等。

管理协同效应的内在逻辑在于并购双方的管理效率存在差异,通过并购的方式可以实现管理能力和资源的合理配置,并购双方都能够从中获得收益。Palepu(1986),Lang 和 Stulzhe(1989),Delong(2003)等学者分别采用净资产收益率(ROE)、总资产收益率(ROA)及托宾 Q 指标来衡量公司的管理效率,认为并购能够带来并购参与方管理效率的变化。

经营协同效应也被称为运营经济,指的是由于经营上的互补性,两个或两个以上的公司在合并以后,能够显著降低经营成本或者实现收益的提高,即实现规模经济。Arrow(1975),Klein 等(1978)通过研究发现纵向并购能够显著减少各个生产环节的沟通成本;Slusky 和 Caves(1991)认为在同一行业内的公司更倾向于为了获得规模经济而实施并购；Weston 等（2001）认为并购形成的规模经济归因于生产资料的共享。

财务协同效应主要是指通过并购实现并购双方财务结构互补，提高公司资本的分配效率，降低资本成本。Myers（1984）认为，当目标公司的现金流显著高于并购公司时，并购公司为了有效降低其资本成本会积极采取并购战略；Slusky 和 Caves（1991）发现当并购双方具有不同的资本结构时，其资本成本的差别也必然较大，此时，更有可能通过并购来获得财务协同效应。

市场势力理论主要认为并购活动的产生主要源于加强对企业经营环境的垄断性控制的初衷。通过并购增强企业市场实力，主要表现为通过并购增强行业集中度，提高企业讨价还价能力，降低竞争的激烈程度，从而获得相对较高的利润率。Mullin（1995）以美国钢铁行业为样本，经研究发现钢铁行业的重组致使钢铁价格下降、产量提高，反向表明并购提高了企业在市场中的势力。Eckbo（1983），Almeida 等（2011）通过研究发现横向并购的公司更有可能进行串通，并购双方可以通过提高价格或者压低生产要素成本的方式获得利润。Kuppuswamy 和 Villalonga（2012）研究了矿业和制造业的横向并购案例，发现反托拉斯法相关机构起诉的获得大量利润的并购都是有选择性的，并没有直接证明并购能够带来共谋反竞争效应。

2. 代理理论

该理论认为公司的经理层出于自身利益最大化的考虑，可能会实施有损公司长期利益但是在短期能够带来利益的并购战略。例如，Baumol（1959），Marris（1964），Jensen 和 Meckling（1976），Donaldson 和 Stone（1984）等学者认为，由于股东和管理层之间委托代理问题的存在，经理层会出于自利因素的考虑，频繁进行大规模的并购，建造企业帝国。Amihud 和 Lev（1990）认为管理层为了降低企业的经营风险和自身的职业风险，会更倾向于实施多元化的并购。Lewellen 等（1985）研究发现公司的并购决策受到管理层自身利益的影响，当管理层持有一定数量的股份时，即管理层与股东利益一致时，公司并购往往会获得超额收益。

3. 自大假说

Roll（1986）首先提出管理层自大假说，认为并购公司股东价值的降低可能在于管理层过于自大或者过于骄傲，在并购过程中支付了过高的并购价格。随后,Lys 和 Vincent(1995)通过对 NCR 的 AT&T 并购决策的研究,发现管理者的过度自信与并购收益的降低具有一定的相关性。Berkovitch 和 Narayanan(1993)区分了协同效应、代理效应以及自大效应对并购决策的影响,经研究发现协同效应是并购最主要的驱动因素,自大效应也起到了重要的推动作用。Heaton(2002)认为管理层通过并购扩大企业规模并不是出于自身利益的考虑,仅仅是过于自信。Malmendier 和 Tate(2005)的研究也表明,公司并购发生的可能性与管理层的过度自信具有显著关联性。

4.再分配理论

并购是一项涉及多个利益相关者的活动,会导致增量或者存量资源在利益相关者之间重新分配。Agrawal 和 Jaffe(2000),Hoberg 和 Phillips(2010)认为,并购会使股东从再分配中获得来源于政府(避税效应)、消费者(市场势力效应)或者劳动者(劳动成本降低)的收益,因此股东更倾向于企业并购。McDaniel(1986)也认为并购中股东获得的资本收益主要来自债权人,或者由债权人分担了资本损失。

5.掏空理论

再分配理论重点关注股东从利益相关者手中获得收益,但是也会出现股东之间的利益侵占,例如控股股东侵占上市公司的利益。Johnson 等(2000)将这种现象称为"掏空"战略,具体表现为大股东通过自我交易转移资源,例如较高的管理层薪酬、债务担保等,或者通过资产转移增加自身在企业的份额,例如通过发行股票稀释其他股东权益等。Bae(2002)等人以韩国大型企业财团内部公司之间的并购为样本,经研究发现当并购公司股价下降时,控股股东因为财团内其他公司的价值提高而获得收益,证明了掏空理论。

(二)并购浪潮理论

随着市场经济的发展和产业政策的发展,并购活动成为一种常态,众多学者通过对大量并购事件的研究,发现并购活动具有浪潮性,表现出一定的时间和产业集聚的特点。这些并购活动往往伴随着新技术的产生或者行业政策的调整,与宏观经济因素紧密相连,即为并购浪潮理论。

1. 新古典并购浪潮理论

该理论认为并购的驱动因素主要由技术革命、资本市场流动性、公司治理变革及宏观经济的冲击构成，并购是面对这些因素冲击的一种迅速变化调整的路径。Gort(1969)首先提出并购的外部驱动因素是宏观经济波动下的产业重组。Krishnan 等(2007)也证明行业并购与经济冲击之间具有关联性。Harford(2005)认为行业冲击并不是并购发生的必要条件，更多取决于资本市场上的资产流动性。Alexandridis 等(2012)以 2003—2007 年发生的并购事件为样本，检验结果证明资产流动性能够驱动并购浪潮的发生。Holmstron 和 Kaplan(2001)经研究发现公司治理的变革也能够驱动并购浪潮的发生，机构持股比例增加以及资本市场的市场化程度提高导致公司实际业绩与预期业绩发现偏差，为接管提供了契机。

2. 市场错误定价理论

该理论由 Shleifer 和 Vishny(2003)提出，认为资本市场的错误估值是并购浪潮产生的驱动因素，理性的管理者了解资本市场的非理性，会选择在企业价值被高估时并购价值被低估的企业，以获得收益。Kropf 等(2005)，Gugler 等(2009)采用实证研究的办法检验新古典并购理论，均证明市场的行业估值在并购浪潮中发挥了至关重要的驱动作用。Aktas 等(2011)，Gugler 等(2012)对比分析了上市公司与非上市公司的并购模式以检验股票市场等因素对并购方式的影响，研究发现，在宏观经济环境发生变化的情形下，两种类型的公司的并购模式出现明显可以用来解释这种现象差异，认为这种差异与新古典并购浪潮理论并不相符，市场定价理论更合适。

（三）中国特殊的并购动因理论

并购在我国的市场上也具有一定的规模性，众多学者以我国特殊的市场经济为背景研究了我国一系列的企业并购状况，发现我国的企业并购具有异于西方并购理论的特殊性。

我国自改革开放以来，建立起了以市场经济为核心的经济体系，由于财政分权和以 GDP 指标为主要的政绩考核标准，地方政府在进行本地区经济发展建设以及社会稳定方面具有较强的动机。在经济体制改革过程中，存在国有资产主体混乱、国有企业治理体制复杂以及条块分割等原因，我国的并购市场因此具有显著的非市场化特征，主要表现为政府干预。蒋国平

(1996),韩可卫和杨波(1997)等学者指出我国的企业并购具有较强的政府属性,企业并购的首要目的在于为破产企业寻求解决路径,而不是实现规模经济或者分散风险。谢亚涛(2003)经研究发现,由于我国特殊的经济背景,政府驱动、企业并购盲目、规模经济不足、动机单一成为我国并购重组的显著特征。方军雄(2008)指出,在实证研究过程中很难明确确定企业并购动机,但是地方政府出于业绩考核和职位晋升问题的考虑对企业并购战略进行干预是一种普遍现象,鉴于此,他将本地并购和异地并购分别视为"拉郎配"并购和市场化并购。余瑜和王建琼(2015)指出,由于中西方经济体制的差异和资本市场发展程度的不同,我国的企业并购在追求利益最大化的过程中还伴随着服从政府的社会治理目标和经济发展目标的要求,同时中国企业并购有严重的借壳上市、避免退市的倾向,并且并购决策主体对资本市场操作的熟练度也存在一定不足,导致中国企业并购具有特殊性。

二、并购绩效影响因素的相关研究

并购活动的产生是宏观经济环境和微观企业因素共同作用的结果,经济发展环境、政府或者行业政策以及法律环境建设等宏观因素,公司治理情况、并购方式、企业发展状况等微观因素,都会影响到并购决策的制定以及绩效的获得。本部分分别从宏观和微观角度对并购绩效的影响因素进行梳理介绍。

(一)宏观层面(国外研究)

国外资本市场发展相对较早,众多学者对并购的研究相对深入,但是对宏观层面的研究较少,现有研究主要集中在以下几个方面。

1. 经济周期与并购

Nelson(1959)以制造业企业为样本,考察了经济周期、股价、股票交易和并购数量之间的关系,发现制造业并购具有顺周期性。Melicher 等(1983)研究了制造业的并购活动同股价和利率之间的关系,发现并购数量同股价、债券收益率波动以及制造业数量之间具有一定的相关性,而且并购活动往往集中在经济周期的上升阶段。Martynova(2011)对比分析了全球五次并购浪潮,发现并购浪潮往往发生在经济扩张期。Nakamura 和Richard(2004)发现企业并购的支付方式具有逆周期性,在经济上行阶段,企业更偏好股票支付;在经济下行阶段,企业往往采用现金支付。Netter 等(2011)在统计了经济扩张期(1992—2008)发生的并购案例的支付方式,但得到了相反的结论,其间有 54% 的企业采用了现金支付方式,31% 的企业采用了股票支付方式,即并购支付方式具有顺周期性。

2. 股价与并购

很多学者通过实证证明并购与股价之间具有相关性,Nelson(1959)以1895—1920 年发生的并购交易为研究对象,发现并购与股价之间具有正相关关系,Guerard(1989)也得出相同结论。Becketti(1986)研究了股票价格指数、三个月国库券利率、货币供应量、债务总额、设备使用率以及 GDP 与并购活动的关系,发现并购活动与这些宏观经济因素具有一定的相关性,但是其显著性取决于并购活动相关变量的选择。Boateng 等(2014)检验了宏观经济因素对英国公司跨国并购的影响,检验结果显示母国的 GDP、广义货币发行量、股市价格、实际有效汇率对跨国并购具有显著的正向影响。

3. 利率与并购

Kiymaz(2004)研究了美国市场上发生的跨国并购案例,发现并购双方所在国家的汇率与并购绩效之间具有显著的相关性。Gegory 和McConistion(2005)以 1985—1994 年英国发生的跨国并购事件为研究对象,也得出了相同的结论。Boateng 等(2014)研究发现实施跨国并购的案例中,利率与并购绩效之间具有负相关关系。

(二)宏观层面(国内研究)

我国并购市场起步较晚,国内学者关于宏观经济对并购影响的相关研究尚不充分,仍有较大的研究空间。经梳理,发现大多数学者都是采用案例分析的方式来分析宏观经济因素与企业并购的关系。

1. 经济周期与并购

我国学者也发现企业的并购活动同宏观经济周期具有一定的相关性,并认为经济周期下行阶段的并购活动对企业更有利。唐绍祥(2007)经研究证明我国的并购活动具有顺周期性,并且并购周期领先经济周期一年。鹿朋(2008)先后利用美国和我国的并购数据进行观察分析,发现企业对市场前景的预测以及企业所处经济周期对企业并购战略具有显著的影响,同时指出,中国市场将成为并购活动最激烈的地区之一,中国非常有可能掀起第六次并购浪潮。杜丽虹(2006)以周期性行业为研究样本,发现企业倾向于在经济繁荣期进行资本结构和投资政策调整、储备现金,在经济收缩期进行大规模并购以获得企业资产效率的提高,即逆周期性并购对企业更有利。陆正华等(2011)分别研究了万通地产和银座股份在经济收缩期的财务扩张战略,发现企业的财务决策促进企业把握时机在危机中获得收益,并提倡这种在经济紧缩期储备现金的做法有利于企业在经济繁荣期实现并购发展战略。但是赵子华(2007)认为在经济下行期间,市场发展停滞,供给大于需求,企业内部现金流量不足,企业往往会收缩投资。刘淑莲、张广宝和耿琳(2012)经研究发现企业并购支付方式与经济周期具有一定的相关性,在经济扩张期,企业较多采用股票支付。

2. 股市、利率与并购

并购活动作为市场经济发展中的重要活跃组成,市场环境中股价、利率的变动必然也会引起企业并购活动的变化。唐绍祥(2007)实证检验了股价、汇率、国民经济增长率、货币供应量与企业并购之间的关系,发现股价和汇率与并购规模之间具有负相关关系,在短期内,利率与并购活动具有显著的负向影响。王林元和王晓慧(2011)研究了1994—2010年企业并购情况,发现资本市场发展程度及利率变化对企业并购规模具有显著的影响,汇率与并购之间的关系并不显著。余瑜(2013)研究发现我国并购浪潮大多发生在股市的低谷期,主要原因在于我国并购的支付方式仍然以现金支付为主,并购投资者并不成熟。

(三)企业微观层面

企业并购绩效的形成是一个错综复杂的过程,并购战略的制定以及实施都需要众多因素共同作用。根据对相关文献的梳理,本书主要从公司治理和并购特征两个方面介绍。

1. 公司治理对并购绩效的影响

该部分研究主要集中在董事会结构、独立董事有效性、管理者薪酬、股权集中度和股权性质等五个方面。

第一,对于董事长与总经理的两职合一治理结构能否提高并购绩效,学界仍存在一定的分歧,一部分学者基于现代管家理论认为管理者出于对自身尊严、信仰以及成就的追求会努力工作,做好企业的管家,同时两职合一能够避免董事长专业知识欠缺,提高了管理者在并购战略制定和执行过程中的自由空间及应变能力,从而提高工作效率,有利于并购绩效的提高。该观点的支持者主要有 Donaldson 和 Davis(1991),Boyd(1995),Golden 和 Zajace(2001),以及我国的章细贞和何琳(2014)。还有一部分学者认为两职合一容易造成总经理权力过于集中,影响董事会监督职能的发挥,增加了企业的代理成本和监督成本,Brickly、Coles 和 Jarrell(1997),Baiiga 等(2008),还有我国的吴兴华(2010),潘颖和王凯(2014)也认为两职合一并不利于企业绩效的提高。

第二,独立董事依靠其专业和资源优势发挥咨询职能,帮助管理层做出正确的战略决策,Chancharat 等(2012),Boulouta(2013),Jiang 和 Nie(2013),以及我国的刘浩等(2012),胡元木(2012),潘颖和王凯(2014)均通过实证检验证明了该观点。但是一部分学者如 Hsu(2014),林丽和易波波(2011)则认为独立董事的监督职能和咨询职能并没有发挥作用,与并购绩效之间的关系并不显著。

第三,管理者天价年薪成为实务界和理论界的研究焦点,很多学者注意到管理者薪酬与企业并购绩效之间的关系。Grinstein 等(2004),Wright 等(2002)发现不同的薪酬模式对并购绩效的影响是不同的,股权性的薪酬更有可能促进并购活动的发生,Dhiensiri、Sahin 和 Sarajoti(2011),Mktchyan(2012),CIsmil 和 Patrick(2014),Frye 和 Yang(2015)研究发现股权激励能够抑制高管非股东价值最大化的并购,并认为高管持股比例越高,企业的长期绩效就越好。我国学者李善民、毛雅娟和赵晶晶(2009),张洽(2013)等通过对不同时间不同行业发生的并购事件进行研究,发现高管薪酬会影响到企业的并购战略,高管持股往往会带来正向的并购收益。但是刘莉和温丹丹(2014)研究了 2010 年沪深 A 股制造业上市公司的并购事件发现,高管的股权激励与并购绩效之间具有非线性的关系,李维安和陈钢(2015)也得出了相同的结论,而胡晓明和魏娜(2014)发现高管货币薪酬与企业的并购绩效具有正向的相关性。

第四,关于股权结构对并购绩效的影响,也形成了两类不同的观点。一类观点认为股权集中度与企业的并购绩效正相关,股权集中度越高,股东之间的利益协同度越高,越关注公司的价值的提高,因而有利于并购绩效的提高。Francoeur 等(2012),Craninckx 和 Huyghebaert(2015)分别研究了加拿大(1990—2003)、欧洲(1997—2007)的并购事件,发现股权集中度与企业的并购绩效显著正相关。我国冯根福和吴林江(2001)、李善民等(2004),谢军(2006)也得出同样的结论。另一类观点认为股权集中度越高,第一大股东通过并购进行掏空的动机就越强,大股东同小股东之间的利益冲突越严重,因此股权集中度与企业的并购绩效负相关。Bhaumik 和 Selarka(2012),Christian 和 Hirer(2012)分别研究了印度和德国的并购案例,发现股权集中度越高,企业的并购绩效越差。潘颖和张晓明(2010),周林子和胡珺(2014),关伯明等(2015),赵息和陈佳琦(2016)等学者以我国上市公司的并购交易为样本,也得出同样的结论。

第五,股权性质对并购绩效的影响。由于我国特殊的经济体制,关于股权性质对并购绩效的影响的研究主要集中在我国。一部分学者认为国有企业凭借天然的同政府的关系,具有融资优势、资源优势、信息优势等条件,有利于企业并购绩效的提高。徐晓慧(2015)研究发现国有企业的跨行业并购给企业带来了超额收益。潘爱玲和王淋淋(2015)研究了文化类上市公司的并购交易,发现国有企业的政治关联帮助企业获得较多的政府补贴,有利于企业并购绩效的提高。但是一部分学者认为在并购交易中,国有企业承担着较多的政治和社会任务,并且内部治理缺乏监督性,并不利于并购绩效的提高。薛有志和马雯(2008)研究了制造业上市公司的多元化并购战略,发现国有企业的多元化并购战略带来的绩效显著低于民营企业的并购绩效。徐晓慧(2015)从行业相关性角度研究发现国有企业在化学、塑料制造以及石油加工行业进行的横向并购并没有带来绩效的提高。汪波等(2013),周林子等(2014)的研究也证明国有企业的并购绩效较差。

2.并购特征对并购绩效的影响

该部分研究主要集中在行业相关性、并购支付方式、并购规模三个方面。

第一,关于行业相关性。部分学者按照并购双方的行业分类是否相关界定相关性并购和非相关性并购,从组织理论、效率理论等角度出发研究该因素对并购的影响。如 Weinhold 和 Salter(1979),Singh(1984),Ruback、Palepu 和 Healy(1992)等学者认为并购双方的行业交叉程度越高,越有利于降低企业经营风险,越有利于协同效应的发生,越能提高并购绩效。但是 Switzer 和 Linn(2001),Ghosh(2001)从长期绩效以及股东价值角度进行了研究,发现行业相关性与并购绩效并没有显著的相关性。Mandelker、Jaffe 和 Agrawal(1992)甚至发现非相关行业的并购更能够促进并购绩效的提高。

袁红旗和吴星宇(1998)是国内学者中较早开始关注行业相关性对并购绩效的影响的,他们以1997年发生横向并购的公司作为样本,发现公司的净资产收益率、每股收益等指标均在并购后有所提高。高见等(2000),席鑫和谌昕(2010)也得出同样的结论。但是,冯根福等(2001)经研究发现行业相关度不同的并购获得并购收益存在时间差异。范从来和袁静(2002)认为行业相关性与并购绩效之间的关系受到并购企业成长阶段的影响。

第二,关于支付方式。在并购活动中采用的支付方式主要有现金支付和股票支付。学者分别基于信号传递理论以及效率理论分析不同支付方式对并购的影响。Gordon和Yagil(1981),Yang、Lane和Wansley(1983),Emery和Switzer(1999)等学者发现采用现金支付方式带来的并购绩效要高于股票支付。Polonchek、Slovin和Sushke(2005)对比分析了采用不同支付方式的并购收益情况,发现采用股票支付能够给被并购企业带来相对较高的收益,而采用现金支付的并购并没有给并购企业带来效益的提高。国内学术领域也关注到支付方式的重要影响,但是考虑到我国资本市场的发展程度和现状,潘瑾,周绍妮和王惠瞳(2015)分别以2000年2007年和2005—2010年发生并购的上市公司为样本进行了研究,发现非现金支付方式更能够提高并购绩效。陈健、席酉民和郭菊娥(2005),余鹏翼和王满四(2014)分别研究了2000—2002年的国内并购事件和2005—2010年发生的跨国并购事件,均得出现金支付方式与并购绩效之间具有正相关关系的结论。

第三,关于并购规模。目前关于并购规模对并购绩效的影响,国内外研究结论基本一致。Kitching(1967)经研究发现,规模较大的公司在并购规模相对较小的公司以后,其绩效是提高的。Lee和Kocher(1993)从信息传递理论出发,经研究发现,小规模的公司并购大规模公司带来的信息传递效应较低,进而获得的市场收益较低。李善民、曾昭灶和王彩萍等(2004)研究了1999—2001年发生的并购事件,发现被并购公司的规模越大,并购绩效反而越高。

第三节　融资约束与企业并购的研究

目前国外关于融资约束与并购战略的研究都是在融资约束和企业投资战略的基础上进行的扩展和深化,研究角度比较狭窄,研究成果也比较少,现有的研究主要针对发生并购的驱动因素,融资约束与并购支付方式的选择,以及融资约束与企业并购绩效。下面就从这几个角度来进行相关文献的回顾。

一、发生并购的驱动因素

内部资本市场的雏形理论是由 Williamson(1970)提出的,他认为收购后企业以收益前景来分配资金,这相当于形成一个内部资本市场,因而,通过收购能够降低外部融资的交易费用并获取股利的差别税收待遇,从而使公司从边际利润率较低的生产活动向边际利润率高的生产活动转移,提高公司资本分配效率,缓解因外部资本市场难以获取企业内部信息而导致的融资约束问题。Nielsen 和 Melicher(1973)正式提出了资本市场理论这一概念,并认为内部资本市场能够驱动并购双方之间现金的流动,提高资金的使用效率。Stulz(1990)随后也证明内部资本市场由于其特定作用,能够实现企业的价值最大化,可以很好地解决外部资本市场面临的问题,使得资金得到更加有效的配置。Hlarfstei 和 Stein(1996)则认为,企业的内部资本市场也不是完全有效的,也可能出现资金配置不合理的问题,当企业通过并购所取得的效益小于从企业的外部融资取得的效益时,这时资金的内部配置就是失败的。同样,Hubbard 和 Palia(1999)也认为,内部资本市场的存在,可以有效地弥补投资不足所带来的问题,使得内部资金得到有效利用。

我国学者关于内部资本市场的研究也形成了两种观点。曾亚敏和张俊生(2008)对发生并购后企业的营运绩效进行了分析,提出了驱使企业进行并购的动因不是建立内部资本市场,而是由企业的内部现金流引起的并购活动的结论。吴红军(2006)根据投资—现金流量敏感性这一理论,对混合数据模型进行了实证分析,结果表明投资机会与现金流量的交乘项系数为正,以此说明当公司拥有较好的投资机会时,投资与现金流量的敏感性较强,公司处于投资不足的状态,面临融资约束问题。公司完成并购之后,投资与现金流量的敏感性将显著降低,公司的融资约束程度得到一定程度的缓解,以此来说明通过构建内部资本市场来缓解融资约束是企业发生并购的动因之一。

二、融资约束与并购支付方式的选择

根据优序融资理论和现金持有需求理论,融资约束程度越高,较高的外源融资成本会使企业持有现金的动机越强烈,影响企业并购支付方式的选择。同时企业面临融资约束问题,影响企业的外部融资能力,融资约束在企业选择并购支付方式的时候成为不容忽视的因素。国外已有学者针对融资约束对并购支付方式的影响进行了研究,但从现有的研究来看,关于这个问题的实证研究较少,并且学者们的结论也不一致。

一部分学者认为企业的融资约束越高,企业越偏好采用现金支付。Swieringa 和 Schauten(2008)对比分析了不同成长性企业在存在融资约束的前提下对并购支付方式的选择,发现成长性较低的企业在面临较高融资约束的情况下往往选择现金支付。Karampatsas 等(2013)依据并购企业拥有债券评级的情况判断企业的融资约束情况,发现信用评级较高的企业外部融资能力较强,更倾向于使用股票支付;信用评级较低的企业,其融资约束程度较高,企业更偏好使用现金支付。我国学者杨志海和赵立彬(2012)实证检验了2009年发生的331个并购案例,发现并购企业的融资约束程度越高,企业越倾向于采用现金方式支付并购费用。

还有部分学者则认为企业的融资约束程度越高,企业越偏好采用股票支付。Faccio 和 Masulis(2005)研究了1997—2007年欧洲国家的并购交易,发现较高融资约束的企业为了增加现金持有量、控制财务风险,更愿意以股票方式进行支付。Alshwer 和 Sibilkov(2011)研究了美国的并购交易事件,也得出了相同的结论。我国学者李井林(2014),葛伟杰等(2014),刘淑莲(2014),池昭梅和张秋生(2017)分别以2007—2010年、2008—2011年、2007—2012年、2008—2012年发生的并购交易为研究对象,通过实证检验研究发现,融资约束程度越高,企业采用股票支付的可能性就越大。黄莉(2017)对比分析了2011—2015年国有控股企业和非国有控股企业融资约束对并购支付方式的影响,发现非国有控股企业在融资约束较高的情况下更倾向于采用股票方式进行支付。

三、融资约束与企业并购绩效

国内外学者通常将现金持有量或资本结构等作为中间桥梁研究融资约束与企业并购绩效之间的间接关系,而针对二者之间直接关系的研究较少。

Khatami(2011)对比分析了并购双方的融资约束情况对并购绩效的影响,研究发现当并购双方均有较高融资约束时,企业并购绩效提高最显著;当并购企业或者被并购企业融资约束程度相对较高时,企业都会获得绩效的提高,但是低于并购双方均受融资约束的情形。李杰(2007)分析了 1999 年上海、江苏和浙江的并购交易,发现融资约束与企业的并购绩效具有正相关关系。杨志海和赵立彬(2012)以 2007 年的全部上市公司为研究样本进行了检验,也得到了同样的结论。袁卫秋(2014),刘灿灿等(2015)分别以 2006—2010 年我国上市公司和制造业上市公司的并购交易为研究对象,发现高融资约束的企业往往具有更高的投资效率,促进企业获得较高的绩效。

第四节　经济周期对融资约束、并购影响的相关研究

一、宏观经济周期与融资约束

在金融危机爆发以后,国内外学者均注意到宏观经济周期对企业融资约束的影响。在宏观经济衰退期,资本市场低迷,整体经济形势较差,企业融资渠道单一,融资成本较高,加剧了企业的融资约束。Bernanke 和 Gertler(1989)指出,在宏观经济的衰退期,市场需求下降,企业产品积压,运营困难,企业综合竞争力下降,外部融资成本提高,融资程度也随之提高。Almeida(2004)通过建立公司流动性需求模型验证了 Bernanke 和 Gertler (1989)的观点,认为宏观经济周期会影响企业的融资约束状况。Haushalter (2007)从产品市场竞争角度出发进行了分析,发现在宏观经济繁荣期,市场上的掠夺风险降低,企业受到的融资约束得到了缓解。我国学者罗琦和张克中(2007),江龙和刘笑松(2011),刘春红和张文君(2013)的研究结论同国外学者基本一致,认为企业的融资约束程度受到宏观经济冲击的影响,企业的融资约束具有逆周期的特点。但是应惟伟(2008),刘志远和张西征(2010)从经济增长速度角度研究了经济周期对企业融资约束的影响,发现经济增速放缓时期,企业的融资约束程度降低;在经济增速加快时期,企业的融资约束程度反而提高了。

二、宏观经济周期与并购

关于并购浪潮与经济周期时间的对应关系,国外研究成果普遍认为并购浪潮呈顺周期的特点,与经济扩张期同步发生。

Nelson(1959)研究了 1897—1954 年美国的经济周期情况,发现这期间

共经历了 14 个完整的经济周期,其中出现了 12 个并购周期,并购浪潮的顶峰时间早于经济周期的顶峰,并购浪潮的低谷时间同经济周期的低谷时间并不完全重复,但是总体上仍然证明了企业的并购活动具有顺周期性。Komlenovic(2008)通过研究 1979—2006 年美国的经济状况,考察了宏观经济周期同并购活动的关系,发现横向和纵向并购均具有顺周期的特性,在 2011 年进一步划分并购类型,发现相关行业和非相关行业的并购也具有同样的顺周期性。Karagiannidis(2010),Choi 和 Jeon(2011)分别检验了 1949—2007 年澳大利亚、1980—2004 年美国和欧洲食品行业的数据,均得到同样的结论。Kastrinaki 和 Stoneman(2011)考察了 1969—2005 年英国的并购交易数据,发现英国的企业并购周期的持续时间为 6 年,但是行业内的并购周期为 5 年,宏观经济的周期性变化促进了并购周期的形成。Hsueh 等(2014)则研究了 1998—2010 年 6 个经合组织成员的季度数据,发现股价变化是推动并购活动具有顺周期性变动的主要因素。Saravia(2014)指出并购浪潮与经济周期变化具有相辅相成的关系,并购浪潮的发生延长了宏观经济繁荣期的持续时间。

目前,由于我国并购市场起步较晚,国内对并购的研究主要集中在微观层面,对宏观经济周期层面的研究相对较少。近几年,随着国家不断出台相关产业政策和并购重组规定,我国的并购活动随之发生了显著的变化,说明我国的并购活动也出现了周期性变化的特点。唐绍祥(2007)分别从国民生产总值增长率、货币供应量、汇率和股票价格方面考察企业的并购活动,发现企业并购活动与经济周期显著相关,股票价格和汇率与并购规模之间具有显著负相关的关系,而货币供应量与并购规模之间具有显著正相关的关系。鹿朋(2008)利用美国的数据对唐绍祥的研究进行了验证,发现美国企业的并购活动具有顺周期性,其中股票价格和国民生产总值增长率对企业并购规模具有正向的影响,失业率则对并购规模具有负向的影响。王林元和王晓慧(2011)经研究发现,资本市场规模的扩大以及资本市场结构的完善能够推动并购活动的发展,与并购规模具有正相关关系,但是利率的变化与并购规模具有负相关关系,实际国民生产总值增长率对并购规模的影响效果则比较小。

但是顾文军(2003)认为国外关于经济周期与企业并购活动之间关系的结论并不适用于我国。原因在于我国并购活动时间较短,周期性不明显,另外我国政府干预程度较大,这些因素都影响了对我国并购活动的判断。

第五节   国内外文献评述

目前,国内外关于并购战略、并购绩效以及并购绩效的影响因素的研究都比较充分,无论是理论基础还是实证检验,都取得了丰富的研究成果,部分学者将融资约束加入并购的研究框架中,但多数是研究融资约束与现金持有量以及投资战略等方面的关系。在宏观经济周期背景下研究融资约束与企业并购之间关系,以及融资约束对并购绩效直接影响的成果较少。

一、已有研究文献的特点

综观国内外关于融资约束、并购以及宏观经济周期与二者之间关系的研究,可以发现,已有研究文献具有以下特点。

①在研究内容上,由于国内外资本市场发展程度的差异,关于融资约束、并购领域的研究,国外学者研究起步较早并形成了相对成熟的理论体系,国内研究相对比较滞后,研究成果相对较少。国内外学者关于融资约束、并购以及两者间关系的研究大多从企业微观角度进行,部分学者也考虑到了外部环境因素的影响,但研究不够深入。关于融资约束对企业并购影响的研究大多集中在并购支付方式和并购溢价方面,但由于研究样本、窗口期、市场发展环境、研究方法等差异的存在,并没有形成一致的研究结论。

②在研究方法上,近年来的研究方法比较全面,事件研究法、实证分析法以及问卷调查法应用较广,运用最多的依然是实证研究法。

③在研究结论上,一方面,尽管由于不同国家的经济环境和制度背景不同,但在企业的融资约束状况、宏观经济环境会影响企业并购活动方面形成了一致的结论;另一方面,由于研究学者在变量的界定以及衡量方法的选择上存在一定的差异性,所以在融资约束与企业并购战略选择方面的研究并没有得到一致的结论。

二、已有研究文献的不足

综上,笔者认为国内已有的关于在宏观经济周期背景下融资约束对企业并购影响的研究,存在以下不足,值得进一步研究。

①研究对象的测度方法过于简单。目前国内关于融资约束的衡量采用

的方法以单指标衡量为主,或者直接引用国外融资约束指数,忽略了我国资本市场的发展特点和我国企业的实际情况,对我国企业融资约束状况的衡量缺乏针对性和适用性。

②研究内容上还有待深入。企业作为宏观经济的组成单元,其融资约束情况和企业并购交易的进行离不开外部经济环境的影响,已有研究多局限于微观角度研究融资约束对企业并购的影响,鲜少考虑宏观经济周期在其中的作用;另外针对融资约束对企业并购影响的研究中,切入点主要集中在支付方式和并购溢价这一单一路径上,并没有考虑融资约束对企业并购可能性、并购规模、类型以及区域选择的影响。

③研究方法还有待改进。国内学者的研究主要采用多元回归的实证分析方法,但多数研究往往忽略了上市公司财务数据中可能存在的异方差性、序列相关性及变量的内生性等问题。

以上指出的关于融资约束对企业并购影响研究中存在的不足,正是本书将要解决的问题,关于上述问题的回答,是对我国并购市场研究的一项重要补充。

第三章 相关概念的界定及相关理论分析

第一节 相关概念的界定

一、融资约束

尽管对公司融资约束的研究越来越受到国内外学者的关注,但是大多数关于融资约束的研究并没有对融资约束给定明确的定义和分类。Fazzari、Hubbard 和 Petersen(1988)将融资约束定义为:由于资本市场的不完美,公司内外部融资之间并不能够完全替代,导致外部融资存在融资溢价,公司投资将更多依赖内部资金,这种投资决策受到外部融资溢价的约束程度就代表公司的融资约束程度。也就是说,公司融资约束是在 MM 理论基础之上发展起来的一个相对概念,公司投资受到外部融资溢价的制约,导致公司投资不足。通过对融资约束文献的梳理,对融资约束的相关理解可以进行以下分类。

(一)内部融资约束与外部融资约束

Bridges 和 Guariglia(2008)把融资约束分为内部融资约束和外部融资约束,内部融资约束主要指内部资金的可获得性,外部融资约束则指在外部资本市场上获得资金的可行性,两者之间存在一定的相关性。

(二)资金价格约束和资金数量约束

Almeida 和 Campello(2002)将公司外部融资约束细分为资金价格约束和资金数量约束。关于融资价格约束的研究源于 MM 理论,当公司需要资金进行投资时,首选的是公司内部资金即保留盈余,当资金不足时,公司才会考虑外部资金。此时,进行投资的首选是债务融资,其次是股权融资。公司内部相对于外部投资者掌握更多的信息,外部投资者在提供资金时需要花费更多的精力来搜集公司真实信息,增加了信息搜集成本,导致外部资金成本高于内部资金成本,进而造成公司投资不足。关于融资数量约束的研究源于信贷配给理论。Jafee 和 Russell(1984)根据利润最大化的原则来制定信贷资金发放政策,确定相应的资金价格和数量,由于信息不对称问题的存在,并不是所有的申请者都能够获得信贷支持,由于得不到外部资金的支持,很多投资项目只能放弃。

从以上对公司融资约束的研究文献梳理可知,绝大部分的"融资约束"指的是外部融资约束,并未区分资金价格约束和资金数量约束。因此本书对融资约束的界定也基于此概念,即融资约束主要是指外部融资约束,由于资本市场的不完善,存在外部融资溢价,其经济后果是公司投资不足。

二、并购及并购绩效

并购,一般是"兼并"和"收购"的统称(M&A)。国内学者张秋生(2016)认为,并购是获取公司控制权的投资战略,进一步说,并购是通过获得企业整体或者部分业务的实际控制权来实现资源的优化配置,从而创造价值的过程。

①兼并:《大不列颠百科全书》给出的定义为:两家或者更多的独立公司变更为一家公司的战略。合并方式包括新设合并、吸收合并。我国的《关于企业兼并的暂行办法》则将其界定为:企业购买其他企业的产权,从而使其他企业失去其法人资格或者改变法人实体的战略。

②收购:《大不列颠百科全书》给出的定义为:形式上为获得目标方的资产或者股权,但在实际上是获得目标方的控制权,包括股权收购和资产收购。

在实际的并购活动中,兼并和收购往往难以进行明确的拆分界定,常常统称为"并购",因此本书界定的并购强调产权运作形式,并不是一般意义上的生产经营管理方式,包括了合并以及收购。该种界定符合我国上市公司的相关条款的规定,也与相关理论一致。

企业并购活动不断发展,国内外学者对并购相关概念的研究也逐步深入,并购作为企业突破发展瓶颈的有效途径之一得到了广泛的认可,但是对于如何界定并购绩效并没有一致的结论。根据相关文献梳理,企业并购绩效应该包括两方面内容:一是如果投资者看重并购前景,通过并购活动带来的公司股票价值的变化;二是并购以后,公司整体经营效率的提高、公司财务指标的变化。概括讲,并购绩效指企业实施并购战略以后给企业本身带来的实际经济效果。考虑到我国股票市场发展现状,本书从微观角度采用财务指标法来考察并购以后,并购企业与被并购企业合二为一的公司整体的并购绩效。

三、宏观经济周期

经济周期的经典定义是由美国国民经济研究所(National Bureau of Economic Research,NBER)提出的,最早则由 Mitchell(1927)提出,随后由 Burn 和 Mitchell 在《衡量经济周期》(1946)一书中予以明确表述:经济周期是在基本按商业企业来组织活动的国家整体经济运行中所出现的一种波动,一般一个周期主要包括在一国多个经济活动领域同时发生的复苏、繁荣、衰退和萧条四个阶段,其中复苏和繁荣阶段在本质上可以归纳为经济扩张阶段,差别仅在于扩张程度的差异,前者扩张程度较为平缓,后者则较为强烈,衰退和萧条也具有同样的特点,所以一般将繁荣和衰退界定为宏观经济周期的两个阶段,这种变动顺序重复出现但是不定期,这些周期不能再被划分为振幅与其相近、性质相似的更短周期。即经济周期波动是一种总体经济活动有规律地扩张和收缩的交替过程。从其定义可以看出经济周期具有以下几个特点:①经济周期是市场经济发展的必然产物和基本特征之一;②经济周期波动是总体经济活动的波动,并不是局部或者单一部门;③经济周期中四个阶段的波动在经济活动中反复出现,时间长短不一,具有一定的随机性。

第二节　我国上市公司外部融资制度分析

融资约束的产生源于资本市场的不完美,外部融资溢价带来投资不足。为说明融资约束对企业并购决策的影响,本节介绍了我国上市公司外部融资制度(包括股权融资和债务融资的制度变迁情况),以分析我国上市公司受到的外部融资约束的具体情况。

一、货币政策的变化

货币政策主要是指中国人民银行通过调控货币的供给来影响市场的需求和投资,最终实现经济、就业以及市场的稳定。按照货币政策松紧程度的不同划分为宽松型、稳健型和紧缩型三种类型。货币政策的变化直接影响到资本市场上企业的投资行为。如 2007—2008 年,我国的货币政策经历了从紧缩到宽松的阶段,经济增长模式由偏快转向高位趋稳,信贷投放也发生投放增速放缓和扩大投放两个阶段,这期间解决了我国投资过快、贸易顺差过大的问题。

本小节给出了我国 2007—2017 年的货币政策执行报告,可依据报告中的表述来确定我国的货币政策类型(见表 3-1)。

表 3-1　货币政策执行报告对货币政策类型的描述

年份	货币政策报告描述	类　型
2007	中国人民银行将按照党中央、国务院的统一部署,把防止经济增长由偏快转向过热、防止价格由结构性上涨演变为明显通货膨胀作为宏观调控的首要任务,实行从紧的货币政策	紧缩型
2008	中国人民银行将根据党中央、国务院的统一部署,深入贯彻科学发展观,进一步落实国务院有关金融促进经济发展的政策措施,把促进经济平稳较快发展作为金融宏观调控的首要任务,认真执行适度宽松的货币政策	宽松型
2009	中国人民银行将按照中央经济工作会议和国务院统一部署,坚持市场机制和宏观调控有机结合,处理好保持经济平稳较快发展、调整经济结构和管理通胀预期的关系,继续实施适度宽松的货币政策	宽松型
2010	中国人民银行将全面贯彻党的十七届五中全会和中央经济工作会议精神,以科学发展为主题,以加快转变经济发展方式为主线,实施稳健的货币政策	稳健型
2011	中国人民银行将按照中央经济工作会议和全国金融工作会议部署,牢牢把握科学发展的主题和加快转变经济发展方式的主线,处理好保持经济平稳较快发展、调整经济结构和管理通胀预期的关系,继续实施稳健的货币政策	稳健型
2012	中国人民银行将按照党中央、国务院统一部署,紧紧围绕科学发展的主题和加快转变经济发展方式的主线,以提高经济增长质量和效益为中心,坚持稳中求进的工作总基调,继续实施稳健的货币政策	稳健型
2013	中国人民银行将按照党中央、国务院的战略部署,坚持稳中求进、改革创新,继续实施稳健的货币政策	稳健型

续　表

年份	货币政策报告描述	类　型
2014	中国人民银行将按照党中央、国务院的战略部署,坚持稳中求进的工作总基调和宏观政策要稳、微观政策要活的总体思路,更加主动适应经济发展新常态,把转方式、调结构放在更加重要的位置,继续实施稳健的货币政策	稳健型
2015	中国人民银行将按照党中央、国务院的战略部署,坚持改革开放,坚持稳中求进的工作总基调,主动适应经济发展新常态,保持政策的连续性和稳定性,继续实施稳健的货币政策	稳健型
2016	中国人民银行将按照党中央、国务院的战略部署,坚持稳中求进的工作总基调,实施好稳健中性的货币政策	稳健型
2017	中国人民银行将按照党中央、国务院的决策部署,按照推动高质量发展和建设现代化经济体系的要求,紧紧围绕服务实体经济、防控金融风险、深化金融改革三项任务,创新金融调控思路和方式,实施好稳健中性的货币政策	稳健型

资料来源:根据中国人民银行 2007—2017 年度货币执行报告整理。

　　根据对我国 2007—2017 年的货币执行报告的梳理,可以看到我国的货币政策根据经济发展形势进行着实时调整。2007 年,针对银行体系流动性偏多、货币信贷扩张压力较大、价格涨幅上升的形势,我国的货币政策由稳健转向紧缩;2008 年,受到国际金融危机的影响,经济增长形势由过快增长转变为趋稳,国家开始采用宽松的货币政策;2009 年,继续加大力度实施宽松的货币政策;2010 年以后,我国经济发展速度放缓,国家以科学发展为主题,以加快转变经济发展方式为主线,不断进行产业结构调整,维持合理的社会融资规模,实施稳健的货币政策。货币政策的调整直接带来资本市场上资金的流动,对企业的并购投资具有重要的影响。

二、股权融资制度的变化

　　随着资本市场的不断发展完善,国家对上市公司股权融资的审批管理也在逐步严格,企业想获得证监会的核准必须满足一定的财务条件,并且要求越来越细化。国家对公司股权再融资的管理主要表现在财务数据上,具体见表 3-2。

表 3-2 股权融资制度演变

年份	行政法规	内　　容
1993	《关于上市公司送配股的暂行规定》	1. 前后两次发行股票的间隔不得少于 1 个会计年度 2. 公司盈利状态持续 2 年
1994	《关于执行〈公司法〉规范上市公司配股的通知》	1. 公司盈利状态持续 3 年 2. 公司 3 年平均净资产收益率大于 10% 3. 能源、原材料以及基础设施类公司,该比率可以略小于 10%
1996	《关于 1996 年上市公司配股工作的通知》	1. 公司近 3 年平均净资产收益率大于 10% 2. 能源、原材料以及基础设施类公司不低于 9%
1998	《关于 1998 年上市公司申请配股有关问题的通知》	1. 新上市公司上市后 12 个月才可以申请配股 2. 1997 年 6 月 30 日以后上市的公司,在 1998 年度报告公布后,1999 年才能申请配股
2000	《关于上市公司配股工作有关问题的通知》	1. 公司上市超过 3 个完整会计年度的,并且 3 个年度的净资产收益率均大于 10% 方可配股;不满 3 个完整会计年度的,按上市后所经历的完整会计年度平均计算 2. 农业、能源、原材料、基础设施、高科技等行业公司的净资产收益率可以略低,但不得低于 9% 3. 上述指标在计算期间内每年都必须大于 6%
2001	《关于做好上市公司新股发行工作的通知》	1. 申请配股,须经注册会计师审核以下内容 (1) 最近 3 个会计年度加权平均净资产收益率大于 6%,计算依据为扣除非经常性损益后的净利润和扣除前的净利润中较低者 (2) 成立不足 3 个会计年度的,按成立实际年度计算前后配股,间隔要在 1 个会计年度以上 2. 申请增发者,须经注册会计师核验以下内容 (1) 最近 3 个会计年度的加权平均净资产收益率大于 6%,预测发行完成当年该指标大于 6% (2) 设立不满 3 个会计年度的,按设立后的实际年度计算,经注册会计师核验,如最近 3 个会计年度加权平均净资产收益率平均小于 6%,则应符合以下规定:①公司及主承销商应证明公司发展实力,并出具分析报告;②发行完成当年加权平均的净资产收益率须高于发行前一年水平,同时在招股文件中出具运营管理分析报告

续　表

年份	行政法规	内　　容
2002	《关于上市公司增发新股有关条件的通知》	1.最近 3 个会计年度的加权平均净资产收益率要大于 10%，计算依据为扣除非经常性损益后的净利润和扣除前的净利润中的较低者 2.符合《关于上市公司重大购买、出售、置换资产若干问题的通知》证监公司规定的重大资产重组的上市公司，在重组完成后首次申请增发新股时，其最近 3 个会计年度加权平均净资产收益率须高于 6%，且最近一个会计年度加权平均净资产收益率也要高于 6%
2006	《上市公司证券发行管理办法》	1.公司最近盈利状态持续 3 年 2.公司盈利能力稳定，不存在严重依赖于控股股东、实际控制人的情形 3.最近 3 年分配的现金股利须高于最近 3 年平均可分配利润的 20%
2008	《上市公司证券发行管理办法》	最近 3 年分配的现金股利须高于最近 3 年平均可分配利润的 30%
2013	《证券发行与承销管理办法》	向原股东配售股票，应当向股权登记日登记在册的股东配售，且配售比例应一致

资料来源：中国证券监督委员会网站。

通过对近几年我国股权融资制度的梳理，可以发现我国股权融资制度经历了融资门槛松紧交替的过程，对公司股权融资的条件逐步提高，并不是只关注盈利能力，还逐步增加了对股利支付的要求，这些制度的规定对于那些盈利能力不强、资金短缺的公司来说，获得股权融资的难度是逐步提高的，即面临融资约束的企业从股票市场获得资金的成本逐步提高，将进一步加剧企业的融资约束，对于企业并购扩张战略的实施设置了一定的障碍。

三、债务融资制度的变化

尽管我国资本市场有了一定的发展，企业筹资渠道也在增加，但是通过发行债务方式进行筹资的成本依然较高，因此，当前公司债务融资更多地依赖银行信贷筹资，本部分将重点介绍银行信贷制度的发展。

随着我国市场经济的发展，我国的银行信贷制度体现出阶段性的特征。

（一）高度集中的计划信贷制度阶段(1952—1978)

在新中国成立初期,我国实行的是高度统一的信贷配置制度,即"统存统贷"的计划信贷管理制度,各级银行存款全部上缴总行,由总行进行统一分配。1958—1961年,中央逐步实施城镇储蓄存款和农村存款的信贷体制改革,逐步建立"存贷下放、计划包干、差额管理、统一调度"的信贷资金管理制度。但是这种计划管理制度导致企业随意使用信贷资源,信贷资源配置效率极低。另外,银行信贷人员风险承担意识薄弱,绩效考核失效,导致银行信贷程序混乱。随后,国家进行了一系列的调整。1962年,国务院颁布《关于切实加强银行工作的集中统一,严格控制货币发行的决定》。1972年,重新制定了《信贷、现金计划管理办法》。1977年,中国人民银行和财政部分开,成为国务院的部一级管理单位,重新进行信贷管理体制建设。至此,我国的银行信贷管理制度经历一系列的变迁又回到了与计划经济相适应的计划信贷管理制度。

（二）过渡时期的信贷制度阶段(1979—1994)

1978年,党的十一届三中全会的召开标志着中国进入了改革开放新时期,我国的经济体制也逐步转向市场经济,因此银行信贷领域也开展了一系列改革。1980年,改之前的"统存统贷"体制为"统一计划,分级管理,存贷挂钩,差额包干"(简称"差额包干")的管理体制,并且在1981年正式实行。该种管理体制相对于完全的计划管理体制,给予了银行一定的经营自主权,同时有利于引导各商业银行开始独立经营,对国家信贷配置计划进行预测和必要的资金调剂管理,提高了经营管理水平。1984年,中国人民银行颁布了《信贷资金管理试行办法》和《对商业银行实行资产负债比例管理的通知》。1995年初,中国人民银行又全面实行"统一计划,划分资金,实贷实存、相互融通"的信贷管理体制,中国人民银行间接运用经济手段来调控货币的发放、信贷规模等,以保证银行信贷的发展能够适应市场经济的发展。

（三）市场经济发展阶段的信贷制度阶段(1995年至今)

党的十四大以后,我国正式进入市场经济体制改革阶段,我国的信贷制度逐步从直接信贷额度控制转向市场化管理。在20世纪90年代以后,我国信贷体制逐步过渡到"实存实贷"模式上。1992年,推行中国人民银行贷款全额管理。1995年3月18日,颁布《中华人民共和国人民银行法》。1995年

7月1日,颁布《中华人民共和国商业银行法》,以法律形式确定了中国人民银行的监管地位和我国信贷业务的相关管理原则。1996年,中国人民银行陆续颁布实施《贷款证管理办法》《主办银行管理暂行办法》《贷款通则》等规章制度,逐步完善信贷管理工作,从信用评级、贷款管理以及信贷处罚制度各个方面进行制度建设。

1997年,中国人民银行出台了《商业银行授权、授信管理暂行办法》《关于合理确定流动资金贷款期限的通知》,为商业银行的发展提供了法律和制度上的保证。1998年1月1日起,中国人民银行借鉴国际商业银行贷款管理模式,取消了对商业银行贷款的限额管理,开始实施"计划指导,自求平衡,比例管理,间接调控",这种管理方式的变化代表我国的银行信贷管理制度正式转变为市场调控。2002年,全国第二次金融工作会议召开,逐步开始四大国有银行的股份制改革。2004年,我国成立了中央汇金投资有限责任公司,为国有银行的股份制改造提供资金支持。随后的2005年、2006年,四大国有银行全部上市,实现了我国商业银行的市场化转型,这对于实现信贷交易市场化具有重要的意义。

我国债务融资制度尤其是银行信贷融资逐步发展,对于企业获得资金、降低融资约束具有至关重要的作用。商业银行的市场化程度有所提高,但是在我国特殊的市场经济体制下,中央银行仍然具有指导信贷窗口的力量,在特殊时期具有较强的控制力,直接影响到企业在不同的宏观经济发展阶段的投融资战略。

四、上市公司并购的相关政策的演变

并购重组是企业实现自身发展的重要途径,也是国家不断调整经济结构的重要方式,随着并购市场的不断发展,我国企业并购重组的相关法律政策法规也在不断地完善健全。表3-3梳理了对我国企业并购具有重要影响的规章制度,可以看到在不同的经济发展阶段,并购的相关法律法规也有一定的侧重。

表3-3 我国并购的相关政策演变

年份	法律法规	内容解读
2007	《上市公司并购重组财务顾问业务管理办法》	将上市公司并购重组财务顾问业务纳入国家规范管理范围,提高并购重组活动的规范性

续　表

年份	法律法规	内容解读
2007	《企业破产法》	增加破产重整制度内容（第70—94条），为企业并购重组活动提供法律依据
2008	《关于当前金融促进经济发展的若干意见》	1. 扩大民生工程、重点建设工程、技术升级和兼并重组的信贷规模 2. 支持实力较强的企业积极进行并购重组，实现行业整合以及产业结构升级 3. 允许商业银行对境内企业发放并购贷款，完善企业并购税收政策
2010	《国务院关于促进企业兼并重组的意见》	重点支持汽车、钢铁、水泥、机械制造、电解铝、稀土等行业跨地区和境外并购活动，促进企业规模化、集约化发展，积极推动产业结构整合，提升企业竞争力
2013	《关于加快推进重点行业企业兼并重组的指导意见》	积极推动汽车、钢铁、水泥、船舶、电解铝、稀土、电子信息、医药和农业产业化并购，以市场为主，发挥政府引导作用，实现经济结构和发展方式的转变
2014	《关于进一步优化企业兼并重组市场环境的意见》	取消了上市公司除"借壳上市"重大重组以外的并购重组的行政审批，简化审批程序，落实相关税收优惠政策，给予财政资金支持，推动并购重组活动进行
2014	《公司法》	企业并购重组的基本法律，尤其是第九章——公司合并、分立、增资、减资（第172—179条）是对并购重组中的吸收合并、分拆上市、定向增发等的基本规范
2014	《证券法》	第二章——证券发行（第10—36条）、第四章——上市公司的收购（第85—101条），是并购重组法律体系的基础与核心
2014	《上市公司收购管理办法》	1. 重点是简化审批环节、放松行政管制、加强事中事后监管、提高并购重组效率 2. 配套规则：《公开发行证券的公司信息披露内容与格式准则第15号——权益变动报告书》《公开发行证券的公司信息披露内容与格式准则第16号——上市公司收购报告书》《公开发行证券的公司信息披露内容与格式准则第17号——要约收购报告书》《公开发行证券的公司信息披露内容与格式准则第18号——被收购公司董事会报告书》《公开发行证券的公司信息披露内容与格式准则第19号——豁免要约收购申请文件》
2014	《非上市公众公司收购管理办法》《非上市公众公司重大资产重组管理办法》	重点加强对新三板企业并购重组的管理

续　表

年份	法律法规	内容解读
2014	《上市公司重大资产重组管理办法》	1.明确规定并购重组中介机构的责任和义务,加强对中介机构的监管管理 2.配套规则:《关于规范上市公司重大资产重组若干问题的规定》《公开发行证券的公司信息披露内容与格式准则第26号——上市公司重大资产重组申请文件》《上市公司重大资产重组申报工作指引》《关于破产重整上市公司重大资产重组股份发行定价的补充规定》
2014	《关于落实非许可类并购重组事项信息披露相关工作的通知》	加强并购重组事项事后审核,严格并购信息的披露管理
2014	《财政部、国家税务总局关于促进企业重组有关企业所得税处理问题的通知》	明确了对集团内100％直接控制的居民企业之间按照账面净值划转股权或资产的战略,给予特殊性税务处理待遇,交易双方均不确认所得
2015	《关于并购重组反馈意见信息披露相关事项的通知》	强调并购重组反馈意见信息披露的时效性要求
2015	《上市公司重大资产重组信息披露及停复牌业务指引》	要求及时、完整、全面披露并购重组活动信息
2015	《关于上市不满3年进行重大资产重组(构成借壳)信息披露要求的相关问题与解答》	对上市不满三年即进行借壳重组的企业,着重在历次募集资金使用情况、上市后的承诺履行情况、上市后的规范运作情况和上市后的持续经营及公司治理情况方面做了信息披露的要求
2015	《关于再融资募投项目达到重大资产重组标准时相关监管要求的问题与解答》	以募投项目的非公开发行是否须获得证监会核准为前提,区分适用监管要求
2016	《上市公司重大资产重组管理办法》	1.引导更多资金投向实体经济 2.新增加规定"壳公司"负面条件、取消借壳上市的配套融资延长禁售期的规定,增加对规避借壳战略的监管措施

资料来源:中国证券监督委员会网站。

我国企业并购的历史相对较短,随着改革开放市场化程度的不断提高,我国并购重组的法律规范也在逐步完善,对企业的并购重组具有一定的引导和规范作用,并且结合不同阶段的市场环境变化给予了企业一定的政策支持,推动我国并购浪潮的产生。

上文通过对我国的货币政策、股权融资制度、债务融资制度以及上市公司并购重组相关政策的汇总梳理,可以发现企业的并购活动与国家宏观产业政策和货币政策的变动密切相关。2008 年、2009 年,国家实施宽松的货币政策,货币供应量大幅增加,企业的资产负债率高于其他时期,说明宽松的货币政策促进了企业的债务融资。受经济危机的影响,2008 年,股票市场低迷,股票发行量较低,企业并购数量大幅下降。2009 年,国家实施宽松货币政策效果显现,股票发行量出现大幅度提高,企业并购数量猛增,增幅达到 77.6％,说明宽松的货币政策对企业并购具有推动作用,方便企业获取较多的外部资金,减轻了企业的融资约束程度。2010 年以后,我国实施稳健的货币政策,侧重进行经济结构调整和产业转型升级,重点支持和引导特定行业的并购活动,推动了并购市场的发展。

第三节　融资约束对企业并购影响的理论分析

本小节将基于代理理论、信息不对称理论和融资优序理论分析融资约束对企业并购的影响,其中代理问题支持了自由现金流量假说,而信息不对称理论和融资优序理论支持了融资约束假说。

一、代理理论

代理理论主要是由 Jense 和 Meckling(1976)提出的,公司所有权和经营权的分离导致公司的所有者同管理者之间出现利益不一致。根据不同的利益冲突,代理理论涉及管理者同所有者之间以及所有者同债权人之间的两类不同的委托代理问题。

管理者同所有者之间的冲突在于管理者更希望在增加公司整体价值和股东财富的同时获得个人收益,甚至获得个人收益的意愿要高于增加股东财富,但是公司的所有者则更希望获得尽可能多的股东财富而支付较少的管理成本。当公司面临较高的融资约束即内部资金不足时,管理者为了保证个人利益的切实获得,通常会选择风险较低、相应投资回报率也较低的项目,造成企业投资不足;当企业面临较低的融资约束时,管理者为了获得更多的在职消费、职位晋升以及社会地位提高等私人收益,往往会选择大规模并购,构建企业帝国,造成企业过度投资。这也是"自由现金流假说"的核心思想,即企业在存在一定量闲置资金时,管理者更愿意进行低效率的并购而不愿意支付股东股利。

所有者同债权人之间的冲突在于公司的所有者为了获得更多的收益往往更倾向于投资收益较高但是风险也相对较高的项目,这必然会导致债权人的负债价值的下降。尽管高风险高收益的项目获得成功,但是债权人能够获得的仍然是固定的利息收入,所有者则能享受项目带来的额外收益;一旦项目失败,则债权人需要承担资金的损失。因此债权人为了避免这种损失的发生,就会要求企业提供更高的投资报酬,这就增加了企业的外部融资成本,加剧了企业的融资约束状况。

二、信息不对称理论

信息不对称理论主要是指从事同一交易活动的双方受到环境、对交易对象认知等因素的限制,一方因掌握了相对于对方更多的信息而受益。Akerlof(1970)称这类问题为"柠檬问题",他认为在一般情况下,交易市场中,卖方往往比买方掌握更多的关于商品的信息,在信息不对称的情况下,买方会按照高质量商品的价格购买到低质量的商品,最终导致高质量的商品被驱逐出市场。

企业进行并购能否取得成功在很大程度上取决于企业并购资金是否充足。当企业面临融资约束时,我国企业主要通过债权融资获得并购资金。对于并购项目能够给企业带来的盈利机会以及相应需要投入的成本,企业获得的相关信息必然要多于银行等金融机构。在这种情况下,银行等金融机构为了确保借出资金的安全,弥补借出款项的风险,必然会提高借出资本的成本,或者提高放贷对象的门槛,这无疑增加了企业的外部融资成本,导致企业的融资约束问题更加严重,直接影响到企业并购战略的实施。值得注意的是,由于信息不对称的存在,在不同市场化程度的环境下,企业的融资成本也具有显著的差异,在市场化程度较低的环境下,企业的外部融资成本往往更高,企业的融资约束状况也更加严重。

另外,企业管理者往往比投资者掌握更多的并购投资项目信息,出于对自身利益的考虑,其可能进行低效率的并购活动,企业的外部投资者为了控制该种投资风险,同样会更加谨慎地进行投资,要求更高的投资回报,这必然增加企业的外部融资成本,企业的融资约束程度提高,直接影响到企业并购战略的成功与否。

三、融资优序理论

融资优序理论认为企业在面临一定的融资成本情况下,在进行资金融通时会选择优先使用内部资金,其次才是外部资金,即融资是存在优先次序的。使用外部资金,相对内部资金来说,企业需要承担更高的成本,原因在于以下三种观点:①税差观。在个别国家,公司资本利得税的税负要低于公司股利所得税的税负,若公司支付了较高的现金股利,则公司在投资时必然需要从外部进行融资,股东在获得现金股利之后还需要支付较高的所得税,这就导致外部融资成本高于内部资金成本。②交易成本观。该种观点认为公司在进行股权融资时需要支付较高的交易成本,导致外部融资的成本高于内部融资。③信息不对称观。该观点由 Myers 和 Majluf(1984)提出,他们认为企业的经营管理者相对于企业外部的潜在投资者掌握了更多的企业投资相关信息,外部资金的提供者会要求明显高于投资项目风险水平的溢价,这必然带来外部融资成本高于内部融资。当企业为了并购进行股权融资时,存在企业的外部投资者认为企业的股票价值被高估或者企业的并购项目前景较差的情况,此时他们为了弥补可能发生的各种风险,会与企业进行股价博弈,增加企业的融资成本,导致企业无法实施并购投资项目。

另外,对于外部资金的使用也有先后顺序。当企业为了并购选择外部股权融资时,往往也传递了一个信号:如果该并购项目能够给企业带来较高的收益,企业更想全部占有该并购项目的收益而不是与新的投资者分享。所以企业的潜在投资者会因为这种心态而减少投资,这直接提高了企业的融资约束程度,影响企业并购项目的实施,甚至造成并购项目的夭折。

第四节　金融加速器理论

Bernanke、Gertler 和 Gilchrist(1996)最先提出了金融加速器理论,该理论认为由于公司内外部融资成本存在显著的差异,导致公司的投资决策受到融资因素的限制,同时又因为信息不对称的存在,公司本身的财务状况也会影响到公司的融资战略,如此循环形成反馈,该种金融机制推动并且放大了外部变量对微观企业经营的影响。

Fisher(1933)提出,宏观经济繁荣时期的"过度负债"和衰退时期的"债务清算"以及"困境清算"是引起经济过度波动的重要诱因,该理论的提出开启了在信息不对称前提下以信贷市场缺陷作为经济周期切入点的研究。Bernanke 和 Gertler(1989)在 Prescott(1986)提出的真实经济周期模型基础上,运用重叠两代模型构建了基于企业家和投资者之间存在信息不对称情形下的新古典经济周期模型,该模型证明在金融市场存在摩擦的情形下,企业家和投资者之间存在信息不对称,货币政策等外部因素对经济系统的影响能够通过影响公司的资产净值形成一种正反馈机制,放大了外部因素的冲击作用。Bernanke、Gertler 和 Gilchrist(1996)将这种机制称为"金融加速器",同时指出,这种加速器效应是非线性的,在经济萧条期其作用更强,并且该种效应能够引发"为资格而战"的现象,即投资者在前期为了降低信息不对称,对企业投资项目进行审计时产生的代理成本将要提高时,就会降低其资金的信贷规模,处于经济萧条期时,就会导致信贷资金从低资产净值的公司流向高资产净值的公司,最后,这种加速器效应的直接后果必然影响公司的投资战略。

在经济繁荣期,企业运营状况良好,较易得到投资者的青睐,融资成本低,企业的并购战略计划得以进行;在经济衰退期,信息不对称以及代理问题的存在,投资者要求更高的资本回报,加重企业的融资约束程度,导致企业偏离最佳投资,造成企业并购项目失效。企业融资困难,导致投资速度放缓,产出减少导致经济增长缓慢,宏观经济增长状况也会反过来影响企业的运营以及外部融资情况,如图 3-1 所示。

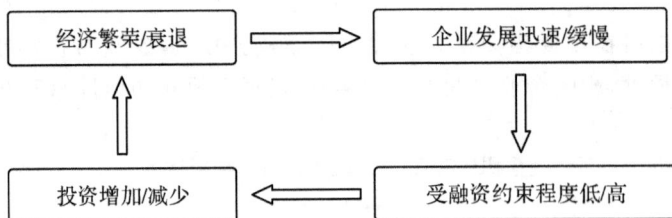

图 3-1 金融加速效应的作用

第五节　本章小结

　　本章主要对本书涉及的并购、并购绩效、融资约束以及经济周期等主要概念进行了界定,明确了以下几方面内容:①本书中界定的并购含义包括了广义上的收购活动,不再详细区分"兼并"和"收购";②本书的研究主体是主并购公司的并购绩效,对绩效的衡量方法主要采用财务指标法;③对融资约束的界定,主要指公司的外部融资约束,并且不详细区分外部资金价格约束和资金数量约束;④宏观经济周期按照 NBER 界定为经济活动的循环往复周期性的扩张和收缩的波动现象,并按照两分法进行经济周期波动的划分。

　　在主要基础理论分析方面,基于我国当前的外部融资制度的变迁背景,结合信息不对称理论、委托代理理论、融资优序理论以及金融加速器理论,分析了在不同的经济周期背景下融资约束对企业并购的影响,为后面的研究分析奠定了理论基础。

第四章　实证研究设计

第一节　研究假设

一、融资约束对并购可能性的影响

Fazzari 等(1988)认为在整个经济市场中,融资约束是企业面临的一个非常普遍的问题,差别仅在于程度的差异。纵观我国资本市场的发展,尽管金融体系建设在不断地完善,但是同西方发达国家相比仍是滞后的,我国的企业更是不可避免地面临融资约束问题。并购作为企业突破发展瓶颈、实现迅速发展的有效投资方式,更是需要大量的资金支撑,融资约束问题对企业并购成功与否起到了决定性作用。通过相关文献的梳理可以发现,大部分研究以并购资金充足为前提研究如何选择最佳的并购方式,那么在企业存在不同程度融资约束的情况下,面临并购投资机会时企业会做何选择呢?

自由现金流理论认为企业并购的本质是代理问题,企业内部现金充足,管理层对企业资源的支配力提高,管理层为了不将这些现金资产通过股利形式支付给股东,会倾向于实施并购(Harford,1999)。Denis 和 Sibilkov(2010),王彦超(2009)等学者均发现面临融资约束的企业的股东和投资人考虑到外部融资成本较高会影响未来的投资机会,因而会阻止管理层过度消耗内部资本,即融资约束能够减少企业的过度投资。Menno(2011)以英国上市公司为样本,发现融资约束降低了企业实施并购的可能性。Williamson(1970)提出的内部资本市场假说认为内部资本市场因为管理者相比外部市场掌握了更多的信息和监督的优势而更有效率,能够将资金分配到更有价值的投资项目,从而缓解企业的融资约束。并购往往成为企业构建内部资本市场最为有效和直接的手段。Hubbard 和 Palia(1999)研究了 20 世纪 60 年代的美国第三次并购浪潮,发现大部分企业实施并购的动机之一就是通过构建内部资本市场来解决由于资本市场不完美及信息不对称导致的企业融资约束问题。根据自由现金流理论和内部资本市场构建假说,企业的融资约束可能抑制企业的并购,也有可能推动企业并购的发生。

随着我国金融信贷市场化程度的不断提高,企业面临的融资约束情况不断变化,对企业并购投资战略的影响也必然不同。微观企业作为宏观经济的基本单元,企业的融资约束程度也随着整体经济形势的变化而发生改变。Bernanke 和 Gertler(1989)指出企业的融资约束情况与宏观经济具有显著的相关性。当经济处于萧条期,政府加强宏观调控,货币供给量增加,企业融资约束得以缓解;当经济处于繁荣期,政府实施稳健的货币政策,资本市场的外部摩擦增加,信息不对称程度提高,企业融资约束严重(Bernanke,Gertler,1995;Bernanke,Gertler,Gilchrist,1996)。Almeida 等(2004)经研究发现,在经济下行期,融资约束直接影响企业的投资战略。我国学者江龙和刘笑松(2011)认为,在经济繁荣期,企业现金持有量处于较高的水平,融资约束程度较轻。

Rajan 和 Zingales(1998)指出市场化程度较低的地区,由于较低的契约基础和可信程度以及较高的信息不对称性,企业更倾向于构建内部资本市场来替代外部资本市场。但随着市场化程度的提高,契约基础以及信息环境的改善,发达的信贷市场能够替代内部资本市场,从而提高资本的配置效率。市场化程度较高的地区,良好的金融环境可以保证外部资金的充足和投融资决策信息的可获得性,从而缓解企业的融资约束,推动企业并购的发生,实现企业的发展壮大。在我国,尽管外部融资环境的市场化程度和法制建设都在不断提高,但是不同股权性质的企业之间仍存在信贷不公平现象,对企业的融资约束具有重要的影响。随着《银行并购贷款风险管理指引》的颁布,并购贷款成为银行可以向并购企业提供的债务性融资产品。但是考虑到并购贷款业务的风险性和复杂性,以及国有控股企业同国有银行之间的天然关系,国有企业更容易获得并购贷款,而非国有企业自身融资能力较弱,获得并购融资难度则较高。

在不同宏观经济周期背景下,企业都面临着融资约束问题,企业的融资约束能够影响企业的并购活动,市场化程度和股权性质的差异也将影响二者之间的关系。根据上述理论分析,本书借鉴黄志忠和谢军(2014)的方法,构建宏观经济周期背景下融资约束对企业并购可能性的影响的理论模型，以分析融资约束与企业并购的关系。

企业根据净现值进行项目投资，并购作为企业的一项重大投资同样也遵循这一原则。并购项目的净现值为并购的全部收益和全部并购成本之间的差额，净现值大于零并不是并购项目投资的充分条件，还要考虑并购投入资金的资本成本，包括内部融资成本和外部融资成本，其中内部融资成本的边际成本为企业的加权平均资本成本。设并购的投资水平为 m，并购可投资总额为 M，企业的加权平均资本成本即内部融资的边际成本为 $C_N(H) = \eta$，外部融资的边际成本为 $C_E(m-H)$，由于市场摩擦以及信息不对称性，外部融资的边际成本是递增的，即 $\dfrac{\partial C_E(m)}{\partial m} > 0$，并购投资的边际收益 $R(m)$ 是并购投资水平 m 的函数，随着并购投资水平的提高，其边际收益率递减，即 $\dfrac{\partial R(m)}{\partial m} < 0$，则并购投资的决策模型为

$$
\begin{aligned}
\mathrm{NPV}_M &= \int_0^M R(m)\mathrm{d}m - \int_0^H C_N(m)\mathrm{d}m - \int_H^M C_E(m-H)\mathrm{d}m \\
&= \int_0^M R(m)\mathrm{d}m - \eta \times H - \int_H^M C_E(m-H)\mathrm{d}m \\
&= [B(M) - B(0)] - [E(M-H) - E(0)] - \eta \times H \quad (4.1)
\end{aligned}
$$

其中，$R(m)$ 为并购项目的边际投资收益率，$C_N(m)$ 为内部融资资本的边际成本，$C_E(m)$ 为外部融资资本的边际成本，$B(m)$ 为 $R(m)$ 的原函数，$E(m)$ 为 $C_N(m)$ 的原函数。

根据上文的理论分析，企业外部融资受到宏观经济周期、市场化程度以及企业股权性质的影响，因此外部融资成本是宏观经济周期、市场化程度以及股权性质的函数，$C_E(I) = C_E(M-H, \mathrm{mac}, \mathrm{mar}, \mathrm{own})$，其中 mac 代表宏观经济周期，mar 为市场化程度，own 为企业股权性质，并具有以下特点：

① $\dfrac{\partial C_E}{\partial I} > 0$，即外部融资的边际成本递增；

② $\dfrac{\partial C_E}{\partial \mathrm{mac}} < 0$，即外部融资成本具有逆周期性，在经济繁荣期，企业的外部融资成本下降，在经济萧条期，企业的外部融资成本提高；

③ $\dfrac{\partial^2 C_E}{\partial I \times \partial \mathrm{mac}} < 0$，即企业外部融资的边际成本具有逆周期性；

④ $C_E(h\mathrm{mar}) < C_E(l\mathrm{mar})$，即市场化程度高的地区外部融资成本低于市

场化程度低的地区的企业外部融资成本；

⑤$\dfrac{\partial C_E(h\mathrm{mar})}{\partial I} < \dfrac{\partial C_E(l\mathrm{mar})}{\partial I}$，即市场化程度较高的地区的企业的外部融资的边际成本低于市场化程度低的地区的企业的外部融资的边际成本；

⑥$C_E(\mathrm{own}) < C_E(n\mathrm{own})$，即国有企业的外部融资成本低于非国有企业的外部融资成本；

⑦$\dfrac{\partial C_E(\mathrm{own})}{\partial I} < \dfrac{\partial C_E(n\mathrm{own})}{\partial I}$，即国有企业的外部融资的边际成本低于非国有企业的外部融资的边际成本。

在 NPV 最大化时，企业的最佳并购投资的均衡条件为

$$\frac{\partial \mathrm{NPV}_M}{\partial M} = R(M^*) - C_E(M^* - H, mac, mar, own)$$

$$= F(M^*, H, \mathrm{mac}, \mathrm{mar}, \mathrm{own}) = 0 \qquad (4.2)$$

当 $M \leqslant H$，即企业内部资金充足，可以实施并购时，不需要进行外部融资，即 $C_E(I) = C_E(M - H, \mathrm{mac}, \mathrm{mar}, \mathrm{own}) = 0$，此时$\dfrac{\mathrm{d}R(M^*)}{\mathrm{d}H} = 0$，说明企业的并购不受融资约束的影响。

当 $M > H$，即企业存在融资约束的情形时：

1. 宏观经济周期下，企业融资约束与企业并购可能性

根据隐函数原理有：

$$\frac{\mathrm{d}M^*}{\mathrm{d}H} = -\frac{\dfrac{\partial F}{\partial H}}{\dfrac{\partial F}{\partial M^*}}$$

$$= -\frac{\dfrac{\partial C_E(M^* - H, \mathrm{mac}, \mathrm{mar}, \mathrm{own})}{\partial (M^* - H)}}{\dfrac{\partial R(M^*)}{\partial M^*} - \dfrac{\partial C_E(M^* - H, \mathrm{mac}, \mathrm{mar}, \mathrm{own})}{\partial (M^* - H)}} \qquad (4.3)$$

因为$\dfrac{\partial R(M^*)}{\partial M^*} < 0$，$\dfrac{\partial C_E(M - H)}{\partial (M - H)} > 0$，

所以$\dfrac{\mathrm{d}M^*}{\mathrm{d}H} > 0$，即企业的并购投资对企业的内部现金流具有一定的依赖性，表明企业的并购投资受到企业融资约束的影响。

当经济处于繁荣期，企业面临的信贷市场处于活跃状态，外部资金充

足,企业的融资环境良好,企业外部融资成本降低,即$\dfrac{\partial C_E}{\partial \mathrm{mac}} < 0$,外部融资的边际成本随着宏观经济周期的发展而降低,即$\dfrac{\partial^2 C_E}{\partial I \times \partial \mathrm{mac}} < 0$。

此时,

$$\frac{\mathrm{d}M^*}{\mathrm{dmac}} = -\frac{\dfrac{\partial F}{\partial \mathrm{mac}}}{\dfrac{\partial F}{\partial M^*}}$$

$$= -\frac{-\dfrac{\partial C_E(M^* - H, \mathrm{mac}, \mathrm{mar}, \mathrm{own})}{\partial \mathrm{mac}}}{\dfrac{\partial R(M^*)}{\partial M^*} - \dfrac{\partial C_E(M^* - H, \mathrm{mac}, \mathrm{mar}, \mathrm{own})}{\partial (M^* - H)}} \qquad (4.4)$$

因为$\dfrac{\partial R(M^*)}{\partial M^*} < 0$, $\dfrac{\partial C_E(M - H)}{\partial (M - H)} > 0$, $\dfrac{\partial C_E}{\partial \mathrm{mac}} < 0$

所以$\dfrac{\mathrm{d}M^*}{\mathrm{dmac}} > 0$,即当企业处于宏观经济的繁荣期时,有利于企业并购投资的增加。

同理,在宏观经济的萧条期,信贷市场低迷,融资环境恶劣,企业的外部融资成本提高,$\dfrac{\partial C_E}{\partial \mathrm{mac}} > 0$,外部融资的边际成本提高,即$\dfrac{\partial^2 C_E}{\partial I \times \partial \mathrm{mac}} > 0$,则$\dfrac{\mathrm{d}M^*}{\mathrm{dmac}} < 0$,即在宏观经济的萧条期,企业的并购投资也会减少。

对式(4.3)两边求 mac 的偏导数,可得:

$$\frac{\partial \left(\dfrac{\mathrm{d}M^*}{\mathrm{d}H} \right)}{\partial \mathrm{mac}} = -\frac{1}{\left[R'(M^*) - C'(M^* - H) \right]^2} \times$$

$$\frac{\partial^2 C_E(M^* - H, \mathrm{mac}, \mathrm{mar}, \mathrm{own})}{\partial (M^* - H)\partial \mathrm{mac}} \times \frac{\partial R(M^*)}{\partial M^*} \qquad (4.5)$$

当处于宏观经济的繁荣期时,式(4.5) < 0;当处于宏观经济的萧条期时,式(4.5) > 0。说明在不同的经济周期背景下,企业的融资约束直接影响到企业的并购投资。故本书提出假设:

假设 1:在宏观经济周期背景下,企业融资约束状况对并购可能性具有负向的影响。

2.市场化程度对融资约束与企业并购可能性的影响

当企业所处区域的市场化程度较高时,企业融资环境改善,信贷市场资金流动性较强,资产配置效率较高,外部融资成本下降;当企业处于市场化程度较低的地区时,市场摩擦严重,信息不对称性较高,市场中资产配置效率低下,企业外部融资成本提高,即 $C_E(h\mathrm{mar}) < C_E(l\mathrm{mar})$, $\dfrac{\partial C_E(l\mathrm{mar})}{\partial I} > \dfrac{\partial C_E(h\mathrm{mar})}{\partial I} > 0$, 对于市场化程度较高的地区企业则有 $\dfrac{\partial^2 C_E(M^* - H)}{\partial(M^* - H)\partial\mathrm{mar}}$ 较低。

此时

$$\frac{\mathrm{d}M^*}{\mathrm{dmar}} = -\frac{\dfrac{\partial F}{\partial\mathrm{mar}}}{\dfrac{\partial F}{\partial M^*}}$$

$$= -\frac{-\dfrac{\partial C_E(M^* - H,\mathrm{mac},\mathrm{mar},\mathrm{own})}{\partial\mathrm{mar}}}{\dfrac{\partial R(M^*)}{\partial M^*} - \dfrac{\partial C_E(M^* - H,\mathrm{mac},\mathrm{mar},\mathrm{own})}{\partial(M^* - H)}} > 0 \qquad (4.6)$$

说明市场化程度高能够缓解企业的融资约束,驱动企业进行更多的并购投资。

而且,依据式(4.3),可以得到

$$\left.\frac{\mathrm{d}M^*}{\mathrm{d}H}\right|_{h\mathrm{mar}} < \left.\frac{\mathrm{d}M^*}{\mathrm{d}H}\right|_{l\mathrm{mar}} \qquad (4.7)$$

即在市场化程度比较高的地区,企业融资约束较低,企业更有可能进行并购投资。故本书提出假设:

假设2:与市场化程度较高地区的企业相比,市场化程度较低地区的企业融资约束程度对企业并购可能性的影响更大。

3. 企业股权性质对融资约束与企业并购可能性的影响

国有企业相对于非国有企业具有天然的可信度,融资渠道多样,更容易从信贷金融机构获得贷款,并且能够以更低的利率获得外部融资,降低其融资成本,缓解融资约束,所以国有企业的外部融资成本要低于非国有企业的融资成本,即 $C_E(\mathrm{own}) < C_E(n\mathrm{own})$。并且,国有企业外部融资的边际成本也低于非国有企业外部融资的边际成本,即 $\dfrac{\partial C_E(n\mathrm{own})}{\partial I} > \dfrac{\partial C_E(\mathrm{own})}{\partial I} > 0$,进而 $\dfrac{\partial^2 C_E(M^* - H)}{\partial(M^* - H)\partial\mathrm{own}}$ 也较低。

此时有 $\dfrac{\mathrm{d}M^*}{\mathrm{down}} = -\dfrac{\dfrac{\partial F}{\partial\mathrm{own}}}{\dfrac{\partial F}{\partial M^*}}$

$$= - \frac{-\dfrac{\partial C_E(M^* - H, \text{mac}, \text{mar}, \text{own})}{\partial \text{own}}}{\dfrac{\partial R(M^*)}{\partial M^*} - \dfrac{\partial C_E(M^* - H, \text{mac}, \text{mar}, \text{own})}{\partial (M^* - H)}} > 0$$

根据式(4.3)可以得到 $\left.\dfrac{\mathrm{d}M^*}{\mathrm{d}H}\right|_{\text{own}} < \left.\dfrac{\mathrm{d}M^*}{\mathrm{d}H}\right|_{\text{nown}}$，说明国有企业的融资约束相对于非国有企业更低，更能够驱动企业进行并购。故本书提出假设：

假设3：与非国有企业相比，国有企业融资约束程度对企业并购可能性的影响更大。

二、融资约束对并购战略的影响

在2015年年底2016年年初，"宝能之争"成了我国资本市场最大的新闻，宝能、安邦、恒大、万科、"门外的野蛮人"等关键词出现在众多媒体上，也引起了众多学者的关注，融资约束、公司收购和公司治理三个方面的争论再一次成了焦点。学者已证实，几乎所有公司都存在融资约束问题，企业面对不同的经济形势必然会选择不同的并购方式。

当前，债务融资和股权融资是企业获得资金的重要方式，金融市场与宏观经济周期具有较强的相关性，在不同经济阶段，企业的融资约束也具有不同的特点。一方面，根据金融加速器理论，在经济繁荣期，债权市场中，银行货币资金充足，随着我国信贷制度的不断完善，国家实时根据经济形势不断调整信贷政策以及信贷审核制度，企业较容易获得债权融资，缓解企业的融资约束。另一方面，在整体经济环境较好的形势下，市场需求较大，企业的盈利能力、偿债能力提高，银行信贷风险降低，银行等金融机构也更愿意贷款给企业，企业的融资约束情况得到进一步缓解。在股权市场，整体经济状况良好，国民收入提高，社会需求显著增强，企业盈利状况较好、销售规模扩大并且显现较强的发展势头，满足债券以及股票市场的筹资要求。另外，在较好的经济环境下，投资项目预期收益较高，能够获得投资者的信心，进而吸引较多投资者加入，股票市场的繁荣能够促使股票价格的攀升，企业的融资成本降低，融资约束程度亦能得到缓解。在这一时期，为了避免经济的过热增长和通货膨胀率的提高，国家会实施紧缩的或者稳健的货币政策，例如提高贴现率、放缓货币供应等，但是市场发展形势较好，国家的政策调整并不会对市场经济起到根本性的改变，更多的是依靠市场自身进行调节，通过自由竞争和交换实现企业资源的最佳配置。

综上,在宏观经济的繁荣期,企业的融资渠道多样,融资成本较低,企业的融资约束得到缓解,推动企业更加积极地进行并购投资,实现规模的扩大,获得更多的市场份额从而实现并购的协同效应。

2013年,中欧国际工商学院通过对1214名高管的问卷调查,发现46%的企业高管认为宏观经济形势以及经济政策的调整会影响到企业的投资决策。一方面,从宏观层面讲,在经济的繁荣期,市场需求较大,整体市场环境呈现供不应求的特点,面对这种情况,企业能够制定较高的产品价格,利润空间扩大,能够获得更多的现金流。这种经济态势的强劲增长,也会推动企业进行不同程度的扩张。另一方面,我国自改革开放以来,不断进行国家产业结构的调整和升级,在不同的经济周期阶段会针对性地颁布产业结构调整政策,引领整体经济的发展走势。例如,2010年,国务院颁布了《关于促进企业兼并重组的意见》,同时联合包括工业和信息化部、国家发展和改革委员会等12个部门印发了《关于加快推进重点行业企业兼并重组的指导意见》,重点扶持汽车、钢铁、电子信息等9个行业的产业结构调整。随后,根据清科网统计,2014年,我国高科技行业并购数量就较2010年增长了40%,显著高于其他行业。所以在经济周期的繁荣期,融资约束程度较高的企业会更积极地抓住良好的宏观市场环境以及国家产业政策调整的机会进行扩张,充分利用多渠道融资,结合国家宏观经济政策,通过并购战略实现企业规模的扩大,进入更有利于企业发展的市场,扩大企业发展版图。例如,2016年,珠海艾派克科技股份有限公通过引入太盟投资、君联资本机构入局,巧用银行贷款,采用多重融资方式,以39亿美元成功收购国际打印巨头利盟国际有限公司,从一个"矮穷矬"的小公司一跃成为打印行业的龙头企业。

在宏观经济的衰退期,债券市场和股权市场之间摩擦加大,面临较差的经济形势。一方面,出于对信贷风险的考虑,银行等金融机构通常会选择降低银行信贷规模,导致企业融资成本提高,获得贷款难度提高,加剧了企业融资约束程度。另一方面,整体经济形势较差,社会需求降低,市场呈现供过于求,大量产品积压,销售价格降低,企业利润空间压缩,企业的盈利能力、偿债能力降低,自由现金流不足,难以达到股权市场融资的要求;投资者投资信心不足,对经济的悲观预期和为了规避风险会减少投资甚至退出投资市场,导致资产贬值,整个资本市场进入恶性循环,企业融资渠道缩减,融资成本提高,加剧了企业的融资约束,企业的投资战略直接减少。此时国家为了振兴经济,会实施积极的或者宽松的货币政策,增加货币供应量,但是整体经济体量较大,国家相关货币政策的实施不能从根本上迅速改变经济发展的形势。在这一时期,整体的企业并购投资战略都会急剧减少,并不会轻易进行大规模的并购,对并购规模、并购方向和并购区域的选择也会更加谨慎。

1.融资约束对并购规模的影响

在企业发展的过程中,其发展目标是在不断变化的。根据姜付秀(2008)等学者的研究证明,我国的企业在发展过程中更注重企业规模的扩大,更希望通过并购重组等方式实现企业的迅速扩大,获得规模效益。根据产业组织理论,企业销售规模以及市场规模的大小直接影响企业在行业中的市场集中度及市场份额。在市场总体规模较小的条件下,企业规模的扩张能够直接带来企业市场占有率的提高。融资约束较高的企业往往属于初期发展阶段的企业,具有较高的发展潜力,但是受企业自身规模的限制,难以实现战略扩张。

在宏观经济的繁荣期,整体经济运营环境较好,债券市场和股权市场会提供多种融资渠道,企业受到的融资约束得到较大程度的缓解;同时,在股票市场火热的大环境下,企业对投资项目具有较高的经济预期,企业估值提高,自身实力提高,借着国家产业结构政策调整的东风,企业往往会选择较大规模的并购,以降低平均生产成本和管理费用、经营费用等,提高企业的利润,同时以最直接的方式获得市场占有额,甚至在行业内获得垄断地位。

在宏观经济的衰退阶段,整体经济环境较差,市场发展低迷,股票市场发展动力不足,债权市场融资门槛提高,融资成本相对经济繁荣期显著提高,加剧企业的融资约束程度。在这一时期,股价相对较低,投资者投资动力不足,市场上竞争减弱,企业的估值也相对较低,企业的并购成本降低,也是企业通过并购扩张为经济进入繁荣期进行规模储备的重要契机,因此,企业同样有进行大规模并购的动机和欲望。对于融资约束较高的企业来说,这一阶段企业的现金流以及资金持有状况对企业并购投资具有更加重要的影响。也就是说,这一阶段企业在并购战略选择上对企业的融资约束程度更加敏感。

综上,本书提出如下假设:

假设4:在宏观经济背景下,企业的融资约束程度对企业的并购规模选择具有显著影响。

2.融资约束对并购类型的影响

我国进入经济发展的新常态阶段后,将重点转移到产业结构调整上,促进产业结构的优化升级,并购重组是我国进行供给侧结构性改革的重要方式。在这样的背景下,并购作为企业的重大发展战略,必然在不同的经济周期下呈现出不同的特征。

根据前文的文献梳理,可以发现企业进行多元化并购的动机非常复杂,国内外学者并没有得到一致的结论。在企业层面,Williamson(1975)等学者认为对于融资约束程度较高的企业来说,多元化经营也是企业构建内部资本市场的重要途径。Stein(2003)认为多元化经营的企业相比单一产业的企业更具"多钱"优势,其内部资本市场在筹集资金方面具有显著效果;Lewellen(1971),Han和Stulz(1998)等学者也认为多元化的并购战略能够利用内部资本市场缓解融资约束程度。国内学者苏冬蔚(2005),冯丽霞(2006),杨棉之(2008),王峰娟和谢志华(2010)通过对我国上市公司的实证调研,也证明多元化的并购战略更有利于形成企业的内部资本市场,缓解企业的融资约束程度。根据协同效应理论,企业进行多元化并购能够带来经营协同、管理协同和财务协同,一方面,内部资本市场发挥作用,内部资金和生产要素的配置效率提高,产品的单位成本降低,企业能够获得较高的经济收益,企业融资渠道增加,融资成本降低;同时,企业选择多元化并购,相比于同一行业的并购,企业的经营范围涉足多个市场领域,而在这些市场中大部分也是与企业具有生产和销售的上下游关系,对于整合资源市场,降低成本具有明显优势。另一方面,企业经营范围扩大,有利于分散经营风险,获得更多的投资机会。过度自信理论认为企业的管理者进行经营决策时往往会对自己的知识、决策能力和对收益的预期盲目自信、过于乐观,高估对并购后企业的整合能力以及并购收益,因而在并购决策过程中往往更倾向于多元化并购。在宏观经济繁荣期,经济迅猛发展,企业收益空间较大,管理者过度自信和过于乐观的投资情绪更加明显。

在宏观层面,当经济处于上行期时,整体经济形势较好,企业收益增加,自由现金流更加充足,投资者情绪高涨,企业有能力也更愿意进行多元化的经营,实现企业的发展战略;当经济处于下行期时,市场经济发展速度放缓,股票市场低迷,股价较低,企业的并购成本降低,市场竞争程度降低,企业进入其他行业的壁垒降低,更有利于企业为经济复苏以后的竞争做准备。

综上,本书提出如下假设:

假设5：在宏观经济周期背景下，融资约束对并购类型具有显著影响。

3.融资约束对并购区域的影响

根据企业资源理论，企业是社会各种资源的综合体，其竞争优势主要来源于那些稀缺的、不可复制的、替代性较弱的异质资源（Barney，1991）。企业并购是强化现有优势资源或者获取新的战略资源的重要手段，这一观点得到了学者们的一致认可，异地并购在实现区域经济资源的流动、帮助企业获得重要的不可移动的战略资源方面具有不可比拟的优势。我国经济发展具有区域差异性，经济发展水平的不平衡性以及资源的不平衡性推动了资源的重新配置。异地并购能够促使资源在更广的空间流动，实现资源的优势互补，发挥并购的协同效应。根据市场势力理论，通过异地并购能够以较为迅速的方式进入新的市场，充分利用被并购企业的供应商渠道和销售渠道，有效降低前期市场开发以及后期投入生产的成本，实现战略转型，获得超额收益，提高市场份额，进而提高企业的核心竞争力。袁学英（2011）认为异地并购帮助企业扩大了获得异质性资源的地理区域，这有利于形成企业的竞争优势。对于具有融资约束的并购企业来说，它们有更强的动机进行异地并购。企业竞争优势的形成通常需要较长时间的积累，企业本身融资约束程度较高，市场竞争激烈，在发展过程中面临的市场风险较高，通过异地并购能够以较短的时间获得优质的核心资源。另外，在我国特殊的市场经济环境下，国民经济产业结构不断调整升级，在全国范围内优化产业的空间布局，国家政策的指引对企业实施异地并购具有显著影响。例如我国先后提出的西部大开发战略、自主创新战略以及推动产业转移和加速发展战略、新兴产业发展战略，为企业进行异地并购提供了强有力的支持。与此同时，国家在货币政策上也给予了一定程度的保障。例如在2012—2014年，国家为了应对全球经济的冲击，实现区域经济的协调发展，解决结构性矛盾，先后5次下调人民币存贷款基准利率，9次引导公开市场逆回购操作利率下行，适时下调信贷政策支持再贷款、中期借贷便利和抵押补充贷款利率实施定向降准，扩大信贷资产质押和央行内部评级试点，这为具有融资约束的企业进行异地并购提供了较好的契机。

另外值得注意的一点是，我国的异地并购也面临一定程度的阻碍。罗翠华（2004）指出地方保护主义、产权交易市场发展不平衡是异地并购面临的主要障碍，政府干预在其中发挥了重要的作用。潘红波等（2008），方军雄（2009）在随后的实证检验中得到了同样的结论。存在融资约束的企业进行异地并购同样面临着这样的障碍,当企业融资约束程度较高时,尽管被并购企业具有显著的地域优势和资源优势,若需要承担较高的寻租成本,企业并购成本的提升必然加剧企业的融资约束程度,企业进行异地并购的意愿减弱。

综上,本书提出如下假设:

假设6:在宏观经济周期背景下,融资约束对并购区域选择具有显著影响。

4.市场化程度的调节作用

所谓市场化程度就是在我国从计划经济向市场经济不断发展过程中,社会环境、经济环境、法律环境等因素的动态变化幅度。在我国宏观经济周期发展的不同阶段和不同的经济发展区域,市场化必然具有显著的差异性。市场化程度越高,意味着金融资本、劳动力、资源等要素的市场流动性越强,公司面临的代理成本越低,受国家产业政策以及行政干预越少,越利于形成良性的经济发展环境。

在宏观层面,在经济繁荣期,市场竞争激烈,经济发展形势向上,投资者持有积极乐观的投资情绪,企业进行大量的投资活动。尽管国家为了避免经济过热发展和通货膨胀会进行一定范围的货币政策和产业政策调整,但不足以从根本上影响市场经济的运行,更多地依靠市场本身进行资源的配置。也就是说在宏观经济的繁荣阶段,国家干预这只"看得见的手"就让渡给市场机制。因此,在宏观经济的繁荣期,市场化程度对企业的融资约束以及并购决策的选择都有重要的调节作用。在宏观经济的衰退期,整体经济发展态势低迷,股权市场和债券市场的摩擦加剧,企业融资约束程度更加严峻,投资者投资情绪不高,企业生产经营活动速度放缓,企业现金流不足,投资活动减少,整个市场经济进入恶性循环。面对这种情况,市场机制的作用效率降低,即"看不见的手"需要让渡给国家干预,才能够推动市场经济的发展,此时,市场化程度对企业的融资约束和并购活动的影响减弱。

在微观层面,学者已经证明企业面临的市场化程度具有缓解融资约束的调节效应,即当企业所在地区的市场化程度越高,信息不对称程度越低,市场机制的调节作用越强,企业面临的融资约束程度越低。另外,随着对企业并购研究的不断深入,学者们意识到企业并购战略以及并购绩效的变化都受到并购企业所在地区的市场化程度的影响。例如,张志宏和费贵贤(2010)研究发现,市场化程度较高地区的企业更有可能实施跨国并购,并且在市场环境较差的时候,更偏好进行多元化并购以降低经营风险。江若尘等(2013)利用2006—2011年民营企业并购数据,发现市场化程度在政治关联和企业并购能力之间起到调节作用。当并购企业所在地区的市场化程度较高,企业面临市场流动性较强,融资渠道多样,企业融资约束较低,政府干预较少,企业更有可能结合企业自身经济实力和企业的发展战略选择并购规模、并购的类型以及并购对象。

综上,本书提出如下假设:

假设7:市场化程度对企业融资约束和并购战略选择之间的关系具有较强的调节作用。

5.股权性质的调节作用

改革开放以来,我国市场经济不断发展,面对全球经济发展形势和我国经济发展进入转型阶段的现实,并购作为市场经济活动的重要组成,本身具有一定的市场化特征,同时也具有一定的政府干预色彩。特别是国有企业,它们在参与市场经济活动过程中,在天然享有政策支持优势的同时也必然受政府的干预。

政府干预国有企业并购活动的动机在于以下几方面:①弥补市场机制缺陷,克服市场失灵。在宏观经济的繁荣期,为避免通货膨胀、经济过热发展、企业经济结构不合理,国家会适时通过实施经济政策和货币政策等非市场手段进行干预,例如通过控制货币发行量、银行利率,调控经济的运行。政府部门会充分利用信息和政策优势对企业的并购决策进行引导,防止出现行业或者地区垄断的情形,维护市场的正常运行。②配合国家经济调控目标,完成政策性任务。企业作为市场经济的主要参与者,其经营目标在于追求自身价值的最大化;政府作为国家的行政部门和服务部门,其目标是推动经济发展,促进就业和保障社会稳定。国有企业的实际控制人通常就是政府,因此,国有控股公司通常会承担政府的政策性任务,成为国家干预经济活动的工具。国有控股企业在做并购战略决策时不仅需要考虑企业收益最大化的目标,还要结合国家经济走向,配合国家产业结构调整、区域经济协调发展的目标选择恰当的并购战略。在市场经济环境中,许多国有中小企业出现经营不善或者资不抵债的情形时,政府往往会通过并购或者补贴等形式予以干预,以保证社会的稳定。

在这样的干预动机驱动下,国有企业的并购决策必然具有不同于其他非国有企业的特点。尽管近几年我国一直在进行国有企业改革,但是政府对国有企业的干预并不会立即消失。

在宏观经济衰退期,政府干预国有企业决策动机相对较强。唐雪松等(2010),赵懿清等(2016)也认为在宏观经济的衰退期,政府这只"看得见的手"对企业并购投资的影响更强;在宏观经济的繁荣期,更多的是市场发挥作用。

通过上述对学者相关研究的梳理,可以发现,在不同经济周期,企业的股权性质对企业并购决策的选择具有调节作用,在宏观经济的衰退期,其影响作用更强。

综上,本书提出以下假设:

假设8:股权性质对企业融资约束和并购战略选择之间的关系具有较强的调节作用。

三、融资约束对并购绩效的影响

1.融资约束、并购规模与并购绩效

关于并购规模对企业并购绩效影响的研究,目前学界存在两种相反的结论:以 Chatterjee(1986)为代表的学者认为,并购规模与企业并购绩效具有反向相关的关系;随后塞罗沃(2000),Tichy(2001)通过实证检验发现,并购相对规模越大,企业的并购绩效越差;Moeller 等(2004),Kraussl 和 Topper(2006)等学者采用案例研究办法,分别考察了美国和荷兰的并购案例,得到了同样的结论。以 Kusewitt(1985)为代表的学者则认为,并购规模能够带来正向的并购绩效,我国大部分学者的研究也得出了相同的结论,李善民等(2004)和梁铄(2006)通过实证检验发现并购相对规模越大,企业的并购绩效越高;盛虎等(2009)以 2000—2007 年的上市公司为样本考察了并购规模与并购绩效的关系,发现并购规模与并购绩效具有显著的正相关影响;迟殿洲(2016)以 2012—2014 年创业板发生并购的上市公司为样本,通过实证检验发现融资约束程度与并购规模具有负相关关系,但是并购规模对并购绩效的影响并不显著。

通过文献梳理,发现关于并购规模对并购绩效的影响,目前并没有明确的结论。笔者认为之前相关学者的研究并没有考虑到在宏观经济周期背景下企业的并购规模,通过前文分析,在不同的宏观经济周期背景下,企业会充分利用市场环境特点及国家宏观经济政策的引导,融资约束程度不同的企业选择并购规模的动机不同,带来的并购绩效就会存在差异。融资约束较高的企业在经济繁荣期进行大规模并购的目的在于充分利用较好的经济形势和国家产业政策的优惠,实现企业规模的扩大,在提高市场占有率的同时,降低单位生产成本和相关管理费用、制造费用等,实现规模经济,获得较高的并购绩效;但是对于高融资约束企业来说,在这一阶段进行大规模并购并不是明智之举,这一时期股票市场高涨,并购价格较高,对于高融资约束企业来说需要承担较高的并购费用,整合成本也相对高昂,并不利于企业绩效的提高。在经济衰退期,市场需求较低,融资困难,高融资约束企业进行大规模的并购,会增加企业的财务负担,致使财务风险提高,不利于企业获得并购绩效,但是对于低融资约束企业来说,这是储备资源的阶段,有利于企业并购绩效的提高。

综上,本书提出如下假设:

假设 9:在宏观经济繁荣期,相对于低融资约束企业,高融资约束企业进行大规模并购不利于企业并购绩效的获得。

假设 10:在宏观经济衰退期,相对于高融资约束企业,低融资约束企业大规模并购更有利于企业绩效的提高。

2. 融资约束,并购方向与并购绩效

根据上文分析,融资约束程度较高的企业更倾向于进行多元化并购。多元化并购的实质是对企业上下游之间的不同产业阶段的企业进行并购,根据交易费用理论,多元化并购能够降低企业的交易成本,分散企业的经营分险,因此能够给企业带来较高的并购收益。对于融资约束较高的企业来说,多元化的并购战略有利于企业构建一个有效的内部资本市场,缓解企业的融资约束,增加企业的现金流量,为企业的发展提供充足的资金支撑,实现企业绩效的提高。根据协同效应理论,多元化并购能够降低经营分险,合理分配企业的管理能力和资源配置,实现资源的有效安排,有利于企业获得长期的并购绩效。但是在实际案例中,却发现上市公司的多元化并购绩效并不理想,李善民和陈玉罡(2006),洪道麟等(2006)发现多元化的并购并没有显著提高企业的价值。韩忠雪等(2013)以 2004—2010 年发生的 171 个并购案例为样本,发现多元化并购具有短期的并购收益,长期绩效较差。杨懿丁(2018)以 2014 年发生并购的上市公司为研究样本进行了实证检验,也得到多元化并购战略并没有实现并购绩效提高的结论。高燕燕等(2018)研究了 2005—2016 年发生的并购事件,得出了相同的结论,但是中央企业获得了显著的并购收益。

通过对相关文献的梳理,可以发现,学者对多元化并购战略的研究多以全部上市公司作为研究样本,并没有进行详细的类别划分。本书认为在宏观经济周期背景下,不同融资约束程度的企业选择的多元化并购战略必然带来不同的并购绩效。在宏观经济繁荣期,一方面,市场需求较大,刺激企业进行扩张,但是这一时期股票价格较高,整个市场估值较大,相比于经济衰退期,企业的并购成本明显提高;另一方面,市场竞争强度较大,行业壁垒较高,企业进入非同一行业面临较高的并购成本和整合成本,分散企业的现金流,经营风险较高,有损企业的绩效。对于高融资约束企业,这种压力更大,这一时期进行同一行业内的并购更易获得较高的并购收益;在宏观经济的衰退期,市场竞争态势缓和,并购成本下降,企业能够以较低的价格进入其他行业,实现资源整合,获得范围经济收益,同时也有了更多的机会抢占市场份额,有利于企业并购绩效的提高。

综上,本书提出如下假设:

假设11:在宏观经济繁荣期,高融资约束企业进行同一行业内并购更能够获得较高的并购绩效。

假设12:在宏观经济衰退期,高融资约束企业进行非同一行业内并购更能够获得较高的并购绩效。

3.融资约束、并购区域与并购绩效

根据前文分析,不同融资约束的企业与异地并购具有相关性,但是关于异地并购能否给企业带来绩效的提高并没有一致的结论。

一部分学者认为异地并购能够通过生产要素的流动以及优势资源的重新配置促进企业获得较高的并购收益。Dunning(1988)认为异地并购是一种具有特殊优势的产业转移途径,相比于本地并购,异地并购能够促进生产要素流动性的提高,从而获得技术溢出效应。Egger(2010)认为异地并购能够降低企业的总运输成本、降低市场竞争带来高产品价格,同时获得企业之间技术转移带来的成本降低,因而能够带来较高的并购收益。我国部分学者也得出同样的结论,乐琦(2012)通过调查问卷形式对2005—2009年123个并购案例进行了数据分析,最终发现异地并购能够带来高水平的并购收益。王凤荣和苗妙(2015)从政府招商引资角度分析发现异地并购能够带来规模效应,实现并购收益的提高。白雪洁和卫婧婧(2017)通过实证检验2011—2013年并购案例也得出了同样的结论。

另外一部分学者认为异地并购受地理距离、文化距离以及组织距离还有政府干预的影响，并不会获得较高的并购收益。Rugman 和 Verbeke（2007）认为异地并购提高了企业扩张成本，并购收益较低。Sethi（2009）根据外商投资理论、制度经济学理论以及公司治理理论分析了企业异地并购效应，发现行业特征和地理距离对并购效果带来负向的影响。Bathelt 和 Kappes（2009）通过对比德国和法国的并购案例进一步证实了这一观点。我国学者则从行业特征、所有权性质和企业生命周期等角度出发得出了异地并购带来绩效差异的结论。于永成和滕颖（2016）从制度环境维度研究了异地并购对绩效的影响，发现两者直接具有"U"形关系。王凤荣和高飞（2012）根据企业生命周期理论分析了政府干预对异地并购的影响，发现异地并购与成长期的企业绩效具有负相关的关系，与成熟期企业有正相关的关系。王树强和赵慧霞（2015）研究发现异地并购绩效受到行业相关性的影响。

通过文献梳理发现，国内外学者主要从制度环境、地理距离、企业性质等角度研究融资约束与并购区域选择所带来的绩效之间的关系，忽略了整体宏观环境的影响。在宏观经济的繁荣期，市场需求增加，推动企业的扩张战略，但是这一时期市场竞争激烈，并购成本较高，对于高融资约束的企业来说，选择异地并购无疑会增加企业的成本，资金流更加紧张，企业的经营风险提高，这必然影响企业绩效的获得，甚至增加了企业的负担，进行本地并购更容易获得并购绩效。对于低融资约束的企业来说，这一时期市场竞争激烈，股票市场的活跃提高了并购企业的价值，并购成本较低，更适于扩大企业的市场份额，在本地市场容量有限的情况下进行本地并购将承担较高的并购成本，不利于企业绩效的提高。在宏观经济的衰退期，市场低迷，企业进行项目投资的情绪不高，本地市场的竞争程度将提高，增加了企业的并购成本，对于高融资约束的企业来说并不会获得较高的并购收益，而此时低融资约束的企业在这阶段进行并购，有利于提高自己的竞争能力从而获得较高的绩效。

综上，本书提出以下假设：

假设 13：在宏观经济繁荣期，相比低融资约束的并购企业，高融资约束企业进行本地并购更能获得并购绩效的提高。

假设 14：在宏观经济衰退期，相比低融资约束的并购企业，高融资约束企业进行异地并购更能获得并购绩效的提高。

第二节　样本选择与数据来源

一、整体研究样本

到 2006 年 12 月底,我国 1124 家上市公司完成了股权分置改革,资本市场有效性提高,代表我国资本市场进入一个全新时代。陈信元和黄俊(2016)等学者研究证明股权分置改革对公司绩效具有显著的影响,为了获得可比性数据,本书选择 2007—2017 年的 3617 家 A 股上市公司作为研究样本,并按照以下原则进行样本筛选:①剔除金融行业上市公司,主要原因在于该类上市公司的财务数据具有特殊性;②剔除 ST 和 ST* 类上市公司,因为该类上市公司业绩不稳定,财务状况异常,其相关数据会影响到后续研究的准确性;③剔除财务数据不全以及存在极端值的上市公司。

经过上述处理,一共获得 22456 个公司—年观察值。其中公司的财务数据来源于《国泰 SMAR》中国上市公司财务报表数据库,为了剔除异常值对实证研究结果的影响,本书对所选连续变量进行了 1% 和 99% 的缩尾处理。

二、融资约束对并购可能性影响研究的样本选择

鉴于市场环境和政策的变化,结合研究目的,本书选择 2007—2017 年发生并购的全部 A 股上市公司作为样本。通过对相关文献的梳理,狭义的并购主要指合并和收购,其实质在于公司控制权的扩张,广义的并购还包括债务重组、资产剥离、股权转让等,其实质在于公司控制权的重新配置,但是在我国并购实践过程中,实务界的并购为狭义上的并购,例如我国证监会发布的《商业银行并购贷款风险指引》以及下设的"上市公司并购重组委员会"均使用了狭义并购的概念,因此本书的并购事件特指狭义并购,具体包括资产收购和吸收合并,并按照以下原则进行样本筛选:①并购角色为主并方,即并购交易的实施方;②并购交易成功;③并购交易买方价格相关信息完全;④考虑到金融、保险业上市公司的特殊性,剔除金融类上市公司;⑤为保证数据的完整性和准确性,剔除窗口期间出现 ST、PT 和退市现象的公司;⑥剔除数据不全的公司;⑦为剔除多次连续并购对实证结果的影响,确定并购

作为重大事件对公司的影响,样本公司在每个年度内发生多次并购的,选择一年内多次并购中并购交易金额最大的并购交易事件。

并购交易以及相关财务数据来源于国泰安数据库(CSMAR)、兼并重组数据库、锐思数据库,样本公司治理相关数据来源于万德(Wind)数据库、上海证券交易所和深圳证券交易所网站、新浪财经网站。

三、融资约束对并购战略影响研究的样本选择

为了保持研究数据的一致性,本部分研究的初始样本为根据倾向匹配得分法确定的成功实施了并购的6944家公司。后续需要考察在不同经济周期背景下,企业融资约束程度与并购决策选择及其并购绩效的变化,需要保证样本覆盖了完整的宏观经济周期。根据本书对宏观经济周期的判断,2007—2017年共有两个完整的经济周期,分别是2007—2010年和2011—2017年,根据相关文献,企业的并购绩效一般在第三年才开始显现,所以本书确定样本为2007—2014年发生并购的A股上市公司,最终确定样本为4165个观察值。

第三节　研究变量选择

一、宏观经济周期

(一)宏观经济周期阶段的划分

分析在经济周期不同阶段下融资约束对企业并购的影响,首先要解决的问题就是经济周期不同阶段的划分。在Burns和Mitchell(1946)提出宏观经济周期的衡量方法之后,学者们对经济周期的划分一直进行着各种尝试和研究,并取得了一定的成果。

关于宏观经济周期划分,国内外学者一直持有不同的看法。通过对相关文献梳理可以发现,对经济周期划分产生重要影响的因素包括考察时间长短及周期拐点。

国外学者对经济周期的分析主要集中在对经济周期长度的考察上,经典的周期划分结论有康德拉季耶夫(Kondratief)长波周期(一个长周期长

度为 50～60 年）、库兹涅茨（Kuznets）周期（一个长周期平均长度为 20 年）、朱格拉（Clement Juglar）周期（一个周期长度为 9～10 年）以及基钦（Joseph Kichin）周期（一个小周期长度为 40 个月，大周期长度为 80～120 个月）等。国内学者对经济周期的划分大部分是根据国内生产总值增长率来确定的。

另一个影响经济周期划分的因素就是周期拐点的确定，即选择波峰还是谷底作为经济周期的起点，一个经济周期应该是波峰—波峰还是谷底—谷底，一直没有一致的结论，导致关于经济周期阶段的划分也一直存在争议。刘树成（2009）采用谷底—谷底的方法将 1950—2009 年划分为 10 个经济周期。田秋生和唐汉青（2011）以 GDP 增长率为基准，按照谷底—谷底方式将我国 1953—2009 年划分为 9 轮经济周期。吴娜（2013）研究了 2000—2011 年宏观经济周期对企业资本结构的影响，按照谷底—谷底的方式将 2000—2007 年划分为经济上行期，2008—2011 年划分为经济的下行期。

部分学者采用波峰—波峰的方式进行经济周期的划分，如高素英、王竞和金浩（2004）考察了 GDP 增长率的变化，采用峰—峰的方法将 1978—2001 年划分为 5 个经济周期。

马克思在《资本论》中指出，一个完整的经济周期包括复苏、繁荣、衰退和萧条四个阶段，Tiao 和 Tsay（1994），Van Dijk 和 Frances（1999）随后构建了 SETAR 和 MRSTAR 模型检验了美国的经济波动状况，并将美国的经济周期划分为四个阶段，验证了马克思的观点。Sichel（1994），Boldin（1996），Pesaran 和 Potter（1997）则认为美国的经济周期可以划分为衰退、高速增长以及低速恢复三个阶段。Samuelson 和 Nordhaus（1998）认为应该分收缩和扩张两个阶段来刻画经济周期。我国学者更多地采用两阶段划分法，即将经济周期划分为繁荣期和衰退期，例如刘树成（2005），陈武朝（2013），文武、程惠芳和汤临佳（2015），吴华强、才国伟和徐信忠（2015），余瑜和王建琼（2015）等学者均采用两阶段划分法进行研究。

在图 4-1 中，纵轴代表国民收入，横轴代表时间。A、C 点为经济鼎盛的转折点，即波峰，B 点为经济低迷的转折点，即谷底。$A-D$ 为衰退阶段，$D-B$ 为萧条阶段，$B-E$ 为复苏阶段，$E-C$ 为繁荣阶段，随着时间从 T_1 到 T_3，经济活动从波峰 A 到波峰 C，经历了衰退、萧条、复苏、繁荣四个阶段，构成了一个完整的经济周期。其中，复苏和繁荣在本质上都可以归纳为经济扩张阶段,差别在于扩张的程度强弱不同,前者的扩张强度相对平缓,后者则较为强烈,衰退和萧条也具有同样的特征。所以可以把繁荣和衰退界定为经济周期的两个主要阶段。

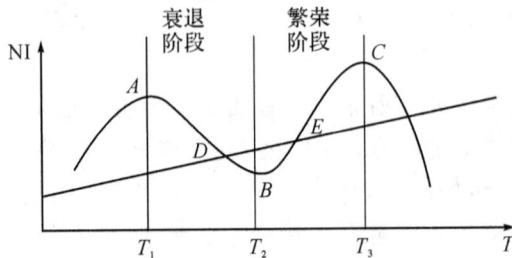

图 4-1 经济周期的不同阶段

综上,经济周期的划分方法差别在于周期起点的差异,对经济周期的研究并不会产生影响,无论哪种方法都说明我国的宏观经济状况具有周期性特点。另外,经济周期各个阶段的划分依据是经济指标,在我国的经济周期研究中主要的经济指标包括国内生产总值(GDP)及其增长率,其中 GDP 为在一国范围内,包括本国居民和外国居民在一定时期内生产的、按照市场价格表示的全部产品和服务的总值,而 GDP 增长率是反映一定时期内经济发展水平的动态指标,也是反映宏观经济形势的重要指标。本书主要研究在不同经济周期下融资约束对企业并购的影响,为获得更加科学的研究结论,借鉴相关学者的研究以及考虑到数据的可获得性和综合性,笔者依据年度 GDP 分解出产出缺口,采用波峰—波峰的方式进行考察,划分出宏观经济繁荣期和衰退期两个阶段。

(二)经济周期测度

目前对经济周期的划分方法主要有两种:Census×12 季节调整法和 HP(Hodrick-Prescott)滤波法,前者能够分解出时间序列中的趋势循环要素、季节要素以及不规则要素,但是无法分解出趋势循环要素中的趋势要素和循环要素;后者则能对趋势循环要素进行进一步的分解来对宏观经济变量进行趋势分析。因此,本书采用 HP 滤波法进行分解。

HP 滤波法的原理如下:

设 $\{Y_t\}$ 是含有趋势成分和波动成分的时间序列,$\{Y_t^T\}$ 为趋势成分,$\{Y_t^C\}$ 为波动成分,则有

$$Y_t = Y_t^T + Y_t^c, \quad t = 1, 2, \cdots, T \tag{4.8}$$

HP 滤波法就是将趋势成分 Y_t^T 从时间序列 $\{Y_t\}$ 中提取出来。通常，时间序列 $\{Y_t\}$ 中可观测部分的趋势 $\{Y_t^T\}$ 被定义为下面最小化问题的解：

$$\min \sum_{t=1}^{T} \{(Y_t - Y_t^T)^2 + \lambda[c(L)Y_t^T]^2\} \tag{4.9}$$

其中，$c(L)$ 为延迟算子多项式，$c(L) = (L^{-1} - 1) - (1 - L)$，则 HP 滤波的问题就在于求得损失函数的最小值：

$$\min \sum_{t=1}^{T} \{(Y_t - Y_t^T)^2 + \lambda \sum_{t=1}^{T} [(Y_{t+1}^T - Y_t^T) - (Y_{t+1}^T - Y_t^T)]^2\} \tag{4.10}$$

最小化问题通过 $[c(L)Y_t^T]^2$ 来调整趋势的变化，并且随着 λ 的变大而增大。HP 滤波依赖于参数 λ，当 $\lambda = 0$ 时，满足最小化问题的趋势序列为 $\{Y_t\}$。λ 越大，估计的趋势越光滑；当 λ 趋于无穷大时，估计的趋势将接近线性函数。一般，λ 的取值如下：

$$\lambda = \begin{cases} 100, & \text{年度数据} \\ 1600, & \text{季度数据} \\ 14400, & \text{月度数据} \end{cases}$$

HP 滤波法将经济周期波动看作宏观经济对某一缓慢变动路径的一种偏离，该路径在期间内是单调增长的，所以称为趋势。$\{Y_t^c\}$ 则表示宏观经济发展水平围绕单调增长趋势线的波动，被称为 GDP 缺口，即 $Y_t^c = Y_t - Y_t^T$，代表的是绝对缺口，相对缺口则可表示为 $GAP_t = 100 \times \dfrac{Y_t - Y_t^T}{Y_t^T}$。

综上，通过 HP 滤波方法，能够利用 GDP 年度数据客观有效地划分经济周期，为后文的研究奠定基础。

（三）宏观经济周期的测度结果

依据上文分析，可采用 HP 滤波法对年度 GDP 增长率进行测算划分出宏观经济的繁荣期和衰退期。本书使用 EViews 6.0 数据分析软件进行分析，其中平滑指数 $\lambda = 100$，GDP 为年度实际 GDP 增长率，trend 为年度潜在产出增长率，cycle 为循环要素序列，即产出缺口（GAP），本书采用相对量，即 $GAP_t = 100 \times \dfrac{Y_t - Y_t^T}{Y_t^T}$ 来表示。结果见表 4-1。

表 4-1 2006—2017 年实际产出与潜在产出

年　份	GDP 增长率/%	潜在产出/%	产出缺口/%
2006	12.70	12.15	4.50
2007	14.20	11.58	22.64
2008	9.70	10.98	−11.69
2009	9.40	10.39	−9.50
2010	10.60	9.79	8.25
2011	9.50	9.20	3.29
2012	7.90	8.61	−8.19
2013	7.80	8.02	−2.78
2014	7.30	7.45	−2.03
2015	6.90	6.89	0.19
2016	6.70	6.33	5.90
2017	6.90	6.18	11.63

数据来源：表中 GDP 数据来源于国家统计局，潜在产出数据和产出缺口数据根据软件计算得出。

据 EViews 软件分析画出 HP 滤波后经济波动趋势，如图 4-2 所示。

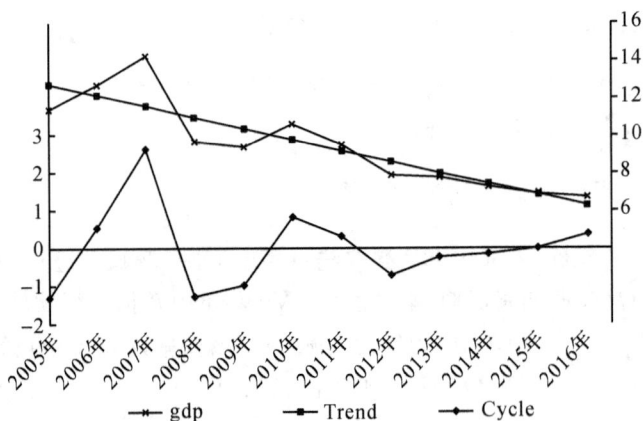

图 4-2　HP 滤波趋势

结合 HP 滤波计算我国 2006—2017 年产出缺口和 GDP 增长率的变化，能够划分出这一时间段内我国的宏观经济周期发展阶段，如图 4-3 所示。

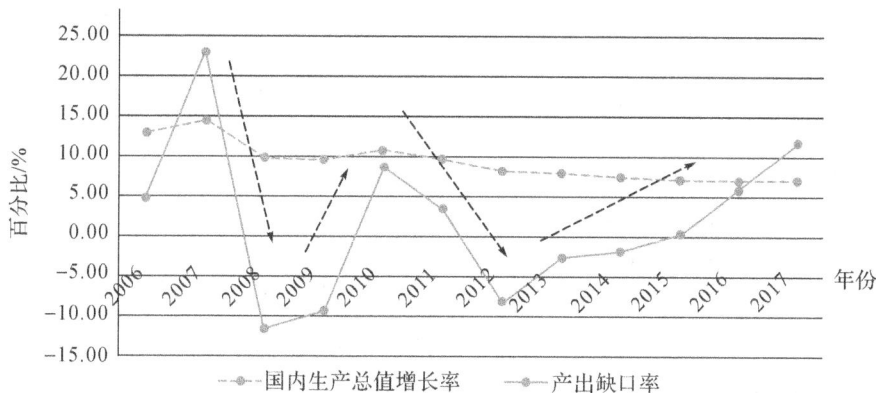

图 4-3 2006—2017 年度宏观经济周期发展趋势

为了准确、完整地刻画窗口期内的经济周期形势，本书选择的时间跨度为 2006—2017 年，对比各年度 GDP 增长率变化趋势和按照 HP 滤波法划分的产出缺口趋势图，可以看到两者变化趋势趋于一致，说明本书选择的经济周期划分方法比较恰当，并且产出缺口能够更清晰地显示我国 GDP 变化幅度。按照波峰—波峰的划分方法，可以看到，2007—2010 年、2010—2017 年构成了两个完整的经济周期，故判断宏观经济周期的衰退阶段为 2007—2008 年、2010—2012 年，繁荣阶段为 2008—2009 年、2012—2017 年。

综上，当样本观察值的窗口期位于 2007—2008 年、2010—2012 年，则为宏观经济的衰退阶段，赋值为 0；当样本观察值的窗口期位于 2008—2009 年、2012—2017 年，则为宏观经济的繁荣阶段，赋值为 1。

二、融资约束指标

(一)融资约束指数模型的构建

本书主要研究在不同宏观经济周期背景下融资约束对企业并购战略的影响，因此融资约束的衡量是整个研究中最关键的一环。通过对相关文献的梳理，可以发现关于融资约束的衡量国内外学者并没有达成一致，主要的衡量方法可以分为两类：一种是单指标衡量法，即根据企业面临的信息不对称程度来判断企业的融资约束情况,采用的主要指标包括股利支付率(Fazzari et al.,1988;Vogt,1994;Almeida et al.,2004;魏锋,刘星,2004;连玉君,2008)、公司规模(Gertler,Hubbard,1988;Fazzari,Petersen,1993;Alshwer et al.,2011;李延喜,2007)、利息保障倍数(Altman et al.,1977;Aggarwal,Zong,2003;况学文,等,2010)、债权等级(Whited,1992;Karampatsas et al.,2013)以及所有权性质(郑江淮,等,2001;曾爱民,魏志华,2013)等;另一种是多元指标衡量法,即将影响企业融资能力的多项指标构建成融资约束指数,包括 KZ 指数(Kaplan,Zingales,1997)、WW 指数(Whited,Wu,2006)以及 SA 指数(Hadlock,Pierce,2010)等。

本书认为采用单一指标所含信息有限,并不能全面、准确地反映企业的融资约束状况,多元指标指数具有较强的综合性,能够全面反映企业的内部资金持有以及外部融资成本的状况,但无论是 KZ 指数、WW 指数还是 SA 指数,都是建立在西方资本市场以及企业特征的基础之上的一种主观判断,与我国资本市场的发展状况以及企业自身状况存在一定差异,这些指数并不一定适合我国企业状况。融资约束指数的构建需要考虑企业的公司特点和财务特征,因此本书借鉴况学文(2011)的构建方法,采用 Logistic 回归模型构建融资约束指数。

1. 样本预分组

样本预分组是指对 2007—2017 年全部 A 股上市公司按照利息保障倍数和公司规模进行预分组。鉴于公司在市场经济环境中不断更迭变化,公司所面临的融资约束情况也有可能发生改变,即公司在不同时间会面临不同的融资约束,以往有较高融资约束的公司在公司竞争力不断增强的条件下会变成融资约束较低的公司,或者原本低融资约束的公司因经营不善变成高融资约束的公司,所以公司的融资约束状况具有"时变"的特征,因此,本书对样本公司按年分别进行考察,并不是把全部样本的 22976 个观察值做一次性分组。

具体而言,首先,按照利息保障倍数对全部观察值从小到大排序分组,选取前 33% 观察值定义为高融资约束组,共有 7489 个观察值;后 33% 观察值定义为低融资约束组,共有 7482 个观察值。其次,按照公司规模再次对全部观察值从小到大排序分组,同样选取前 33% 观察值定义为高融资约束组,得到 7489 个观察值;选取后 33% 观察值定义为低融资约束组,共有 7489 个观察值。最后,将按照两种分类标准分组同时进入高融资约束组和低融资约束组的观察值作为融资约束指数构建的研究样本,即如果样本观测值按照利息保障倍数分类属于高融资约束组,按照公司规模分类也属于高融资约束组,则该样本观测值最终确定为高融资约束;反之,如果样本观测值按照利息保障倍数分类属于低融资约束组,按照公司规模分类仍属于低融资约束组,则该样本观测值最终界定为低融资约束。按照上述筛选原则,最终共确定 6081 个观测值,其中 3507 个观测值属于高融资约束组,2574 个观测值为低融资约束组,后文将利用这些样本构建回归模型确定融资约束指数,具体见表 4-2。

表 4-2　样本公司预分组　　　　　　　　　　（单位:个）

年份	利息保障倍数		公司规模		利息保障倍数和公司规模	
	高融资约束	低融资约束	高融资约束	低融资约束	高融资约束	低融资约束
2007	407	406	407	406	154	156
2008	446	445	446	445	177	165
2009	477	477	477	477	200	172
2010	584	583	584	583	253	209
2011	676	676	676	676	328	249
2012	743	742	743	742	375	282
2013	745	744	745	744	365	286
2014	764	764	764	764	386	245
2015	822	822	822	822	411	264
2016	917	916	917	916	456	289
2017	908	907	908	907	402	257
合计	7489	7482	7489	7482	3507	2574

此时,当样本公司属于高融资约束组时,赋值为 1;属于低融资约束组时,赋值为 0,即设 $Y = \begin{cases} 1, & \text{高融资约束组} \\ 0, & \text{低融资约束组} \end{cases}$

2.变量选择

根据相关研究文献,选取资产负债率、净营运资本、净资产收益率、市净率和现金股利支付率 5 个财务指标来构建融资约束指数。由于公司的融资约束同企业的并购战略选择之间具有内生性关系,即企业的融资约束状况能够影响企业并购战略的选择,同时企业的并购战略也能够影响企业的融资约束情况,为了控制这种内生性影响,本书在构建融资约束指数时采用滞后1年的财务数据。选取这5个变量的原因在于以下几个方面:

①利息保障倍数。利息保障倍数能够直接反映公司的现金流动性和获取外部融资的能力,也提供了关于公司偿债能力和破产可能性的相关信息。利息保障倍数越高,说明企业偿债能力越强,破产的可能性越小,面临的融资约束越低。

②公司规模。相对于大规模企业,小规模企业面临的信息不对称程度较高,在公开市场上进行交易时承担的交易成本较高,另外小规模企业由于其多元化程度低、盈余稳定性较低及持续经营可能性小,也要承担较高的外部融资成本。

③资产负债率。根据债务悬置效应假说,负债越高的企业还本付息的压力越大,银行考虑到资金安全的问题会对资产负债率较高的企业收取相对较高的利息费用,增加这类企业的融资成本。我国企业的大部分外部融资来源于银行贷款,这将直接影响企业的融资约束状况。

④净营运成本。净营运资本反映了企业流动资产的现状,当企业现金流量不足时,净营运资本能够帮助企业缓解短期融资约束状况。若企业净营运资本不足,将直接影响企业的投资活动。

⑤净资产收益率。净资产收益率反映了股东权益的收益程度,代表了股东投入资本的使用效率,该指标越高,说明企业自有资本的收益能力越强,融资约束程度越低。

⑥市净率。市净率代表公司的发展能力和投资风险水平,该指标越高,代表企业的资产质量越好,向市场传递了较好的信号,有利于外部融资,企业面临的融资约束较低。

⑦现金股利支付率。现金股利支付率代表了公司的股利支付政策,较高的现金股利支付率说明企业留存的资金较少。在资本市场发展程度较低的情况下,内部资本市场与外部资本市场无法互相替代,高额的外部融资成本导致企业的投资活动更依赖内部资金,现金股利支付率越高,说明企业的融资约束程度越高。

表 4-3　融资约束指标变量的符号、定义及指标解释

变量符号	定义	指标解释
size	公司规模	公司总资产的自然对数
lxb	利息保障倍数	企业息税前利润和利息费用的比值
lev	资产负债率	负债总额与资产总额的比值
noc	净营运资本	流动资产与流动负债之差
roe	净资产收益率	税后利润与所有者权益的比值
div	现金股利支付率	现金股利与总资产的比值
mtb	市净率	股票的市场价值与账面价值的比值

　　为了避免异常观察值可能对后续研究的影响,本书对所选指标进行了 1％ 和 99％ 的缩尾处理。表 4-4 给出了变量的描述性统计结果。从表中可以看到,样本观测值的资产负债率最大值为 0.858,最小值为 0.031,平均值为 0.361,说明样本公司资产负债情况具有显著的差异;净资产收益率最大值为 0.342,最小值为 −0.597,平均值为 0.081,说明样本公司的自有资本的收益能力具有一定的差距;净营运资本率的最大值为 0.54,最小值为 −0.639,平均值为 0,说明样本公司流动资产持有分布不平衡;市净率的最大值为 14.259,最小值为 0,均值为 2.725,说明样本公司整体资产质量情况具有显著的差异;现金股利支付率最大值为 0.141,最小值为 0,均值为 0.018,说明样本公司的股利支付政策存在差异。

表 4-4　融资约束判断指标描述性统计结果

变量	均值	标准差	最小值	最大值
lev	0.361	0.219	0.031	0.858
roe	0.081	0.120	−0.597	0.342
noc	0.000	0.240	−0.639	0.540
mtb	2.725	2.627	0.000	14.259
div	0.018	0.024	0.000	0.141

　　表 4-5 列示了观测值的 Pearson 和 Spearman 相关性检验结果,从表中可以看到资产负债率、净资产收益率、净营运资本率、市净率和现金股利支付率之间均具有显著的相关性。

表 4-5　融资约束指数构成变量的相关系数矩阵

变量	lev	roe	noc	mtb	div
lev	1.000	0.197***	−0.241***	−0.477***	−0.339***
roe	−0.024*	1.000	−0.031**	−0.106***	0.349***
noc	−0.177***	0.059***	1.000	0.165***	0.027**
mtb	−0.369***	−0.063***	0.159***	1.000	0.101***
div	−0.285***	0.206***	0.053***	0.111***	1.000

注：***、**、* 分别代表 1%、5% 和 10% 水平上的显著性水平（双尾检验），表格的左下部分和右上部分分别为 Pearson 和 spearman 相关系数。

表 4-6 列示了高、低融资约束两组中各个变量的均值差异检验。可以看到，两组数据中各个变量的均值均具有差异，并且都在 1% 以上的水平显著，说明本书所选的 5 个变量能够区分出高融资约束组和低融资约束组之间的差别。通过对比两组之间的各个变量，可以看到高融资约束组的资产负债率和净资产收益率高于低融资约束组，但是净营运资本率、市净率以及现金股利支付率显著低于低融资约束组，说明偿债能力较低、盈利能力较弱的公司外部融资能力较差，面临的外部融资压力较大；而流动性较高、成长性较强以及股利支付能力较高的公司更容易获得外部融资，所面临的融资约束程度相对较低。

表 4-6　融资约束指数构成变量之间均值差异检验结果

变量	分组	观测值/个	均值	均值差异显著性
lev	高融资约束组	3507	0.25	0.26***
	低融资约束组	2574	0.51	
roe	高融资约束组	3507	0.04	0.09***
	低融资约束组	2574	0.13	
noc	高融资约束组	3507	0.02	−0.04***
	低融资约束组	2574	−0.02	
mtb	高融资约束组	3507	3.74	−2.40***
	低融资约束组	2574	1.34	
div	高融资约束组	3507	0.02	−0.01***
	低融资约束组	2574	0.01	

注：***、**、* 分别代表 1%、5% 和 10% 水平上的显著性水平（双尾检验）。

3. Logistic 回归构建融资约束指数

根据上文,将样本公司划分为高、低融资约束组,如果直接运用一般线性概率模型,可能会存在以下问题:

①由于因变量只有 1 和 0 两个数值,模型中关于随机扰动项非正态性、异方差性的特点导致经典假设无法得到满足;

②线性概率模型可以看作因变量为概率值的模型,但是因变量的条件概率 $E(Y_i \mid X_i)$ 不能保证落在 $(0,1)$ 范围内。

③线性概率模型中基础算出来的 R^2 的价值有限,即拟合度准确性不高。

因此,考虑到上述问题,本书选择 Logistic 回归分析法来构建融资约束指数模型。Logistic 回归模型是对二元响应变量进行回归分析时比较常用的方法,它是根据选定的回归元采用极大似然法,估计出各个回归元的参数值,从而计算出回归子等于 1 的概率,其拟合回归方程为:

$$\ln(\frac{p_i}{1-p_i}) = \alpha + \sum_j \beta_i x_{ij} \qquad (4.11)$$

式中,p_i 为在 $x_{ij} = (x_{1j}, x_{2j}, \cdots, x_{ij})$ 条件下,事件发生的概率;$1-p_i$ 则为未发生的概率;α 为截距项;β_i 为待估参数。

将 Logistic 回归模型应用于融资约束指数的构建,企业融资约束问题就转化为在考虑特定财务特征的条件下,企业面临融资约束的概率问题。根据上文预分组结果,设二元离散变量 $Y = \begin{cases} 1, & \text{高融资约束组} \\ 0, & \text{低融资约束组} \end{cases}$ 为回归子,选定财务指标资产负债率、净营运资本、净资产收益率、市净率及现金股利支付率为回归元,构建融资约束的回归模型:

$$\text{FC} = \ln(\frac{p_i}{1-p_i}) = \alpha + \beta_1 \text{lev} + \beta_2 \text{noc} + \beta_3 \text{roe} + \beta_4 \text{mtb} + \beta_5 \text{div} + \xi \qquad (4.12)$$

4. Logistic 回归结果

表 4-7 为整体模型系数显著性检验结果,文中所选 5 个变量建立的回归模型的整体模型拟合优度检验的卡方值等于 5094.195,p 值为 0.000,小于 0.05,达到显著性水平,说明在资产负债率、净资产收益率、净营运资本率、市净率和现金股利支付率 5 个变量中,至少有一个变量能够有效解释预测样本在融资约束判断上的结果,因此,模型在整体上是显著的。

表 4-7　模型系数的整体检验结果

	χ^2	df	p
Step	5094.195	5	0.000
Block	5094.195	5	0.000
Model	5094.195	5	0.000

表 4-8 为资产负债率、净资产收益率、净营运资本率、市净率和现金股利支付率与融资约束 5 个变量关联强度的检验结果汇总。表中，Cox & Snell R^2 和 Nagelkerke R^2 的值分别为 0.567 和 0.762，表示 5 个变量与融资约束之间具有中等强度的相关性，模型能够解释因变量 76% 以上的变动情况，具有较高的拟合优度。

表 4-8　模型检验结果汇总

Step	-2Log Likelihood	Cox & Snell R^2	Nagelkerke R^2
1	3192.145	0.567	0.762

表 4-9 为回归模型的整体拟合优度检验的结果，采用的是 Hosmer-Lemeshow 检验法，结果显示 Hosmer and Lemeshow 检验值为 81.769，自由度为 8，p 值为 0.000，小于 0.05，与模型系数显著性检验结果一致，说明整体回归模型的拟合优度较高。

表 4-9　Hosmer and Lemeshow 检验

Step	χ^2	df	p
1	81.769	8	0.000

表 4-10 为 Logistic 模型错判矩阵。从表中可以看出，在低融资约束组 2574 个实际观测值中，有 2229 个观测值分类正确，有 345 个观测值被分类为高融资约束组，正确率为 86.6%；在高融资约束组中，3507 个观测值中有 3229 个观测值分类正确，有 278 个观测值分类错误，正确率为 92.1%，模型整体的分类预测准确率为 89.8%。

表 4-10　Logistic 模型错判矩阵

Step	融资约束组别	正确/个	错判/个	正确率/%
1	低融资约束	2229	345	86.6
	高融资约束	3229	278	92.1
	合计			89.9

注:分割值为 0.500。

表 4-11 为逻辑回归结果汇总,根据回归系数判断,资产负债率、净资产收益率和净营运资本率与公司的融资约束可能性之间具有负向相关关系,市净率和现金股利分配率与公司的融资约束可能性之间具有正向的相关关系。其中考察 Wals 的统计量以及 p 值,发现各个变量均在 1% 水平上显著,说明资产负债率、净资产收益率、净营运资本率、市净率和现金股利分配率与公司的融资约束之间具有显著的相关性。

表 4-11　Logistic 回归估计结果

参数		β	S.E	Wals	df	p	Exp(B)
变量	lev	−8.193	0.309	702.44	1	0.000	0.000
	roe	−25.442	0.961	700.429	1	0.000	0.000
	noc	−0.717	0.219	10.756	1	0.001	0.488
	mtb	0.793	0.033	590.147	1	0.000	2.211
	div	11.138	2.303	23.386	1	0.000	68741.226
常量		3.577	0.152	552.136	1	0.000	35.753

根据上述逻辑回归结果,借鉴 Lamont、Polk 和 Saa-Requejo(2001)的理论,利用逻辑回归中各个变量的系数构建融资约束指数:

$$FC = 3.577 - 8.193lev - 25.442roe - 0.717noc + 0.793mtb + 11.138div$$
(4.13)

后续将依据该融资约束指数对各年度样本观察值进行判断,因此,对融资约束变量的界定如下:

融资约束(FC):根据本书构建的融资约束指数对样本观察值进行评价,并将其融资约束情况从小到大排序,取后 33% 的观察值为高融资约束组,剩下观察值为低融资约束组。当样本观测值属高融资约束组时,则赋值为 1;

当样本观测值属低融资约束组时,则赋值为 0。

(二)融资约束指数的验证

在构建指数时,最为关键的问题就是如何评价构建指数的准确性和恰当性,当指数反映的内容不能直接观测到时就需要通过一些间接的方法来验证。由于公司的融资约束状况不能够直接观测到,所以本书借助融资约束的分布特点和公司融资约束与投资支出之间的关系来做间接评价。

1.我国上市公司融资约束分布特点

(1)行业分布特点

根据上文分析,公司的融资约束受到公司内部现金流、成长性、现金存量以及负债情况的影响,而不同行业之间这些因素均具有显著的差异性,因此不同行业的融资约束必然也存在很大的不同。对样本数据进行分析,通过表 4-12 可以发现上市公司的融资约束状况在不同行业之间具有一定的差异性。建筑业,房地产业,电力、热力、燃气及水生产和供应业,居民服务、修理和其他服务业,批发和零售业的融资约束程度相对较低,但是行业内各个公司融资约束程度存在较大差距,例如在建筑业,融资约束程度最高的公司达到 33.938,最低的融资约束程度则低至 −13.358;在房地产业,融资约束最高达到了 238.298,最小值为 −33.637,;批发零售行业中,融资约束的最大值为 125.904,最小值为 −43.869;平均融资约束程度较高的行业主要有食品、饮料、卫生和社会工作、信息传输、软件和信息技术服务业、住宿和餐饮业、造纸和印刷行业,融资约束程度均值最大达到了 2.832,并且行业中各个公司之间也存在较大的差距,其中食品、饮料业的融资约束最大值为 1157.856,最小值为 −17.132,造纸、印刷行业中融资约束最大值为 714.20,最小值为 −19.39。

表 4-12　上市公司行业融资约束情况

序号	行业名称	观测值/个	均值	标准差	最小值	最大值
1	建筑业	601	−2.88	3.472	−13.358	33.938
2	房地产业	1114	−2.79	8.476	−33.637	238.298
3	电力、热力、燃气及水生产和供应业	812	−1.456	4.267	−15.703	49.541
4	居民服务、修理和其他服务业	41	−1.343	3.27	−7.035	5.049

续　表

序号	行业名称	观测值/个	均值	标准差	最小值	最大值
5	批发和零售业	1331	−1.219	5.789	−43.869	125.904
6	综合	332	−0.871	3.993	−22.853	32.102
7	交通运输、仓储和邮政业	784	−0.5	5.764	−11.791	109.173
8	租赁和商务服务业	255	−0.465	3.375	−11.932	16.383
9	采矿业	549	−0.4	4.689	−14.05	67.403
10	其他制造业	213	−0.317	3.063	−7.748	15.328
11	汽车制造业	698	0.031	18.602	−13.112	469.675
12	水利、环境和公共设施管理业	203	0.214	3.115	−7.451	18.062
13	金属、非金属业	1852	0.557	10.554	−22.248	200.871
14	木材加工、家具制造业	122	0.570	2.424	−4.754	8.106
15	纺织、服装、皮毛业	700	0.690	3.476	−16.631	34.231
16	科学研究和技术服务业	139	0.786	3.692	−7.929	12.24
17	石油、化学、橡胶、塑料业	2261	1.035	9.093	−23.022	352.070
18	教育业	8	1.081	2.199	−2.79	3.779
19	机械、设备、仪表业	5751	1.112	9.086	−96.282	523.883
20	医药制造业	1392	1.164	3.857	−19.424	47.623
21	文化、体育和娱乐业	235	1.42	3.866	−7.441	27.317
22	农林牧渔业	382	1.647	6.684	−9.162	82.928
23	食品、饮料业	906	2.076	38.650	−17.132	1157.856
24	卫生和社会工作	35	2.48	3.257	−7.454	9.08
25	信息传输、软件和信息技术服务业	1243	2.663	9.597	−7.799	283.04
26	住宿和餐饮业	93	2.698	7.119	−5.49	44.071
27	造纸、印刷业	404	2.832	36.322	−19.390	714.20

（2）年度分布特点

随着宏观环境、公司治理理念等的发展变化，公司的融资约束情况具有一定的"时变"特征。表 4-13 为 2007—2017 年各公司年度观测值的变化情况，可以看出，我国上市公司的融资约束状况与我国的宏观环境变化具有一定程度的同步性（见图 4-4）。2010 年，我国上市公司的融资约束程度普遍较低，2015 年达到了窗口期的最大值，主要得益于 2010 年起我国经济复苏，外部融资环境改善,企业的外部融资能力也得到了提高,到 2015 年,我国经济进入新一轮的经济下行期,资本市场受到国家经济政策调整的影响,企业的融资难度加大,导致融资约束程度提高。

表 4-13　上市公司年度融资约束状况

年份	观测值/个	均值	标准差	最小值	最大值
2007	1219	0.063	7.302	−96.282	168.646
2008	1337	−0.168	6.238	−16.557	134.589
2009	1431	0.794	20.987	−22.853	714.2
2010	1751	−2.113	2.933	−15.322	30.065
2011	2028	−0.335	5.964	−15.687	180.376
2012	2227	0.014	3.601	−13.257	74.687
2013	2233	0.505	13.594	−14.05	523.883
2014	2292	0.833	7.399	−12.649	238.298
2015	2466	2.938	25.47	−11.543	1157.856
2016	2750	1.099	5.979	−43.869	200.871
2017	2722	0.377	10.074	−23.022	469.675
Total	22456	0.488	12.314	−96.282	1157.856

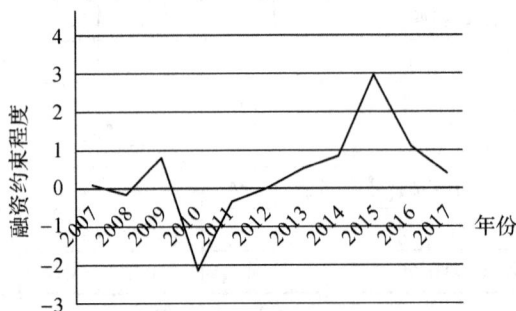

图 4-4　我国上市公司年度融资约束变化趋势

(3)不同产权性质公司的融资约束状况

如表 4-14 所示,样本观测值中,国有企业共有 9665 个观测值,非国有企业共有 12791 个观测值;国有企业的融资约束均值为−0.368,非国有企业的融资约束均值为 1.136;国有企业融资约束的中位数为−1.110,非国有企业的融资约束中位数为 0.782。可以发现国有企业的融资约束程度显著低于非国有企业,说明国有企业的外部融资能力较强,这得益于我国国有企业的天然优势,非国有企业受到融资成本和融资能力的影响,其融资约束程度相对较高,这与况学文(2010),邓可斌、曾海舰(2014)的研究结论相一致。

表 4-14　上市公司不同股权性质融资约束差异检验

股权性质	观测值/个	均值	均值差异	中位数	χ^2
国有企业	9665	−0.368	9.0813***	−1.110	1315.387***
非国有企业	12791	1.136		0.782	

注:***、**、*分别代表1%、5%和10%水平上的显著性水平。

(4)不同市场化程度下的融资约束状况

公司的融资约束情况受外部融资环境的影响,这一观点已经得到学者的一致同意。市场化程度较高的地区,资本市场发展速度较快,信息不对称性较低,公司的外部融资成本相对较低,融资环境较好,公司的融资约束程度也相对较低。从表 4-15 中可以看到,有 10286 个观测值的市场化程度较高,其融资约束的均值为 0.378,中位数为−0.234;有 12170 个观测值的市场化程度较低,其融资约束均值为 0.582,中位数为 0.179,差异均显著。

表 4-15　上市公司不同市场化程度融资约束差异检验

市场化程度	观测值/个	均值	均值差异	中位数	χ^2
高市场化程度	10286	0.378	3.2325***	−0.234	58.693***
低市场化程度	12170	0.582		0.179	

注:***、**、*分别代表1%、5%和10%水平上的显著性水平。

(5)不同经济周期背景下的企业融资约束状况

在不同宏观经济周期背景下,企业面临的融资约束具有显著的差异性。从表 4-16 中可以看到,在宏观经济的繁荣期,整体经济形势较好,企业融资渠道多样化,融资成本较低,面临的融资约束必然较低。通过上表可以看到,繁荣期企业的融资约束均值为−0.702,中位数为−0.075;衰退期企业的融资约束均值为 0.156,中位数为 0.398,差异显著。

表 4-16　不同宏观经济周期背景下企业融资约束差异检验

宏观经济周期	观测值/个	均值	均值差异	中位数	χ^2
繁荣期	16864	−0.702	4.5190***	−0.075	55.782***
衰退期	5592	0.156		0.398	

注：***、**、*分别代表 1%、5% 和 10% 水平上的显著性水平。

2. 融资约束指数间接评价

Fazzari、Hubbard 和 Petersen(1988)提出了著名的 FHP 模型,该模型认为当公司内外部融资成本较小时,公司的投资战略就不会完全受公司的留存收益政策影响,但是当公司的外部融资成本明显高于其内部融资成本时,公司的投资战略就会受到投资机会和内部现金流的影响,具有一定的投资—现金流敏感性。他们通过实证研究证明公司的投资—现金流敏感性与融资约束程度之间具有显著的正相关关系。这一融资约束衡量方法得到了融资约束研究领域众多学者的支持,如 Lamont(1997),Shin 和 Stulz(1998),Almeida 等(2004),万良勇等(2015),José 等(2015)等。根据投资—现金流敏感性来研究融资约束对公司治理的影响已经成为一种普遍运用的范式,故本书选择投资—现金流敏感性作为融资约束指数的验证模型。

根据模型的核心思想,沿袭 FHP 的研究范式,借鉴况学文(2010)的做法,本书构建的投资缩减模型如下:

$$\frac{I_{i,t}}{A_{i,t-1}} = \alpha_0 + \alpha_1 \frac{\mathrm{CL}_{i,t}}{A_{i,t-1}} + \alpha_2 \frac{\mathrm{MR}_{i,t}}{A_{i,t-1}} + \alpha_3 \frac{\mathrm{CH}_{i,t-1}}{A_{i,t-1}} + \alpha_4 \frac{D_{i,t-1}}{A_{i,t-1}} + \xi \quad (4.14)$$

其中,$I_{i,t}$ 为投资支出,其值等于构建固定资产、无形资产和其他长期资产支付的现金;$A_{i,t-1}$ 为期初固定资产净值;$\mathrm{CL}_{i,t}$ 为公司经营净现金流;$MR_{i,t}$ 为公司主营业务收入;$\mathrm{CH}_{i,t-1}$ 为公司期初资金存量,其值等于货币资金、交易性金融资产之和;$D_{i,t-1}$ 为期初短期负债,其值等于短期借款、应付票据和一年内到期的长期债款之和。通过该模型对全体样本数据进行回归,当 CL 的系数即 α_1 显著,则说明我国上市公司普遍存在投资—现金流敏感性。

$$\frac{I_{i,t}}{A_{i,t-1}} = \alpha_0 + \alpha_1 \frac{\mathrm{CL}_{i,t}}{A_{i,t-1}} + \alpha_2 \frac{\mathrm{MR}_{i,t}}{A_{i,t-1}} + \alpha_3 \frac{\mathrm{CH}_{i,t-1}}{A_{i,t-1}} + \alpha_4 \frac{D_{i,t-1}}{A_{i,t-1}} + \alpha_5 \frac{\mathrm{CL}_{i,t} \times \mathrm{FC}_{i,t-1}}{A_{i,t-1}} + \xi$$

$$(4.15)$$

该模型中加入 $\mathrm{FC}_{i,t-1}$,代表初融资约束,为虚拟变量,利用上一小节中构建的融资约束指数衡量评价样本公司的融资约束状况,对公司的融资约束程度进行从小到大排序,当公司的融资约束状况在全部样本公司前 33% ,定义为低融资约束组,则 FC 取 0;当公司的融资约束状况在全部样本公司后 33% ,定义为高融资约束组,则 FC 取 1。通过该模型对两组融资约束样本公司进行回归,对比两组样本公司回归融资约束对投资的敏感性。当 $CL \times FC$ 的系数即 α_5 显著,则说明公司融资约束对企业的投资现金流具有敏感性。当高融资约束组的模型解释能力高于低融资约束组,则说明本书构建的融资约束指数能够准确衡量公司的融资约束状况。

根据上述思路,本书利用 2007—2017 年 A 股上市公司为研究样本,剔除金融类企业,股东权益为 0、资产负债率大于 1 及财务指标数据不全的公司,共得到 17501 个公司—年观测值,另外根据上文得到的融资约束指数对该样本观测值进行从小到大排序,取排在前 33% 的样本公司为低融资约束组,后 33% 的样本公司为高融资约束组,获得 5837 个低融资约束公司和 5831 个高融资约束公司两个小样本组。为避免极端值对实证研究结果的影响,本书对连续变量进行了 1% 和 99% 的缩尾检验,相关财务数据来自国泰安(CSMAR)数据库。

(1)变量描述性分析

表 4-17 为对 17501 个公司—年样本观测值进行的描述性统计。可以看到,公司投资支出(I/A)的均值为 0.481,最小值为 0.006,最大值为 5.685,说明在窗口期内各个公司的投资性支出比例具有较大的差异;公司的现金流比重(CL/A)的均值为 0.233,最小值为 -18.541 ,最大值为 16.542,说明样本公司的经营活动现金流量在窗口期内显著不同;公司的期初现金存量(CH/A)均值为 1.50E+08,最小值为 0.034,最大值为 5.16E+09,可见样本公司所持有的现金存量水平并不是很高并且具有一定的差异性;公司期初短期负债水平(D/A)均值为 1.980,最小值为 0,最大值为 44.081,样本公司短期负债水平较低,但是差异性较大;公司的平均融资约束程度为 0.332,上市公司整体融资约束程度并不是很高。

表 4-17 投资—现金流敏感性相关变量描述性统计结果

变量	观测值/个	均值	最小值	最大值
I	17501	0.481	0.006	5.685
CL	17501	0.233	-18.541	16.542
MR	17501	9.202	0.287	160.999
CH	17501	1.50E+08	0.034	5.16E+09

变量	观测值/个	均值	最小值	最大值
D	17501	1.980	0.000	44.081
FC	17501	0.332	0.000	1.000

（2）变量相关性分析

表 4-18 为变量的相关性系数矩阵，可以看到公司的投资支出与公司经营活动现金流、主营业务收入、期初现金存量、短期负债以及融资约束具有显著的相关性。并且模型中各个变量之间的相关性系数的绝对值大部分低于 0.5，代表各个解释变量之间的相关性较弱，模型不存在较严重的多重共线性问题。

表 4-18　投资—现金流敏感性变量相关性系数矩阵

	I	CL	MR	CH	D	FC
I	1	0.176 ***	0.355 ***	0.275 ***	0.053 ***	0.051 ***
CL	0.039 ***	1	0.186 ***	0.144 ***	−0.126 ***	0.026 ***
MR	0.317 ***	−0.003	1	0.533 ***	0.382 ***	−0.066 ***
CH	−0.017 **	0.021 ***	0.037 ***	1	0.131 ***	0.104 ***
D	0.167 ***	−0.022 ***	0.493 ***	0.065 ***	1	−0.341 ***
FC	0.099 ***	0.025 ***	−0.060 ***	−0.089 ***	−0.129 ***	1

注：***、**、* 分别代表 1%、5% 和 10% 水平上的显著性水平（双尾检验），表格的左下部分和右上部分分别为 Pearson 和 Spearman 相关系数。

（3）实证结果及分析

表 4-19 列示了对全部样本的投资—现金流敏感性回归结果。从表中可以看出，单独考察经营活动现金流（CL）对投资支出时，可以看到 CL 的回归系数为 0.0103，并在 1% 的水平上显著，说明公司的内部现金流对企业的投资支出具有显著的正向影响，但是模型的调整 R^2 仅为 0.0016，整体模型的解释能力并不高。

当模型中加入公司成长性指标（MR）时，模型的整体解释能力显著提高，从原来的的 0.0016 提高到 0.1019，并且，此时内部现金流的回归系数为 0.0105，在 1% 的水平上显著，相比较而言，变化幅度较小，MR 的回归系数为 0.0118，在 1% 的水平上显著，说明公司的成长性能够显著正向地影响公司固定资产的投资性支出。

当模型中继续加入公司期初现金存量（CH）变量时，模型整体的解释能

表 4-19　全部样本的投资-现金流敏感性回归估计结果

	β	t	p	β	t	p	β	t	p	β	t	p
cons	0.4789***	78.16	0	0.3699***	58.58	0	0.3751***	58.27	0	0.3788***	58.9	0
CL	0.0103***	5.28	0	0.0105***	5.7	0	0.0107***	5.79	0	0.0102***	5.52	0
MR				0.0118***	44.2	0	0.0119***	44.34	0	0.0144***	38.86	0
CH							-3.56E-11***	-4.1	0	-3.09E-11***	-3.57	0
D										-0.0139***	-9.81	0
FC												
CL×FC												
industry												
year												
N	17501			17501			17501			17501		
F	27.84***			992.21***			667.68***			527.56***		
R²	0.0016			0.1019			0.1027			0.1076		
Adj-R²	0.0015			0.1018			0.1026			0.1074		

	β	t	p	β	t	p	β	t	p
cons	0.312***	40.2	0.00	0.289***	4.1	0	0.2896***	4.12	0
CL	0.010***	5.19	0.00	0.007***	3.88	0	0.0004	0.22	0.827
MR	0.014***	38.48	0.20	0.013***	34.65	0	0.1308***	34098	0
CH	2.01DE-11***	-2.33	0.00	1.52E-11***	1.44	0.151	1.46E-11	1.39	0.166
D	-0.011***	-8.04	0.00	-0.007***	-4.91	0	-0.0077***	-5.11	0
FC	0.187***	15.18	0.00	0.134***	10.71	0	0.1262***	10.04	0
CL×FC							0.0287	6.75	0
industry				控制			控制		
year				控制			控制		
N	17501			17501			17501		
F	473.65***			40.80***			40.96***		
R²	0.1192			0.1726			0.1747		
Adj-R²	0.1190			0.1683			0.1705		

注：***、**、* 分别代表1%、5%和10%水平上的显著性水平。

力提高到 0.1027,CH 的回归系数为 $-3.56E-11$,并且在 1‰的水平上显著,说明公司的期初现金存量对固定资产支出具有显著的负向影响,而 CL、MR 仍然具有显著的相关性,影响程度变化较小。

再加入短期负债(D)变量时,模型的整体解释能力显著提高到 0.1076,D 的回归系数为 -0.0139,并且在 1‰的水平上显著,说明公司的短期负债越多,公司的固定投资支出越少,即短期负债对公司的固定资产支出具有显著的负向影响,并且 CL、MR、CH 依然对公司的固定投资支出具有显著的影响。

模型中加入融资约束(FC)变量时,模型的调整 R^2 显著提高到 0.1190,说明模型的解释能力较强,FC 的回归系数为 0.187,在 1‰的水平上显著,代表融资约束与公司的固定资产投资支出具有显著的正相关关系,同时其他变量依然具有显著的相关性;并且在控制了行业和年度变量时,模型的整体显著性为 0.1683,CL、FC 的回归系数分别为 0.007 和 0.134,都在 1‰的水平上显著,进一步说明我国的上市公司具有投资—现金流敏感性,并且不受行业和年度变量的影响。

随后加入 CL 和 FC 的交乘项,模型的整体解释能力进一步提高到 0.1705,其中 CL×FC 的回归系数为 0.0287,并且在 1‰的水平上显著,CL、MR、CH、D、FC 对公司的投资支出仍然具有显著的相关性,说明上市公司的融资约束对公司的投资—现金流具有显著影响,具有一定的敏感性。

为了考察不同融资约束程度对公司投资—现金流敏感性的影响,进一步根据融资约束指数对样本公司进行再次判断,区分出高融资约束组和低融资约束组,分别进行回归。表 4-20 为高、低融资约束两组的投资—现金流敏感性回归分析结果。在低融资约束组的回归结果中,可以看到当单独考察内部现金流与公司的投资支出关系时,两组回归中 CL 的回归系数都显著为正,但是高融资约束组中 CL 的回归系数为 0.0923,大于低融资约束组中的 0.0005;低融资约束组的模型解释能力低于高融资约束组,其调整 R^2 分别为 0 和 0.0227;在逐步加入公司成长性指标、期初现金存量、期初短期负债以及行业和年度变量以后,在低融资约束组中,经营现金流对公司的固定资产投资的影响均不再显著,但是在高融资约束组中,公司的内部现金流与公司的固定资产投资支出之间具有显著的正向影响,并且模型的整体解释能力均高于低融资约束组,说明高融资约束组中的投资—现金流敏感性更高,这与 FHP 的研究结论相一致。

通过上述对全部样本和高、低融资约束两组样本进行回归,证明我国的

表 4-20 高、低融资约束组投资—现金流敏感性回归估计结果

低融资约束组	β	t	p	β	t	p	β	t	p	β	t	p	β	t	p
cons	0.4344***	44.73	0	0.3565***	35.07	0	0.3568***	34.33	0	0.3580***	34.41	0	0.3756***	2.82	0.005
CL	0.0005***	0.4	0.687	0.0009	0.72	0.474	0.0009	0.72	0.473	0.0010	0.75	0.454	0.0014	1.14	0.253
MR				0.0051***	20.06	0	0.0051***	20.06	0	0.0057***	15.21	0	0.0051***	13.29	0.000
CH							−7.98E−13	−0.14	0.887	−2.32E−13	−0.04	0.9679	9.69E−12	1.38	0.167
D										−0.0024**	−2.21	0.027	0.0038***	−3.27	0.001
industry													控制		
year													控制		
N	5837			5387			5837			5837			5837		
F	10.16***			201.39***			134.24***			101.97***			8.56***		
R^2	0.0000			0.0000			0.0646			0.0654			0.1087		
Adj-R^2	0.0000			0.0000			0.0643			0.0647			0.096		

高融资约束组	β	t	p	β	t	p	β	t	p	β	t	p	β	t	p
cons	0.5876***	39.46	0	0.3565***	21.19	0	0.3625***	24.47	0	0.3714***	24.77	0	0.3883***	2.82	0.005
CL	0.0923***	11.68	0	0.0805***	11.48	0	0.0821***	11.7	0	0.0812***	11.58	0	0.0646***	9.26	0.000
MR				0.0347***	39.9	0	0.0349***	40.09	0	0.0369***	35.8	0	0.0353***	32.77	0.000
CH							−2.47E−10***	−3.84	0	−2.39E−10***	−3.71	0.04	8.00E−11	0.89	0.376
D										−0.0304***	−3.65	0	0.0001	0.01	0.995
industry													控制		
year													控制		
N	5831			5831			5831			5831			5831		
F	136.53***			882.85***			594.87***			450.42***			30.62***		
R^2	0.0229			0.2325			0.2345			0.2362			0.3118		
Adj-R^2	0.0227			0.2323			0.2341			0.2357			0.3016		

注：***、**、* 分别代表 1%、5% 和 10% 水平上的显著性水平。

上市公司普遍存在投资—现金流敏感性,高融资约束组的投资—现金流敏感性显著高于低融资约束组,说明本书构建的融资约束指数能够准确地描述我国上市公司的融资约束状况。

三、并购战略及并购绩效相关变量

1. 并购的可能性(M&A)

本书根据国泰安(CSMAR)数据库、兼并重组专题数据库对并购成功的界定方法来定义并购成功,即上市公司根据中国证监会《上市公司收购管理办法》规定披露报告成功并购交易事项,包括交易金额以及支付方式、并购标的、并购交易双方信息以及交易概述等内容。当样本公司在研究窗口期披露宣告并购成功,M&A 则赋值为 1;反之,如果样本公司在研究窗口期未发生并购交易或者尽管披露宣告发生并购但并购交易未成功达成,M&A 则赋值为 0。

2. 并购区域(area)

当并购企业的注册地与被并购企业的注册地在同一省(区、市)时,则赋值为 1;反之,如果并购企业的注册地与被并购企业的注册地不在同一省(区、市),则赋值为 0。

3. 并购类型(ty)

本书根据并购交易概述的内容确定并购交易的双方以及并购交易的标的,结合中国证监会 2012 年颁布的《中国上市公司分类指引》的规定对并购双方的主营业务范围进行对比判断,当并购双方属于同一行业时,赋值为 1;反之,当并购交易双方的主营业务范围并不属于同一行业时,则赋值为 0。

4. 并购规模(msize)

根据并购交易支付金额与并购企业前一年的资产总额的比值来衡量并购交易相对规模,将同一年度内并购交易相对规模的平均值进行分组。该比值大于均值,判定为大规模并购,赋值为 1;反之,当该数值小于均值,则判定为小规模并购,赋值为 0。

5. 并购绩效(perf)

梳理并购相关文献,发现并购绩效的衡量指标主要是超额累计收益率,该种衡量方法假设市场对股价的反应是有效的,并且股价反映了公司的内在价值,但很多学者研究表明 CAPM 模型在市场中的预测效果并不是十分理想,因此采用该指标来衡量并购绩效存在一定的误差。另外,根据并购的协同效应理论,企业并购的目的在于获得协同效应,单指标的衡量方法并不能全面反映企业并购的协同效果,因此本书借鉴盛敏等(2012),胡杰武(2016),傅传锐和杨群(2017),刘焰(2017)等学者的研究,从财务协同、经营协同和管理协同3个方面选取了15个具体财务指标构建评价指标体系来衡量样本企业的并购绩效。具体来说,企业的财务协同主要体现在企业并购以后资产使用效率的提高和偿债能力的提高,资产使用效率衡量指标主要包括净资产收益率、总资产净利润率、总资产报酬率,偿债能力指标主要包括流动比率、速动比率、资产负债率、利息保障倍数;经营协同主要体现在企业销售收入的提高、运营能力的提高,营运成本的降低,主要指标包括销售收入增长率、主营业务利润率、主营业务成本率、总资产周转率、销售费用率、市场竞争地位[①];企业的管理协同效应主要表现在企业管理费用的降低和管理效率的提高上,主要的衡量指标包括管理费用率和单位资产人均主营业务收入。本书选择样本公司并购前一年($t-1$)、并购当年(t)、并购后第一年($t+1$)、并购后第二年($t+2$)以及并购后第三年($t+3$)的财务指标数据,利用因子分析法提取公因子,再利用多元线性回归计算并购绩效。为全面反映企业的并购绩效变化,保证因子分析所选指标同趋势化,故对资产负债率指标进行了正向化处理,并且对所有变量进行了上下1%的缩尾处理。具体指标变量的符号、定义以及指标解释如表4-21所示。

表 4-21　并购绩效指标体系

准则层	指标层符号	变量名称	度量方式
财务协同	roe	净资产收益率	净利润/平均净资产总额
	roa	总资产净利润率	净利润/平均资产总额
	tar	总资产报酬率	(净利润＋利息费用＋所得税)/平均资产总额
	lev	资产负债率	负债总额/资产总额
	qr	速动比率	速动资产/流动负债
	cr	流动比率	流动资产合计/流动负债
	lxb	利息保障倍数	企业息税前利润/利息费用

① 借鉴 Kale 和 Loon(2011),邢立全和陈汉文(2013)的研究,本书利用勒纳指数作为企业竞争地位测量的基础,该指数值越高,表明企业对产品的市场定价能力越强,其在行业内的竞争地位越高。

续　表

准则层	指标层符号	变量名称	度量方式
经营协同	xrl	销售收入增长率	(本期期末销售收入金额－去年同期销售收入金额)/去年同期销售收入金额
	lrl	主营业务利润率	主营业务利润/主营业务收入
	ccl	主营业务成本率	主营业务成本/主营业务收入
	tat	总资产周转率	主营业务收入净额/平均资产总额
	xsfy	销售费用率	销售费用/主营业务收入
	mzl	勒纳指数	(主营业务收入－主营业务成本－销售费用－管理费用)/主营业务收入
管理协同	glfy	管理费用率	管理费用/主营业务收入
	rjc	单位资产人均主营业务收入	10000×主营业务收入/(资产总额×员工人数)

四、调节变量

1. 公司股权性质(own)

我国上市公司根据实际控制权的不同可以分为国有控股公司和非国有控股公司两种类型。一方面,国有控股公司由于特殊的管理者配置形式存在所有权和控制权的不同于非国有控股公司的两权分离意义,所以存在管理者寻租战略,并且承担一定的社会义务,影响企业并购决策。另一方面,国有控股公司与银行等金融机构之间存在天然的联系,这对公司的融资约束状况具有直接的影响。本书根据实际控制权关系,将国有企业、中央机构、省级政府以及行政机关和事业单位界定为国有控股,赋值为1;其他公司,赋值为0。

2. 市场化程度(mc)

公司所处区域的市场化程度的不同,往往在金融发展水平、市场竞争水平以及国家政策扶持等方面存在显著的差异,公司的发展环境也受到直接的影响。市场化程度较高的地区,通常信息不对称程度较低,公司在选择并购决策以及获得外部融资等方面都具有一定的优势。本书借鉴樊纲和王小鲁(2016)的市场化指数来衡量并购双方的市场化程度,将北京、天津、上海、江苏、浙江和广东六个省(市)界定为高市场化程度地区,当样本公司注册地在以上省(市),则赋值为1;其他省份、直辖市,赋值为0。

五、其他变量

无论是并购决策的制定还是公司绩效的变化,都是公司管理人员在公司基本情况基础上的战略选择后果,所以为了克服其他变量对本书研究结果的影响,根据陈玉罡和石芳(2014),吴秋生(2015),仇云杰(2016),张艺琼(2018)等学者的研究,本书共选择以下变量作为控制变量。

1. 公司规模(size)

公司规模的大小能够在一定程度上代表一家公司的发展实力,规模较大的公司相对容易实现规模效应。从公司发展角度来说,规模较大的公司更重视战略发展,管理者更倾向于将并购作为发展壮大的方式;从公司融资角度来说,规模较大的公司具有更强的资金实力、盈利能力和抗风险能力,因而更容易获得外部融资,其外部融资成本相对较低(Banze,1981;Fama,French,1996;Malmendier,Tate,2008)。本书借鉴公司治理研究的结论选择样本公司并购前一年并购方公司总资产的自然对数来衡量公司的规模。

2. 资产负债率(lev)

一方面,公司偿债能力不仅影响公司融资能力,同时也关系到公司并购决策的制定。Faccio 和 Masulis(2005)经研究证明公司的偿债能力能够显著影响公司的并购决策,过高比例的负债会导致公司其他投资项目的收益优先被债权人获取,管理层投资动力不足,所以较低的偿债能力会降低并购可能性;也有学者认为公司的负债率较高能够抑制管理层过度投资。另一方面,较低的偿债能力会增加公司风险投资的能力,公司外部融资成本提高,提高公司的融资约束程度。因此,本书选择并购前一年并购公司的资产负债率作为控制变量。

3. 董事会规模(bod)

董事会作为公司治理的核心机构,是公司决策最终确定机构,直接关系到公司并购投资及筹资决策的制定和实施。董事会规模不同,董事会成员多样性的高低、能够提供社会资源的多少及专业性强度的高低具有显著的差异,对公司掌握信息及资源有重要的影响,直接影响到公司决策质量的高低。本书采用并购前一年并购公司董事会成员的数量来衡量董事会规模。

4. 独立董事比率(ibd)

独立董事在公司中具有不可忽视的作用,他们往往具有较高的专业性、独立性和较丰富的经历背景优势,能够在很大程度上制衡管理层的决策,并且能够提高董事会决策的正确性和客观性,包括并购战略决策和公司融资决策。本书采用并购前一年并购公司独立董事人数占董事会总人数的比率来衡量。

5. 两职合一(lzhy)

董事长与总经理是否由同一人担任,也是董事会治理的重要机制之一。两职合一在一定程度上有利于公司治理效率的提高,但是同时也存在董事会监督失效的弊端。两职分离能够相对提高决策的全面性和客观性,防止决策者制定的并购决策和融资决策具有较强的主观性,具有一定的监督效力(吴兴华,2010)。当董事长与总经理两职合一,则赋值为1;若两职分离,则赋值为0。

6. 公司成立时间(time)

一方面,公司成立时间越久,发展历程越长,说明公司的持续发展能力较强,并且具有一定的市场势力,其管理决策机制较成熟,公司治理有效,具有丰富的运营管理经验,更能做出正确的并购决策和融资决策;另一方面,公司发展越久,拥有的资源和商誉越多,融资渠道越广,外部融资成本越低。本书以样本公司注册时间到研究窗口期之间的时长来衡量。

7. 第一大股东持股比例(top1)

第一大股东持股比例能够反映公司的股权集中度情况,当第一大股东持股比例较高即公司股权集中度较高时,大股东会出于自身利益而影响公司决策的制定,即发生"隧道效应"。Bhaumik 和 Selarka(2012),欧阳路伟和袁险峰(2011),祝彩群(2015)等学者认为第一大股东持股比例会影响公司并购决策以及并购绩效的高低。本书选取并购前一年第一大流通股股东持股比例来衡量。

8. 净资产收益率(roe)

净资产收益率能够综合代表公司的盈利能力、运营能力、发展能力,是公司综合实力的重要指标之一。公司实力的大小直接影响公司发展战略的选择以及外部资金的获得,对公司是否进行并购、融资约束高低都具有重要的意义。本书选取并购前一年的净利润和总资产的比值来衡量。

9. 自由现金流(cash)

一方面,由于半有效资本市场的限制,在外部融资成本较高的情况下,公司更偏向于利用内部现金流进行投资。根据自由现金流假说,管理者由于代理问题的存在,往往会采用非效率的并购投资战略。另一方面,公司自由现金流的充分性往往会影响公司对外部资金的需求,影响公司的融资决策。因此,本书选择并购前一年的经营活动净现金流与总资产的比值来衡量公司的自由现金流。

10.清偿比率(qcbl)

公司的债务清偿能力代表了公司的外部融资能力,较高的债务清偿能力向市场传递公司价值和实力的信号,这将直接影响公司融资约束状况,同时对公司选择并购发展战略提供后备支撑。本书借鉴 Bellone 等(2010),阳佳余和徐敏(2015)等学者的方法,采用并购前一年的股东权益与公司负债的比值来衡量。

11.销售利润率(xslrl)

公司盈利能力作为判断公司价值的重要指标之一,能够影响公司并购决策的制定以及外部资金的获取。在不同的经济形势下,最直接的反映指标就是公司市场竞争能力的代表——销售利润率。本书选择并购前一年的净利润与销售收入的比值来衡量。

12.有形资产比(yxzc)

有形资产比越高,说明企业抵押物越充足,偿债能力越强,获得银行贷款的可能性就越大。本书选择并购前一年的有形资产与净资产的比值来衡量。

13.行业变量(industry)

根据中国证监会 2012 年颁布的《中国上市公司分类指引》确定的行业分类标准,制造业采用二级代码分类,其他行业采用一级代码分类,共分为 22 个行业,本书设定 21 个行业虚拟变量。

14.年份变量(year)

并购交易发生在 2007—2017 年 11 个年份,本书设定 10 个年份虚拟变量。

15.支付方式(payway)

企业并购中采用的支付方式主要有现金支付、股票支付以及现金和股票的混合支付。Slusky 和 Caves(1991),陈仕华和李维安(2016)的研究证实,不同的支付方式向市场传递了不同的信号,影响到企业的自由现金流,也影响到企业的并购收益。本书选择并购支付方式作为控制变量,当企业选择现金支付时,赋值为 1;当采用其他支付方式,则赋值为 0。

16. 关联交易(gljy)

在并购双方具有关联关系的情形下,并购价格的确定具有一定的内部性,能够影响到企业的并购绩效,因此本书将并购双方之间是否具有关联属性作为控制变量。当此次并购交易为关联交易,则赋值为1;非关联并购时,则赋值为0。

第四节　模型的构建

一、融资约束对并购可能性影响的模型

本章以第四章构建的融资约束指数的22976个公司一年观察值作为原始总样本,考察2007—2017年样本公司在不同经济周期下融资约束对并购可能性的影响,融资约束指数采用滞后一期的数据。在这一基础上,每年对样本公司按照本书构建的融资约束指数对样本观测值按从低到高排列,定义后33%的观察值为高融资约束组,其余观察值为低融资约束组。在数据处理过程中,去掉财务指标数据不全的观测值,最终获得19543个公司一年观测值,包括2757个样本公司,其中高融资约束组共有6514个观测值,低融资约束组共有13029个观测值。为避免极端值对实证研究的影响,本书对连续变量进行了1%和99%水平上的缩尾处理,相关财务指标数据来源于国泰安(CSMAR)数据库,数据处理利用STATA13.0完成。

上市公司进行并购可能存在自选择的问题,即公司并不是随机决定实施并购战略,而是在融资约束程度较低的情况下选择通过并购实现自身的发展。尽管可以看到实施并购的上市公司融资约束程度较低,也有可能是公司自身的差异导致的。而是否由于公司融资约束程度较低,公司就会选择并购,并不是我们能直接观察到的,在这种情况下,如果直接采用最小二乘法回归,回归结果会出现偏差。所以,本书比较高融资约束和低融资约束两类公司选择并购战略的差异时,尽可能避免样本选择偏差。

本书借鉴曾亚敏和张俊生(2014),卢闯等(2015),张艺琼和冯均科(2018),采用Rosenbaum和Rubin(1984)提出的倾向得分匹配法(propensity score matching,PSM)构建匹配样本,以研究融资约束程度高低对公司并购战略选择的影响。倾向得分匹配法与传统的样本配对方法的差异

之处在于前者将多个维度的特征信息降维成一维倾向得分,依据该得分对样本公司与对照公司进行匹配,通过对比获得相关结论。具体来说,本书从公司治理角度和财务特征角度确定作为控制组的低融资约束公司与作为处理组的高融资约束公司进行匹配,保证两组样本公司具有可比性,更有效地判断控制组和处理组样本公司融资约束对公司并购可能性的影响效应,在一定程度上控制选择性偏误和内生性问题。具体步骤及相应指标见表 4-22。

表 4-22　倾向匹配得分指标选择

变　量	指　标	符　号	定　义
处理变量	融资约束	FC	根据本书构建融资约束指数对样本公司进行判断,若处于高融资约束组,则赋值为 1;若处于低融资约束组,则赋值为 0
结果变量	并购	M&A	若样本公司在当年实施并购,则赋值为 1;否则,赋值为 0
协变量	公司规模	size	前一年样本公司总资产的对数
	资产负债率	lev	前一年样本公司的负债和总资产的比值
	总资产净利润率	roa	前一年样本公司的净利润和总资产余额的比值
	自由现金流	cash	前一年样本公司的(净利润+利息费用+非现金支出)—营运资本追加—资本性支出
	董事会规模	bod	董事会成员数量
	独立董事比例	ibd	董事会独立董事数量占董事会成员数量的比值
	第一大股东持股比例	top1	前一年样本公司第一大流通股股东持股比例
	实际控制人性质	own	根据实际产权关系判断,若为中央、省、市、县级政府控制,则为国有,赋值为 1;其他企业则赋值为 0
	市场化程度	mc	根据樊纲市场化指数,选取排名前六位的省(市)为市场化程度较高的地区,即若样本公司实际注册地在北京、天津、上海、江苏、浙江和广东,则赋值为 1;其他省市则赋值为 0
	经济周期	cycle	根据前文经济周期判断,若处于宏观经济周期的繁荣期,则赋值为 1;若处于衰退期,则赋值为 0
	行业变量	industry	表示企业所处的行业,按照中国证监会的行业分类标准(2012)确定
	年度变量	year	年度虚拟变量

(一)确定变量

1.确定处理变量

根据融资约束程度将样本公司划分为高融资约束公司和低融资约束公司,其中高融资约束组样本公司为处理组(treatment group),赋值为 1;低融资约束组样本公司为控制组(control group),赋值为 0。

2.确定结果变量

本部分研究目的在于确定不同融资约束程度的公司在实施并购可能性上的差异,因此将是否实施并购战略作为结果变量,如果样本公司在考察窗口期实施并购(M&A),则赋值为 1;否则,则赋值为 0。

3.确定协变量

除了处理变量,还可以观测到样本公司的一些特征例如公司规模等变量也会影响结果变量,这一部分变量确定为协变量,根据相关文献梳理,借鉴姜付秀(2009),陈仕华(2015),吴秋生和黄贤环(2017)等学者的研究,本书选择公司规模(size)、资产负债率(lev)、总资产净利润率(roa)、自由现金流(cash)、董事会规模(bod)、独立董事比例(ibd)、第一大股东持股比例(top1)、公司实际控制人性质(own)、公司市场化程度(mc)、经济周期(cycle)以及行业(industry)和年度(year)变量。

(二)匹配过程

1.计算倾向得分

根据 Rosenbaum 和 Rubin(1984)的观点,个体 i 的倾向得分为在给定 x_i 的情况下,个体 i 进入处理组的条件概率。本研究中,倾向得分数值代表在考虑影响公司融资约束程度的公司治理和财务特征情况下,公司受到较高融资约束的条件概率,其计算公式可以表示为:

$$e(x_i) = \Pr(FC = 1 \mid X_i = x_i) \tag{4.16}$$

其中,i 表示样本公司个体;x_i 代表协变量,即影响样本公司融资约束程度的公司治理特征变量和财务特征变量;W_i 为虚拟变量,如果样本公司为高融资约束,则表示该公司为处理组样本,$W_i = 1$,若样本公司为低融资约束组,则表示样本公司为控制组样本,$W_i = 0$;$e(x_i)$ 即为倾向得分数值。

目前,大多数学者通常采用 Logit 逻辑回归、Probit 逻辑回归以及判别分析等方法计算倾向得分数值,根据 Dehejia 和 Wahba(2002) 的研究,本书选用 Logit 二元逻辑回归估算上市公司受到融资约束的概率,具体计算公式如下:

$$\mathrm{logit(FC)} = \ln\left(\frac{p}{1-p}\right) = \alpha_0 + \alpha_1\,\mathrm{size} + \alpha_2\,\mathrm{lev} + \alpha_3\,\mathrm{bod} + \alpha_4\,\mathrm{ibd} + \alpha_5\,\mathrm{top1}$$
$$+ \alpha_6\,\mathrm{own} + \alpha_7\,\mathrm{mc} + \alpha_8\,\mathrm{qcbl} + \alpha_9\,\mathrm{cash} + \sum_i \mathrm{industry} + \xi$$

$$(4.17)$$

式中,p 为样本公司面临融资约束的概率,即倾向得分;α_i 代表回归模型中各个影响因素的回归系数;ξ 代表误差项。

2. 匹配方法选择

在获得倾向得分数值以后,需要根据倾向得分进行处理组和控制组样本的匹配,通过两组样本的匹配保证样本数据分布相对均匀。常用的匹配方法包括近邻匹配、核匹配和样条匹配,k 近邻匹配即寻找倾向得分最近的 k 个不同组个体,若 $k=1$,就是 1:1 匹配,按照样本是否放回抽样,分为有放回的 1:1 匹配和无放回的 1:1 匹配。亦可以一对多比配,即针对每个个体寻找多个不同组的最近个体进行匹配,通常来说,匹配估计量存在偏差,除非在精确匹配下,即对所有个体都有 $x_i = x_j$。更常见的情况是非精确匹配,即保证 x_i 近似等于 x_j。在非精确匹配下,如果选择 1:1 匹配,则偏差较小但是方差较大,但是采用一对多比配使用了较多的信息可以降低方差,Abadie 等 (2004) 建议 1:4 进行匹配,在一般情况下可以最小化均方差。当存在较多具有一定可比性的控制组样本时,多采用核匹配来获得较高的匹配效率,该方法的原理在于将每个样本公司与全体样本公司进行匹配,根据每个样本公司的距离差异给予不同的权重,所以,同一处理组中的样本公司 i 匹配的公司是根据倾向得分虚拟构造的公司,并不是真正的公司,其权重表达式为

$$w(i,j) = \frac{K((x_j - x_i)/h)}{\sum_{k:D_k=0} K((x_k - x_i)/h)}$$

$$(4.18)$$

式中,$w(i,j)$ 表示处理组即高融资约束组中公司 i 和控制组即低融资约束组中公司 j 的权重;h 为指定带宽,即 x_i 附近邻域的大小;$K(\cdot)$ 为核函数;x_j 表示控制组即低融资约束组样本公司的倾向得分;x_i 表示处理组即高融资约束组样本公司个体的倾向得分。

但是究竟哪种匹配方法最优,在目前的文献中并没有明确指定,不存在适用所有情况的绝对好的匹配方法,需要根据样本数据选择较为恰当的匹配方法。本书对多种匹配方法进行了样本匹配,对匹配结果进行对比分析后,确定最终选择方法。

(三) 根据样本匹配后样本计算平均处理效应

处理组平均处理效应(ATT)估计量的一般表达式为:

$$\overline{ATT} = \frac{1}{N_1} \sum_{i, D_i = 1} (y_i - \hat{y}_{0i}) \tag{4.19}$$

式中,N_1 为处理组高融资约束组的样本公司数,$\sum\limits_{i, D_i = 1}$ 代表只对处理组个体进行汇总求和。与此类似,控制组即低融资约束组的每个样本公司 j 也能够确定相应的匹配,所以控制组的平均处理效应(ATU)估计量的一般表达式为

$$\overline{ATU} = \frac{1}{N_0} \sum_{j, D_j = 0} (\hat{y}_{1i} - y_j) \tag{4.20}$$

式中,$N_0 = \sum\limits_{j} (1 - D_j)$ 为控制组即低融资约束组样本公司数;$\sum\limits_{j, Dj = 0}$ 代表只对控制组个体进行汇总求和。

整个样本组,包括处理组和控制组的平均处理效应(ATE)估计量的一般表达式为

$$\overline{ATE} = \frac{1}{N} \sum_{i=1}^{N} (\hat{y}_{1i} - \hat{y}_{i0}) \tag{4.21}$$

(四) 平衡性检验

倾向匹配得分(PSM)方法在给定的协变量条件下对样本公司进行匹配评分估计,并依据倾向得分进行匹配,较好地处理了数据平衡中的维度问题,所以在进行匹配以后,需要对匹配后的样本组进行平衡性检验。该方法的独立性假设要求匹配后的两组样本的 t 值、p 值和标准化偏差来评价处理组和控制组在匹配前后的差异显著性,只有在配对以后,两组样本的协变量差异显著减少,才说明选择匹配方法是有效的。

为验证融资约束对公司实施并购可能性的影响,以样本公司是否实施并购作为因变量,融资约束高低作为自变量构建二元离散回归模型,即在样本匹配模型基础上选择 Logit 逻辑回归模型进行假设的验证:

$$\text{logit}(M\&A) = \ln\left(\frac{p}{1-p}\right) = \alpha_0 + \alpha_1 FC + \alpha_2 \text{size} + \alpha_3 \text{lev} + \alpha_4 \text{roe} + \alpha_5 \text{xslrl} +$$
$$\alpha_6 \text{lzhy} + \alpha_8 \text{bod} + \alpha_9 \text{ibd} + \alpha_{10} \text{top1} + \alpha_{11} \text{time} + \alpha_{12} \text{cycle} +$$
$$\sum \text{industry} + \sum \text{year} + \xi \tag{4.22}$$

模型中,$\alpha_i (i = 1, 2, \cdots)$ 为各个变量的回归估计系数;α_0 为截距项;ξ 为随机误差项。

二、融资约束对并购战略选择影响的模型

(一)融资约束对并购规模选择影响的模型

为了验证在不同经济周期下企业融资约束对并购规模选择的影响,本书以并购规模(msize)为因变量,并购企业的融资约束(FC)为自变量,并根据已有研究设置控制变量,构建二元 Logit[①] 逻辑回归模型进行验证。

$$\text{logit}(\text{msize}) = \alpha_0 + \alpha_1 FC + \alpha_2 \text{bod} + \alpha_3 \text{ibd} + \alpha_4 \text{lzhy} + \alpha_5 \text{top1} + \alpha_6 \text{time} + \alpha_7 \text{size}$$
$$+ \alpha_8 \text{lev} + \alpha_9 \text{yxzc} + \alpha_{10} \text{roe} + \alpha_{11} \text{payway} + \alpha_{12} \text{gljy} + \sum \text{industry}$$
$$+ \sum \text{year} + \xi \tag{4.23}$$

为了考察在不同宏观经济周期下市场化程度对融资约束和并购规模关系的调节作用,本书以并购规模(msize)为因变量,并购企业的融资约束(FC)为自变量,为了控制内生性的影响,企业融资约束指数采用滞后一年的融资约束数据来衡量,以市场化程度(mc)为调节变量,并根据已有研究设置控制变量,构建二元 Logit 逻辑回归模型进行验证。

$$\text{logit}(\text{msize}) = \alpha_0 + \alpha_1 FC + \alpha_2 \text{mc} + \alpha_3 \text{bod} + \alpha_4 \text{ibd} + \alpha_5 \text{lzhy} + \alpha_6 \text{top1}$$
$$+ \alpha_7 \text{time} + \alpha_8 \text{size} + \alpha_9 \text{lev} + \alpha_{10} \text{yxzc} + \alpha_{11} \text{roe} + \alpha_{12} \text{payway}$$
$$+ \alpha_{13} \text{gljy} + \sum \text{industry} + \sum \text{year} + \xi \tag{4.24}$$

$$\text{logit}(\text{msize}) = \alpha_0 + \alpha_1 FC + \alpha_2 \text{mc} + \alpha_3 \text{mc} \times FC + \alpha_4 \text{bod} + \alpha_5 \text{ibd} + \alpha_6 \text{lzhy}$$
$$+ \alpha_7 \text{top1} + \alpha_8 \text{time} + \alpha_9 \text{size} + \alpha_{10} \text{lev} + \alpha_{11} \text{yxzc} + \alpha_{12} \text{roe}$$

---

① 对于二元因变量,常用 Logit 和 Probit 模型,从分布角度来讲,二者的函数几乎重叠,但含义不同,Logit 等于 $p/(1-p)$,p 是结局发生的概率,而 Probit 的函数是 $F^{-1}(p)$。F 是累积的标准正态分布函数,所以 F^{-1} 是累积标准正态分布函数的逆函数或反函数。从解释的角度来讲,Logit 更容易理解一些,因为 $p/(1-p)$ 就是我们常说的概率比,即为最常用的 OR 值。所以当我们做出结果后,logistic 回归所反映的实际意义就非常直观。故本书选用 Logit 模型进行回归估计。

$$+\alpha_{13}\,payway+\alpha_{14}\,gljy+\sum industry+\sum year+\xi \qquad (4.25)$$

为了考察在不同宏观经济周期下股权性质对融资约束和并购规模关系的调节作用,以并购规模(msize)为因变量,并购企业的融资约束(FC)为自变量,股权性质(own)为调节变量,并根据已有研究设置控制变量,构建二元 Logit 逻辑回归模型进行验证。

$$logit(msize)=\alpha_0+\alpha_1\,FC+\alpha_2\,own+\alpha_3\,bod+\alpha_4\,ibd+\alpha_5\,lzhy+\alpha_6\,top1+\alpha_7\,time+$$
$$\alpha_8\,size+\alpha_9\,lev+\alpha_{10}\,yxzc+\alpha_{11}\,roe+\alpha_{12}\,payway+\alpha_{13}\,gljy+$$
$$\sum industry+\sum year+\xi \qquad (4.26)$$

$$logit(msize)=\alpha_0+\alpha_1\,FC+\alpha_2\,own+\alpha_3\,own\times FC+\alpha_4\,bod+\alpha_5\,ibd+$$
$$\alpha_6\,lzhy+\alpha_7\,top1+\alpha_8\,time+\alpha_9\,size+\alpha_{10}\,lev+\alpha_{11}\,yxzc+$$
$$\alpha_{12}\,roe+\alpha_{13}\,payway+\alpha_{14}\,gljy+\sum industry+$$
$$\sum year+\xi \qquad (4.27)$$

模型中,α_i($i=1,2,\cdots$)为各个变量的回归估计系数;α_0 为截距项;ξ 为随机误差项。

(二)融资约束对并购类型选择影响的模型

为了验证在不同经济周期下企业融资约束对并购类型选择的影响,本书以并购类型(ty)为因变量,并购企业的融资约束(FC)为自变量,并根据已有研究设置控制变量,构建二元 Logit 逻辑回归模型进行验证。

$$logit(ty)=\alpha_0+\alpha_1\,FC+\alpha_2\,bod+\alpha_3\,ibd+\alpha_4\,lzhy+\alpha_5\,top1+\alpha_6\,time$$
$$+\alpha_7\,size+\alpha_8\,lev+\alpha_9\,yxzc+\alpha_{10}\,roe+\alpha_{11}\,payway+\alpha_{12}\,gljy$$
$$+\sum industry+\sum year+\xi \qquad (4.28)$$

为了考察在不同的宏观经济周期下市场化程度对融资约束和并购类型选择的调节作用,以并购类型(ty)为因变量,并购企业的融资约束(FC)为自变量,市场化程度(mc)为调节变量,并根据已有研究设置控制变量,构建二元(Logit)逻辑回归模型进行验证。

$$logit(ty)=\alpha_0+\alpha_1\,FC+\alpha_2\,mc+\alpha_3\,bod+\alpha_4\,ibd+\alpha_5\,lzhy+\alpha_6\,top1+\alpha_7\,time$$
$$+\alpha_8\,size+\alpha_9\,lev+\alpha_{10}\,yxzc+\alpha_{11}\,roe+\alpha_{12}\,payway+\alpha_{13}\,gljy$$
$$+\sum industry+\sum year+\xi \qquad (4.29)$$

$$logit(ty)=\alpha_0+\alpha_1\,FC+\alpha_2\,mc+\alpha_3\,mc\times FC+\alpha_4\,bod+\alpha_5\,ibd+\alpha_6\,lzhy$$
$$+\alpha_7\,top1+\alpha_8\,time+\alpha_9\,size+\alpha_{10}\,lev+\alpha_{11}\,yxzc+\alpha_{12}\,roe$$
$$+\alpha_{13}\,payway+\alpha_{14}\,gljy+\sum industry+\sum year+\xi \qquad (4.30)$$

为了考察在不同的宏观经济周期下市场化程度对融资约束和并购类型选择关系的调节作用，本书以并购类型（ty）为因变量，并购企业的融资约束（FC）为自变量，股权性质（own）为调节变量，并根据已有研究设置控制变量，构建二元 Logit 逻辑回归模型进行验证。

$$
\begin{aligned}
\text{logit(ty)} = &\alpha_0 + \alpha_1 FC + \alpha_2 \text{own} + \alpha_3 \text{bod} + \alpha_4 \text{ibd} + \alpha_5 \text{lzhy} + \alpha_6 \text{top1} + \alpha_7 \text{time} \\
&+ \alpha_8 \text{size} + \alpha_9 \text{lev} + \alpha_{10} \text{yxzc} + \alpha_{11} \text{roe} + \alpha_{12} \text{payway} + \alpha_{13} \text{gljy} \\
&+ \sum \text{industry} + \sum \text{year} + \xi
\end{aligned} \tag{4.31}
$$

$$
\begin{aligned}
\text{logit(ty)} = &\alpha_0 + \alpha_1 FC + \alpha_2 \text{own} + \alpha_3 \text{own} \times FC + \alpha_4 \text{bod} + \alpha_5 \text{ibd} + \alpha_6 \text{lzhy} \\
&+ \alpha_7 \text{top1} + \alpha_8 \text{time} + \alpha_9 \text{size} + \alpha_{10} \text{lev} + \alpha_{11} \text{yxzc} + \alpha_{12} \text{roe} + \alpha_{13} \text{payway} \\
&+ \alpha_{14} \text{gljy} + \sum \text{industry} + \sum \text{year} + \xi
\end{aligned} \tag{4.32}
$$

模型中，α_i（$i=1,2,\cdots$）为各个变量的回归估计系数；α_0 为截距项；ξ 为随机误差项。

（三）融资约束对并购区域选择影响的模型

为了验证在不同经济周期下企业融资约束对并购区域选择的影响，本书以并购区域（area）为因变量，并购企业的融资约束（FC）为自变量，并根据已有研究设置控制变量，构建二元 Logit 逻辑回归模型进行验证。

$$
\begin{aligned}
\text{logit(area)} = &\alpha_0 + \alpha_1 FC + \alpha_2 \text{bod} + \alpha_3 \text{ibd} + \alpha_4 \text{lzhy} + \alpha_5 \text{top1} + \alpha_6 \text{time} \\
&+ \alpha_7 \text{size} + \alpha_8 \text{lev} + \alpha_9 \text{yxzc} + \alpha_{10} \text{roe} + \alpha_{11} \text{payway} + \alpha_{12} \text{gljy} \\
&+ \sum \text{industry} + \sum \text{year} + \xi
\end{aligned} \tag{4.33}
$$

为了考察在不同的宏观经济周期下市场化程度对融资约束和并购区域选择关系的调节作用，本书以并购区域（area）为因变量，并购企业的融资约束（FC）为自变量，市场化程度（mc）为调节变量，并根据已有研究设置控制变量，构建二元 Logit 逻辑回归模型进行验证。

$$
\begin{aligned}
\text{logit(area)} = &\alpha_0 + \alpha_1 FC + \alpha_2 \text{mc} + \alpha_3 \text{bod} + \alpha_4 \text{ibd} + \alpha_5 \text{lzhy} + \alpha_6 \text{top1} + \alpha_7 \text{time} \\
&+ \alpha_8 \text{size} + \alpha_9 \text{lev} + \alpha_{10} \text{yxzc} + \alpha_{11} \text{roe} + \alpha_{12} \text{payway} + \alpha_{13} \text{gljy} \\
&+ \sum \text{industry} + \sum \text{year} + \xi
\end{aligned} \tag{4.34}
$$

$$
\begin{aligned}
\text{logit(area)} = &\alpha_0 + \alpha_1 FC + \alpha_2 \text{mc} + \alpha_3 \text{mc} \times FC + \alpha_4 \text{bod} + \alpha_5 \text{ibd} + \alpha_6 \text{lzhy} \\
&+ \alpha_7 \text{top1} + \alpha_8 \text{time} + \alpha_9 \text{size} + \alpha_{10} \text{lev} + \alpha_{11} \text{yxzc} + \alpha_{12} \text{roe} \\
&+ \alpha_{13} \text{payway} + \alpha_{14} \text{gljy} + \sum \text{industry} + \sum \text{year} + \xi
\end{aligned} \tag{4.35}
$$

为了考察在不同的宏观经济周期下股权性质对融资约束和并购区域的调节作用，本书以并购区域（area）为因变量，并购企业的融资约束（FC）为自因变量,股权性质(own)为调节变量,并根据已有研究设置控制变量,构建二元 Logit 逻辑回归模型进行验证。

$$\begin{aligned}
\text{logit(area)} = {} & \alpha_0 + \alpha_1 \text{FC} + \alpha_2 \text{own} + \alpha_3 \text{bod} + \alpha_4 \text{ibd} + \alpha_5 \text{lzhy} + \alpha_6 \text{top1} + \alpha_7 \text{time} \\
& + \alpha_8 \text{size} + \alpha_9 \text{lev} + \alpha_{10} \text{yxzc} + \alpha_{11} \text{roe} + \alpha_{12} \text{payway} + \alpha_{13} \text{gljy} \\
& + \sum \text{industry} + \sum \text{year} + \xi
\end{aligned} \tag{4.36}$$

$$\begin{aligned}
\text{logit(area)} = {} & \alpha_0 + \alpha_1 \text{FC} + \alpha_2 \text{own} + \alpha_3 \text{own} \times \text{FC} + \alpha_4 \text{bod} + \alpha_5 \text{ibd} + \alpha_6 \text{lzhy} \\
& + \alpha_7 \text{top1} + \alpha_8 \text{time} + \alpha_9 \text{size} + \alpha_{10} \text{lev} + \alpha_{11} \text{yxzc} + \alpha_{12} \text{roe} \\
& + \alpha_{13} \text{payway} + \alpha_{14} \text{gljy} + \sum \text{industry} + \sum \text{year} + \xi
\end{aligned} \tag{4.37}$$

模型中,$\alpha_i (i=1,2,\cdots)$ 为各个变量的回归估计系数;α_0 为截距项;ξ 为随机误差项。

三、融资约束、并购战略选择与并购绩效的模型

为了检验融资约束对不同并购战略选择影响的经济后果,本书对比分析了不同融资约束组并购战略对企业并购绩效(perf)的影响。本书选择并购后三年的平均绩效作为并购绩效的衡量,并购绩效为综合财务指标连续变量,故建立多元回归分析模型进行检验。

$$\begin{aligned}
\text{perf} = {} & \alpha_0 + \alpha_1 \text{msize} + \alpha_2 \text{bod} + \alpha_3 \text{ibd} + \alpha_4 \text{lzhy} + \alpha_5 \text{top1} + \alpha_6 \text{time} + \alpha_7 \text{size} \\
& + \alpha_8 \text{lev} + \alpha_9 \text{yxzc} + \alpha_{10} \text{roe} + \alpha_{11} \text{payway} + \alpha_{12} \text{gljy} + \sum \text{industry} \\
& + \sum \text{year} + \xi
\end{aligned} \tag{4.38}$$

$$\begin{aligned}
\text{perf} = {} & \alpha_0 + \alpha_1 \text{ty} + \alpha_2 \text{bod} + \alpha_3 \text{ibd} + \alpha_4 \text{lzhy} + \alpha_5 \text{top1} + \alpha_6 \text{time} + \alpha_7 \text{size} + \alpha_8 \text{lev} \\
& + \alpha_9 \text{yxzc} + \alpha_{10} \text{roe} + \alpha_{11} \text{payway} + \alpha_{12} \text{gljy} + \sum \text{industry} + \sum \text{year} + \xi
\end{aligned} \tag{4.39}$$

$$\begin{aligned}
\text{perf} = {} & \alpha_0 + \alpha_1 \text{area} + \alpha_2 \text{bod} + \alpha_3 \text{ibd} + \alpha_4 \text{lzhy} + \alpha_5 \text{top1} + \alpha_6 \text{time} + \alpha_7 \text{size} \\
& + \alpha_8 \text{lev} + \alpha_9 \text{yxzc} + \alpha_{10} \text{roe} + \alpha_{11} \text{payway} + \alpha_{12} \text{gljy} + \sum \text{industry} \\
& + \sum \text{year} + \xi
\end{aligned} \tag{4.40}$$

模型中,$\alpha_i (i=1,2,\cdots)$ 为各个变量的回归估计系数;α_0 为截距项;ξ 为随机误差项。

第五节　本章小结

本章在第二章的文献综述和第三章的相关理论分析的基础上,针对本书的研究主题,对宏观经济周期背景下融资约束对企业并购战略选择的影响进行了完整实证检验设计,主要包括融资约束对企业成功实施并购战略

可能性的影响、融资约束对企业并购战略选择及并购绩效的影响三个主要方面的假设。随后针对本章提出假设,确定研究变量和实证检验模型,为本书后续章节的实证分析奠定了基础。

第五章　融资约束对并购可能性影响的
　　　　　实证分析

第一节　融资约束对并购可能性影响的描述性统计分析

一、倾向得分匹配结果

在第四章,我们进行了融资约束与企业实施并购战略可能性的相关理论分析,并构建了实证研究模型,本章将对相关数据进行分析。

根据研究目的和样本筛选条件,最终确定了 20727 个样本观测值,共涉及 2904 个样本公司,根据第四章介绍的样本匹配方法,对样本观测值分别进行了 1∶1 放回匹配、1∶1 不放回匹配、1∶4 匹配、卡尺内半径匹配和核匹配。对比分析各个匹配方法的平衡性检验,具体结果见表 5-1。

从表 5-1 可以看到,在各个匹配方法中,ATT 的估计值分别为 -0.0635、-0.0328、-0.0737、-0.0703、-0.0731 和 -0.0767,对应的 t 值分别为 -3.28、-5.69、-4.29、-4.23、-4.47 和 -4.84,其绝对值均大于 1.96 的临界值,均显著。但是对比分析各种方法的平衡检验结果,可以看到匹配后(matched)的标准化偏差(%bias)具有一定的差异性,均小于 10%,但是各个匹配方法的 t 检验结果出现显著的不同。倾向得分匹配法要求在样本匹配以后处理组和控制组绝大部分无系统显著差异,仅有卡尺内 1∶4 匹配的结果绝大部分变量满足要求,除了独立董事比例(ibd)和第一大股东比例(top1)匹配后 t 检验 p 值小于 0.1,绝大部分的变量 p 值均大于 0.1,说明不拒绝处理组和控制组的无系统差异的原假设,故本书选择卡尺内 1∶4 匹配的方法进行样本匹配来控制内生性问题。

表 5-1　条件变量匹配质量检验

变量	匹配情况	1∶1 放回匹配 %reduct %bias	bias	t 检验 t	p>|t|	V(T)/V(C)	1∶1 不放回匹配 %reduct %bias	bias	t 检验 t	p>|t|	V(T)/V(C)
mc	不匹配	5.3		3.6	0.000		5.3		3.6	0.000	
	匹配	5.4	-2.5	3.19	0.001		2.8	48.1	0.53	0.599	
bod	不匹配	-33.5		-22.26	0.000	0.82*	-33.5		-22.26	0.000	0.82*
	匹配	-5.2	84.6	-3.25	0.001	1.08*	-38.7	-15.7	-7.8	0.000	0.90*
ibd	不匹配	-31.1		-20.42	0.000	0.68*	-31.1		-20.42	0.000	0.68*
	匹配	-6.3	90.1	-4.18	0.000	1.06*	-33.8	-8.7	-7.14	0.000	0.76*
top1	不匹配	-37.6		-25.01	0.000	0.81*	-37.6		-25.01	0.000	0.81*
	匹配	-3.7	90.1	-2.4	0.017	1.15*	-50	-33	-10.08	0.000	0.80*
lev	不匹配	-119.1		-78.83	0.000	0.76*	-119.1		-78.83	0.000	0.76*
	匹配	-2.6	97.8	-1.67	0.095	1.05	-157.4	-32.2	-32.83	0.000	1.84*
size	不匹配	-109.2		-70.26	0.000	0.52*	-109.2		-70.26	0.000	0.52*
	匹配	-0.5	99.6	-0.33	0.740	1.02	-147.8	-35.4	-33.93	0.000	0.75*
roa	不匹配	1		0.71	0.476	1.29*	1		0.71	0.476	1.29*
	匹配	2.7	-161.5	1.37	0.172	0.73*	-0.8	21.6	-0.15	0.883	1.33*
own	不匹配	-38.3		-25.64	0.000	0.88*	-38.3		-25.64	0.000	0.88*
	匹配	-1.9	95.1	-1.12	0.262	0.99	-50.3	-31.4	-9.92	0.000	0.90*
qcbl	不匹配	101.4		88.88	0.000	11.51*	101.4		80.88	0.000	11.51*
	匹配	-2	98	-0.83	0.406	0.84*	116.2	-14.5	16.86	0.000	86.26*
freecash	不匹配	-0.1		-0.06	0.955	1.02	-0.1		-0.06	0.955	1.02
	匹配	2.2	-2593.7	1.35	0.179	1.15*	-0.1	-32.9	-0.02	0.983	1.07*

续　表

变量	匹配情况	1:1放回匹配 %reduct %bias	1:1放回匹配 %reduct bias	1:1放回匹配 t检验 t	1:1放回匹配 t检验 p>|t|	1:1放回匹配 V(T)/V(C)	1:1不放回匹配 %reduct %bias	1:1不放回匹配 %reduct bias	1:1不放回匹配 t检验 t	1:1不放回匹配 t检验 p>|t|	1:1不放回匹配 V(T)/V(C)
Pseudo R^2		0.3732					0.3732				
LR χ^2		9786.94					9786.94				
$p>\chi^2$		0.00					0.00				

ATT	difference	t-stat	difference	t-stat
1:1放回匹配	−0.0634	−3.28		
1:1不放回匹配			−0.0328	−5.69

变量	匹配情况	1:1放回匹配 %bias	1:1放回匹配 bias (%reduct)	1:1放回匹配 t	1:1放回匹配 p>|t|	1:1放回匹配 V(T)/V(C)	1:1不放回匹配 %bias	1:1不放回匹配 bias (%reduct)	1:1不放回匹配 t	1:1不放回匹配 p>|t|	1:1不放回匹配 V(T)/V(C)
mc	不匹配	5.3		3.6	0.000		5.3		3.6	0.000	
mc	匹配	2.8	47.5	1.63	0.103		2.1	61.1	1.17	0.243	
bod	不匹配	−33.5		−22.26	0.000	0.82*	−33.5		−22.26	0.000	0.82*
bod	匹配	−2.4	92.9	−1.48	0.139	1.04	−2.1	93.6	−1.3	0.195	1.05*
ibd	不匹配	−31.1		−20.42	0.000	0.68*	−31.1		−20.42	0.000	0.68*
ibd	匹配	−3.6	88.3	−2.39	0.017	1.03	−4	87.3	−2.51	0.012	1.05
top1	不匹配	−37.6		−25.01	0.000	0.81*	−37.6		−25.01	0.000	0.81*
top1	匹配	−4.7	87.6	−2.96	0.003	1.11*	−4.3	88.6	−2.62	0.009	1.09*
lev	不匹配	−119.1		−78.83	0.000	0.76*	−119.1		−78.83	0.000	0.76*
lev	匹配	−2.6	97.8	−1.68	0.093	1.05*	−2.7	97.8	−1.65	0.100	1.08*

续　表

变量	匹配情况	1:1 放回匹配 %bias	bias	t	$p>\lvert t\rvert$	V(T)/V(C)	1:1 不放回匹配 %bias	bias	t	$p>\lvert t\rvert$	V(T)/V(C)
size	不匹配	-109.2		-70.26	0.000	0.52*	-109.2		-70.26	0.000	0.52*
	匹配	-2.6	97.6	-1.83	0.068	0.99	0.1	99.9	0.1	0.923	0.99
roa	不匹配	1		0.71	0.476	1.29*	1		0.71	0.476	1.29*
	匹配	2.4	-129.6	1.17	0.240	0.68*	2.3	-122.9	1.14	0.255	0.74*
own	不匹配	-38.3		-25.64	0.000	0.88*	-38.3		-25.64	0.000	0.88*
	匹配	-1.4	96.4	-0.84	0.402	0.99	-1	97.3	-0.61	0.543	0.99
qcbl	不匹配	101.4		80.88	0.000	11.51*	101.4		80.88	0.000	11.51*
	匹配	-3.9	96.2	-1.57	0.116	0.79*	-1.2	98.8	-0.47	0.641	0.85*
freecash	不匹配	-0.1		-0.06	0.955	1.02	-0.1		-0.06	0.955	1.02
	匹配	0	84	-0.01	0.994	1.05*	2	-2258	1.12	0.264	1.15*
Pseudo R^2		0.3732					0.3732				
LR χ^2		9786.94					9786.94				
$p>\chi^2$		0.00					0.00				

		1:1 放回匹配			1:1 不放回匹配	
ATT		cifference	t-stat		difference	t-stat
		-0.0635	-4.29		-0.0703	-4.23

变量	匹配情况	1:1 放回匹配 %bias	bias	t	$p>\lvert t\rvert$	1:1 不放回匹配 %bias	bias	t	$p>\lvert t\rvert$
mc	不匹配	5.3		3.6	0.000	5.3		3.6	0.000
	匹配	3	43.4	1.7	0.089	2.5	53	1.46	0.144

续 表

变量	匹配情况	1:1 放回匹配 %reduct %bias	bias	t检验 t	p>|t|	V(T)/V(C)	1:1 不放回匹配 %reduct %bias	bias	t检验 t	p>|t|	V(T)/V(C)
bod	不匹配	-33.5		-22.26	0.000	0.82*	-33.5		-22.26	0.000	0.82*
bod	匹配	-3	91	-1.82	0.069	1.05	-1.1	96.7	-0.7	0.487	1.06*
dlds	不匹配	-31.1		-20.42	0.000	0.68*	-31.1		-20.42	0.000	0.68*
dlds	匹配	-5.3	83.1	-3.33	0.001	1.04	89.6	-2.14	0.032	1.050	
top1	不匹配	-37.6		-25.01	0.000	0.81*	-37.6		-25.01	0.000	0.81*
top1	匹配	-3.7	90.2	-2.25	0.025	1.10*	-5.3	86	-3.33	0.001	1.08*
lev	不匹配	-119.1		-78.83	0.000	0.76*	-119.1		-78.83	0.000	0.76*
lev	匹配	-3.1	97.4	-1.89	0.059	1.06*	95.2	-3.62	0	1.040	
size	不匹配	-109.2		-70.26	0.000	0.52*	-109.2		-70.26	0.000	0.52*
size	匹配	-0.5	99.6	-0.33	0.743	1	-2.6	97.6	-1.83	0.067	0.96
roa	不匹配	1		0.71	0.476	1.29*	1		0.71	0.476	1.29*
roa	匹配	2.8	-175.3	1.41	0.159	0.74*	9.2	-789.8	4.5	0.000	0.65*
own	不匹配	-38.3		-25.64	0.000	0.88*	-38.3		-25.64	0.000	0.88*
own	匹配	-2.4	93.7	-1.4	0.162	0.98	-2.3	94.1	-1.37	0.170	0.98
qcbl	不匹配	101.4		80.88	0.000	11.51*	101.4		80.88	0.000	11.51*
qcbl	匹配	-0.7	99.3	-0.28	0.777	0.86*	5.3	94.8	2.22	0.026	0.92*
freecash	不匹配	-0.1		-0.06	0.955	1.02	-0.1		-0.06	0.955	1.02
freecash	匹配	2.1	-2438	1.2	0.229	1.15*	0.5	-445.5	0.27	0.790	1.04
Pseudo R^2		0.3732					0.3732				
LR χ^2		9786.94					9786.94				
$p>\chi^2$		0.00					0.00				
ATT		difference -0.0731		t-stat -4.47			difference -0.076		t-stat -4.84		

　　Heckman 和 Vytlacil(2005)指出,非参数匹配需要处理组和控制组均在共同支撑范围才有效,所以,为保证处理组和控制组有充分的重叠区域,在平稳性检验之后还要做共同支撑假设进行检验。共同支撑假设剔除掉处理组和控制组中倾向得分接近两个尾端的个体,能够在剔除一定样本的同时最大限度地提高匹配质量。根据本书选择的匹配方法,绘制倾向得分的共同取值范围图(见图 5-1)。可以看到,大多数观测值都在共同取值范围内,说明在进行倾向得分匹配时不会损失大量样本。

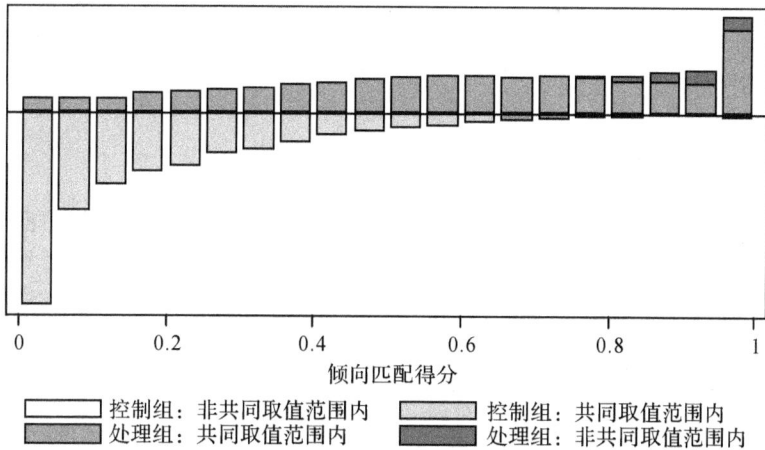

图 5-1　倾向得分共同取值范围

　　对本书选择的匹配方法,依据共同支撑假设,绘制了样本匹配前后的倾向得分的核函数密度图,以验证匹配前后样本的不同(见图 5-2)。可以看出,在匹配前,处理组和控制组的倾向得分概率分布显著不同,其重心不重合并且明显不同;在匹配后,两组样本的倾向得分概率分布差异显著减小,重合区域扩大,说明匹配效果较好。本书选用卡尺内 1∶4 匹配,在一定程度上能够减少处理组和控制组之间的差异性,在多个维度上协调两个样本组,增加可比性和相似性,保证后续研究结论的准确性和客观性。

　　通过卡尺内 1∶4 匹配方法进行样本匹配,共得到处理组 6436 个观测值,控制组 13726 个观测值,剔除 565 个观测值,整体样本容量得到有效保证,最终确定研究样本 20162 个观测值,为本书后续实证研究的样本组。

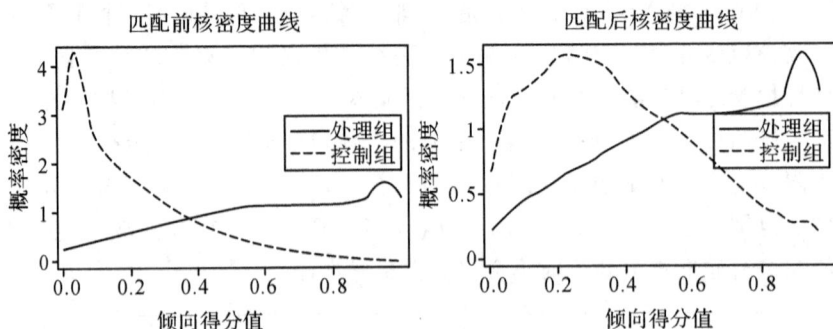

图 5-2 为倾向匹配前后核密度分布的图表

匹配前核密度曲线   匹配后核密度曲线

图 5-2　倾向匹配前后核密度分布

二、匹配后样本观测值描述性统计分析

在进行样本匹配以后,共得到 2007—2017 年 20162 个样本观测值,包括
2888 个样本公司。

(一)相关性分析

表 5-2 为融资约束对并购可能性影响研究变量的相关性系数矩阵,右上
部分为 Spearman 相关性检验,左下部分为 Pearson 相关性检验,两种检验方
式的结果基本一致。从表中可以看出,因变量(公司并购的可能性,即
M&A)与主要自变量(融资约束,即 FC)之间具有显著的负相关性,后续会
对二者之间的关系做进一步的回归分析。并且,各个变量之间的相关性系
数的绝对值大部分小于 0.4,说明本书所选的解释变量之间并不存在较强的
相关性,所以构建模型不存在多重共线性问题。

表 5-2　融资约束对并购可能性影响的变量相关性系数矩阵

	MA	FC	top1	roe	size	xslrl	mc	own
MA	1	−0.0458***	−0.0614***	0.0663***	0.325***	0.0629***	0.0345***	−0.0879***
FC	−0.0458***	1	−0.173***	−0.203***	−0.461***	0.0914***	0.025***	−0.168***
top1	−0.0614***	−0.165***	1	−0.0518***	0.341***	−0.131***	−0.0306***	0.173***
roe	0.0663***	−0.154***	−0.0262***	1	0.119***	0.672***	0.0513***	−0.0414***
size	0.325***	−0.426***	0.351***	0.1***	1	−0.0585***	−0.0082	0.294***
xslrl	0.0629***	0.0799***	−0.0811***	0.626***	−0.0103	1	0.0722***	−0.174***
mc	0.0345***	0.025***	−0.0234***	0.0383***	−0.0005	0.0566***	1	−0.0841***
own	−0.0879***	0.168***	0.185***	−0.0375***	0.297***	−0.104***	−0.0841***	1
lzhy	0.0262***	0.103***	−0.128***	0.0093	−0.162***	0.0638***	0.049***	−0.239***
time	−0.0431***	−0.122***	0.163***	−0.0023	0.143***	−0.0566***	−0.0519***	0.223***
lev	−0.0121*	−0.461***	0.177***	−0.0679***	0.411***	−0.357***	−0.0905***	0.27***
bod	−0.0094	−0.146***	0.0578***	0.0288***	0.262***	−0.0255***	−0.0329***	0.236***
ibd	−0.0063	−0.134***	0.0828***	0.0133*	0.295***	−0.024***	−0.0256***	0.208***
ldxbl	0.0269***	0.414***	−0.17***	0.0395***	−0.295***	0.335***	0.0732***	−0.245***
cash	0.0101	0.0034	−0.1897***	0.0407***	−0.0544***	0.0012	−0.0166***	0.0898***
	lzhy	time	lev	bod	ibd	ldxbl	cash	
MA	0.2262***	−0.0448***	−0.0067	−0.013*	−0.009	0.0396***	−0.0583***	

续　表

	MA	FC	top1	roe	size	xslrl	mc	own
FC	0.103***	-0.126***	-0.508***	-0.147***	-0.136***	0.4***	0.1402***	
top1	-0.123***	0.212***	0.199***	0.0403***	0.072***	-0.171***	0.4486***	
roe	0.0079	-0.0154**	-0.0467***	0.0404***	0.0261***	0.109***	-0.1399***	
size	-0.168***	0.17***	0.471***	0.227***	0.265***	-0.365***	-0.4093***	
xslrl	0.0924***	-0.0996***	-0.451***	-0.0468***	-0.0348***	0.423***	-0.118***	
mc	0.049***	-0.0536***	-0.0937***	-0.0336***	-0.0257***	0.11***	-0.0398***	
own	-0.239***	0.245***	0.301***	0.228***	0.207***	-0.327***	0.0123*	
lzhy	1	-0.127***	-0.16***	-0.176***	-0.112***	0.163***	-0.0127***	
time	-0.12***	1	0.249***	0.0549***	0.0368***	-0.228***	-0.0471***	
lev	-0.145***	0.228***	1	0.167***	0.158***	-0.758***	-0.1122***	
bod	-0.162***	0.0515***	0.153***	1	0.106***	-0.193***	-0.0914***	
ibd	-0.109***	0.0353***	0.144***	0.778***	1	-0.165***	-0.1304***	
ldxbl	0.144***	-0.182***	-0.564***	-0.141***	-0.121***	1	0.0219***	
cash	-0.0228***	-0.2556***	0.0308***	0.062***	0.0243***	-0.0599***	1	

注：表格右上半部分为斯皮尔曼相关性系数，左下半部分为皮尔森相关系数，***、**、*分表代表相关变量在1%、5%和10%的水平上显著。

（二）样本公司并购状况描述性统计分析

从表 5-3 中可以看到，2007—2017 年，发生成功并购的交易数量为 6944 件，占样本公司数量的 34.44％；其中 2012 年和 2013 年并购数量相对较少，实际发生成功并购 631 项和 680 项，分别占当年样本公司数量的 31.42％和 31.32％；并购交易数量相对最多的是 2015 年，成功并购的数量达到 911 项，占样本公司数量的 41.24％，这主要是因为 2012 年处于经济的衰退期，整体经济形势不容乐观，并购市场活跃度较低，这种趋势对管理者在 2013 年的预期具有一定的影响，因此 2013 年继续保持了一个较低的态势，在 2015 年经济复苏进入繁荣期，随着国家实施供给侧结构性改革，推动产业改革，并购市场达到较高的活跃程度。

表 5-3　2007—2017 年样本公司并购数量统计

年份	成功并购数量	样本公司数量	成功并购比率（%）	年份	成功并购数量	样本公司数量	成功并购比率（%）
2007	404	1091	37.03	2013	680	2171	31.32
2008	446	1219	36.59	2014	726	2124	34.18
2009	420	1275	32.94	2015	911	2209	41.24
2010	469	1349	34.77	2016	876	2471	35.45
2011	540	1665	32.43	2017	841	2580	32.60
2012	631	2008	31.42	合计	6944	20162	34.44

表 5-4 对比分析了在不同融资约束样本组发生并购交易的情况，可以看到在样本公司成功实施并购方面，两个融资约束组实施并购的比例呈现波动变化趋势，并且高、低融资约束组在各年之间的成功并购比例显著不同，存在显著性差异。高融资约束组在 2008 年实施成功并购的交易比例最低，为 27％；在 2015 年成功并购的交易比例最高，达到 40.3％。低融资约束组 2013 年成功并购交易数量比率最低，为 31.2％；交易比例最高的是 2015 年，交易比例达到 41.7％。这也证明了我国上市公司在面临不同的融资约束状况时，能够成功实施并购的比例是显著不同的，初步验证融资约束与公司成功实施并购交易之间具有负相关的关系。

表 5-4　2007—2017 年不同融资约束程度公司发生并购交易差异表

年份	高融资约束组	低融资约束组	两组差异	t
2007	0.288	0.41	−0.122	3.919***
2008	0.27	0.412	−0.142	4.853***
2009	0.246	0.369	−0.123	4.384***
2010	0.287	0.377	−0.09	3.259***
2011	0.298	0.337	−0.038	1.562*
2012	0.287	0.327	−0.04	1.791**
2013	0.315	0.312	0.003	−0.144
2014	0.367	0.33	0.037	−1.694**
2015	0.403	0.417	−0.015	0.646
2016	0.322	0.37	−0.048	2.321**
2017	0.286	0.345	−0.059	2.979***

　　为了对不同经济发展周期下公司面临的融资约束状况和并购状况有个明确的概念,本书对比分析了在不同经济周期下公司的融资约束和成功实施并购的情况。从表 5-5 中可以看到,在宏观经济繁荣期,公司的平均融资约束程度为 0.3318,成功实施并购的比例达到 34.89%;在宏观经济衰退期,公司的平均融资约束程度为 0.6944,成功实施并购的比例为 33.05%。初步证明在宏观经济繁荣期,公司面临的市场态势良好,公司融资约束状况得到缓解,并购市场也相对活跃;在经济衰退期,则呈现相反的态势,并且具有显著的差异性,初步验证了本书的假设 1。

表 5-5　不同经济周期下融资约束与并购可能性对比

	经济繁荣期	经济衰退期
融资约束	0.3318	0.6944
并购成功率/%	34.89	33.05
样本数/个	15270	4892
t	4.826	0.0000
p	2.3462	0.0095

（三）融资约束对并购可能性影响的虚拟变量描述性分析

表 5-6 列示了融资约束对并购可能性影响的虚拟变量的描述性统计结果,有 34.44% 的样本公司在窗口期成功实施了并购,样本公司整体市场化程度具有一定的差异性,44.93% 的公司市场化程度较高,绝大部分的样本公司为非国有控股公司,比例为 54.37%；在董事会特征方面,可以看到董事长和总经理两个职位兼任的形式占比较小,仅为 24.25%,大部分公司仍然是采取两职分离的治理模式；在公司的融资约束状况方面,受到高融资约束的公司达到全部样本公司的 31.92%,融资约束较低的公司比例为 68.08%；处于衰退期的样本公司比例为 24.26%,处于繁荣期的样本公司比例为 75.74%。

表 5-6　全样本虚拟变量的描述性统计结果

变量		样本观测值数量/个	占总样本观测值比例/%
M&A	成功实施并购	6944	34.44
	未发生并购	13218	65.56
FC	高融资约束	6436	31.92
	低融资约束	13726	68.08
cycle	衰退期	4892	24.26
	繁荣期	15270	75.74
mc	高市场化程度	9059	44.93
	低市场化程度	11103	55.07
own	国有控股	9207	45.63
	非国有控股	109555	54.37
lzhy	两职合一	4889	24.25
	两职分离	15273	75.75

（四）融资约束对并购可能性影响的连续变量描述性统计分析

为克服异常值对研究结果的影响,本书对连续变量进行了 1% 和 99% 水平的缩尾处理,表 5-7 列示了融资约束对并购可能性影响的连续变量描述性统计结果。可以看到,在公司治理特征方面,样本公司股权集中度具有一定的差距,第一大股东的持股比例最高为 0.789,最低为 0.278,平均持股比例为 0.245。董事会规模也具有显著的差异,董事会最大规模为 19 人,最少为 1 人,平均规模为 8.902。独立董事比率也呈现一定的差异性,最高为 0.500,最低为 0.220,均值为 0.325,符合我国《公司法》的规定。公司规模也是大小不一,最大值为 25.726,最小值为 19.567,均值为 21.912。公司成立时间具有显著不同,所选样本内成立最久的长达 37.900 年,最年轻的公司成立时间为 2.500 年,整体平均发展时间为 18.900 年。公司的发展能力具有较大的不同,净资产收益率最大值为 0.340,最小值为 −0.333,均值为 0.076,公司间差距较大。在公司的经营能力方面,销售利润率最大值为 0.547,最小值为 −0.363,均值为 0.090,说明样本公司之间的经营能力具有显著的不同。样本公司的资产负债率也呈现显著差异性,最大值为 10.082,最小值为 −0.195,均值为 0.444,说明公司的偿债能力存在较大差异。公司的流动性比率最大值为 19.136,最小值为 −0.724,均值为 1.451,差异较大。在公司的自由现金流方面,最大值为 0.122,最小值为 0,均值为 0.003,说明各个公司自由现金流具有明显不同的持有量。

表 5-7　全样本连续变量描述性统计结果

变量	观测值/个	均值	标准差	最小值	最大值
top1	20162	0.245	0.214	0.278	0.789
roe	20162	0.076	0.090	−0.333	0.340
size	20162	21.912	1.242	19.567	25.726
xslrl	20162	0.090	0.121	−0.363	0.547
time	20162	19.003	5.403	2.500	37.900
lev	20162	0.444	0.231	−0.195	10.082
bod	20162	8.902	1.807	1.000	19.000
ibd	20162	0.325	0.644	0.220	0.500
ldxbl	20162	1.451	2.977	−0.724	19.136
cash	20162	0.003	0.017	0.000	0.122

第二节　融资约束对并购可能性影响的实证检验

一、全样本下融资约束对并购可能性影响的实证检验结果

表5-8列示了在宏观经济周期背景下融资约束对并购可能性影响的回归估计结果。在控制相关变量的情况下,宏观经济周期的回归系数为0.278,并且在5%的水平上显著,说明当经济发展繁荣时,公司成功实施并购的可能性会提高27.8%,我国的并购浪潮可能存在顺周期变化的特征;融资约束对并购可能性影响的回归系数为-0.267,并且在1%的水平上显著,结果显示公司面临的融资约束状况对公司并购的可能性具有负向的影响,即融资约束提高1个百分点,公司实施并购的可能性会降低26.7%,说明公司面临的融资约束程度越高,公司成功实施并购的可能性越低。本书假设1得到验证,即在宏观经济周期背景下,企业融资约束状况对并购可能性具有负向影响。

在控制变量方面,第一大股东持股比例(top1)对并购可能性的回归系数为-0.006,在1%的水平上显著,股权集中度越高,第一大股东越有可能凭借其股权干预公司的并购决策,公司实施并购存在控制权发生转移的可能性,那么第一大股东的权益会受到影响,所以第一大股东对实施并购可能性的影响为负向影响。公司规模(size)对并购可能性的回归系数为0.117,在1%水平上显著,说明公司规模越大,公司成功实施并购的可能性越高;公司发展能力(roe)对并购可能性的回归系数为0.759,在1%的水平上显著,说明公司发展能力越强,公司越倾向于进行外部并购推动公司的发展;公司成立时间(time)与并购可能性的回归系数为-0.011,在1%的水平上显著,说明成立时间较短的公司,即年轻的公司急需通过并购获得外部资源和市场,更有可能实施并购;流动性比率(ldxbl)的回归系数为0.014,在5%的水平上显著,说明公司流动性越高,现金流越充足,公司实施并购的可能性越大。

表5-8　融资约束对公司并购可能性影响的回归估计结果

	β	Std. Err.	z	$p > |z|$	[95% Conf. Interval]	
常数项	-2.833	0.403	-7.03	0.000	-3.624	-2.043
FC	-0.267	0.041	-6.540	0.000	-0.348	-0.187

续　表

	β	Std. Err.	z	$p>|z|$	[95% Conf. Interval]	
cycle	0.278	0.127	2.200	0.028	0.030	0.526
top1	−0.006	0.001	−7.160	0.000	−0.008	−0.012
lev	−0.113	0.104	−1.080	0.281	−0.317	0.092
bod	0.007	0.014	0.480	0.633	−0.020	0.034
ibd	−0.012	0.038	−0.320	0.749	−0.088	0.063
lzhy	0.023	0.037	0.640	0.525	−0.049	0.096
own	−0.392	0.037	−10.680	0.000	−0.464	−0.464
roe	0.759	0.242	3.130	0.002	0.284	1.234
size	0.117	0.017	6.860	0.000	0.084	0.151
xslrl	0.242	0.198	1.220	0.222	−0.146	0.630
time	−0.011	0.003	−3.230	0.001	−0.017	−0.004
ldxbl	0.014	0.007	2.060	0.040	0.001	0.027
cash	−0.485	1.461	−0.330	0.740	−3.347	2.378
Industry	控制	控制	控制	控制	控制	控制
year	控制	控制	控制	控制	控制	控制
N	20162					
$p>\chi^2$	0.000					
Pseudo R^2	0.0295					

二、不同宏观经济周期融资约束对并购可能性影响的实证检验结果

为了验证在不同经济周期环境下融资约束对并购可能性的影响,本书将宏观经济周期划分为繁荣期和衰退期,分别检验融资约束对公司成功实施并购可能性的影响。表5-9列示了宏观经济衰退期和繁荣期背景下融资约束对并购可能性影响的回归估计结果。在两种不同经济周期态势下,融资约束对公司实施并购的可能性均具有显著的负向影响。

表 5-9 宏观经济周期不同阶段融资约束对并购可能性影响的回归估计结果

	经济衰退期（cycle=0）				[95% Conf. Interval]		经济繁荣期（cycle=1）				[95% Conf. Interval]	
	β	Std. Err.	z	p>|z|			β	Std. Err.	z	p>|z|		
常数项	-3.314	0.888	-3.730	0.000	-5.054	-1.573	-1.661361	0.458	-3.63	0.000	-2.558	-0.765
FC	-0.338	0.089	-3.790	0.000	-0.513	-0.163	-0.263	0.047	-5.640	0.000	-0.354	-0.172
top1	-0.006	0.002	-2.840	0.005	-0.012	-0.002	-0.007	0.001	-7.660	0.000	-0.015	-0.005
roe	1.380	0.502	2.750	0.006	0.397	2.363	0.545	0.279	1.950	0.051	-0.002	1.091
size	0.129	0.039	3.280	0.001	0.052	0.207	0.076	0.020	3.880	0.000	0.037	0.114
xslrl	0.555	0.427	1.300	0.193	-0.282	1.392	0.314	0.225	1.390	0.164	-0.128	0.756
lzhy	-0.055	0.079	-0.690	0.490	-0.210	0.100	0.105	0.041	2.540	0.011	0.024	0.186
time	-0.010	0.007	-1.380	0.167	-0.024	0.004	-0.018	0.004	-4.930	0.000	-0.026	-0.011
lev	0.074	0.244	0.310	0.760	-0.404	0.553	-0.257	0.130	-1.980	0.048	-0.511	-0.002
bod	0.033	0.029	1.140	0.254	-0.024	0.089	-0.007	0.016	-0.420	0.676	-0.038	0.024
ibd	-0.089	0.077	-1.160	0.247	-0.241	0.062	-0.006	0.044	-0.150	0.885	-0.094	0.081
ldxbl	0.048	0.012	3.900	0.000	0.024	0.072	0.004	0.008	0.430	0.668	-0.013	0.020
cash	-0.223	0.275	-0.810	0.419	-0.762	0.317	-0.293	1.463	-0.200	0.841	-3.160	2.574
industry	控制	控制	控制	控制	控制	控制	控制	控制	控制	控制	控制	控制
year	控制	控制	控制	控制	控制	控制	控制	控制	控制	控制	控制	控制
N	4892						15270					
p>χ^2	0.000						0.000					
Pseudo R^2	0.0341						0.0274					

在宏观经济的衰退期,融资约束对公司实施并购可能性的影响系数为－0.338,并且在1％的水平上显著,即在经济发展形势较差的情况下,融资约束提高1个百分点,企业实施并购的可能性就会下降33.8％;在宏观经济的繁荣期,融资约束对公司实施并购可能性的影响系数为－0.263,同样在1％的水平上显著,即公司融资约束程度提高1个百分点,实施并购的可能性将下降26.3％。以上回归结果表明,在宏观经济的不同时期,融资约束对公司实施并购可能性的影响具有显著的差异,在宏观经济衰退期融资约束对并购可能性的影响更强,即在宏观经济衰退期,公司的融资约束程度提高,成功实施并购的可能性减少;相比较而言,在宏观经济的繁荣期,公司的融资约束程度降低,成功实施并购的可能性增加。故本书假设1得到进一步验证。

在控制变量方面,在经济衰退期,第一大股东持股比例、公司规模、公司发展能力和流动性比例方面仍存在显著的相关性。在经济繁荣期,两职合一对并购可能性影响的回归系数为0.105,并且在5％的水平上显著。在繁荣期,董事长与总经理两职合一程度与并购可能性之间具有显著的正相关关系,说明在经济形势较好的情况下,董事长与总经理两职合一,对经济形势预测较好,更倾向于实施并购;资产负债率与并购可能性影响的回归系数为－0.257,在5％的水平上显著,说明公司财务杠杆越高,承担的风险越大,公司进行并购的可能性越低。其他控制变量未发生变化。

三、不同市场化程度下融资约束对并购可能性影响的实证检验结果

表5-10列示了市场化程度对并购可能性影响的回归估计结果。从表中可以看到,在考察全部样本时,市场化程度对公司实施并购可能性影响的回归系数为0.085,并且在1％的水平上显著,说明市场化程度提高1个百分点,公司成功实施并购的可能性就增加8.5％。加入市场化程度因素以后,融资约束对并购可能性的影响仍然具有显著的负向影响,回归系数为－0.272,表明融资约束程度越高,实施并购的可能性越小。对比不同经济周期下加入市场化程度因素以后融资约束对并购可能性的影响情况,可以发现在经济衰退期,融资约束对并购可能性的影响大于在经济繁荣期融资约束对并购可能性的影响。具体来说,在宏观经济衰退期,市场化程度的回归系数为0.022,但是并不显著,加入市场化程度因素影响后,融资约束对并购可能性的回归系数为－0.338,在1％的水平上显著,即融资约束提高1个百分

表 5-10　市场化程度对并购可能性影响的回归估计结果

	全样本			衰退期			繁荣期		
	β	z	$p>\|z\|$	β	z	$p>\|z\|$	β	z	$p>\|z\|$
常数	−2.206	−5.54	0.000	−3.303	−3.72	0.000	−1.644	−3.59	0.000
FC	−0.272	−6.66	0.000	−0.338	−3.79	0.000	−0.261	−5.6	0.000
mc	0.085	2.71	0.007	0.022	0.33	0.738	0.105	2.91	0.004
top1	−0.007	−8.64	0.000	−0.006	−2.83	0.005	−0.007	−7.64	0.000
roe	0.844	3.49	0.000	1.378	2.75	0.006	0.526	1.89	0.059
size	0.088	5.23	0.000	0.128	3.25	0.001	0.073	3.74	0.000
xslrl	0.292	1.48	0.14	0.559	1.31	0.191	0.323	1.43	0.152
lzhy	0.069	1.9	0.058	−0.055	−0.7	0.486	0.102	2.47	0.013
time	−0.016	−4.91	0.000	−0.01	−1.38	0.168	−0.018	−4.84	0.000
lev	−0.149	−1.38	0.167	0.08	0.33	0.743	−0.226	−1.75	0.08
bod	0.001	0.07	0.943	0.033	1.14	0.254	−0.007	−0.45	0.65
ibd	−0.02	−0.53	0.596	−0.089	−1.16	0.248	−0.005	−0.11	0.912
ldxbl	0.016	2.33	0.02	0.048	3.9	0.000	0.003	0.42	0.678
cash	−0.491	−0.34	0.736	−0.224	−0.81	0.416	−0.237	−0.16	0.871
industry	控制	控制	控制	控制	控制	控制	控制	控制	控制
year	控制	控制	控制	控制	控制	控制	控制	控制	控制
N	20162			4892			15270		
$p>\chi^2$	0.000			0.000			0.000		
Pseudo R^2	0.025			0.034			0.0278		

点,实施并购的可能性将会下降 33.8%;在宏观经济繁荣期,市场化程度对并购可能性影响的回归系数为 0.105,并且在 1% 的水平上显著,此时融资约束对并购可能性的回归系数为 −0.261,在 1% 水平上显著,即融资约束每提高 1 个百分点,公司实施并购的可能性将会下降 26.1%。相比较而言,市场化程度在经济繁荣期对企业实施并购的可能性影响较大,市场化程度越高,企业的融资约束程度越低,市场竞争程度越大,企业积极并购扩张,在宏观

经济衰退期,资本市场摩擦增强,公司盈利能力下降,代理成本提高,导致公司内外部融资成本差异显著,公司的融资约束程度提高,降低了并购投资的可能性,这符合金融加速器理论,与 Almeida(2004),刘春红(2013)的研究结论相一致。

表 5-11 衰退期不同市场化条件下融资约束对并购可能性影响的回归估计结果

	高市场化程度组			低市场化程度组		
	β	z	$p>\|z\|$	β	z	$p>\|z\|$
常数	-4.266	-3.69	0.000	-2.038	-1.36	0.175
FC	-0.296	-2.48	0.013	-0.380	-2.71	0.007
top1	-0.009	-3.12	0.002	-0.002	-0.62	0.534
roe	1.517	2.33	0.02	1.408	1.72	0.085
size	0.155	2.94	0.003	0.096	1.52	0.127
xslrl	0.042	0.07	0.943	1.108	1.69	0.092
lzhy	-0.06	-0.56	0.575	-0.926	-0.76	0.448
time	0.001	-0.03	0.978	-0.018	-1.59	0.111
lev	0.108	0.34	0.733	-0.087	-0.21	0.831
bod	0.001	0.02	0.986	0.084	1.8	0.072
ibd	0.067	0.67	0.501	-0.362	-2.81	0.005
ldxbl	0.033	1.89	0.059	0.056	3	0.003
cash	-0.122	-0.42	0.677	-0.54	-0.93	0.355
industry	控制	控制	控制	控制	控制	控制
year	控制	控制	控制	控制	控制	控制
N	2807			2085		
$p>\chi^2$	0			0		
Pseudo R^2	0.042			0.049		

本书对比分析了相同经济周期不同市场化条件下,融资约束对并购可能性的影响。表 5-11 列示了衰退期不同市场化条件下融资约束对并购可能性影响的回归估计结果。在宏观经济的衰退期,市场化程度较高时,融资约

束对并购可能性影响的回归系数为－0.296,在5%的水平上显著;市场化程度较低时,融资约束对并购可能性影响的回归系数为－0.380,并且在1%的水平上显著。这表明,在宏观经济衰退期,消费者对市场预期低迷,信心不足,整体市场发展缓慢,融资约束对并购可能性的影响受到市场化程度的影响,当市场化程度较低时,信息不对称程度较高,公司外部融资成本增加,融资约束程度提高,公司进入行业的壁垒提高,能够成功实施并购的可能性降低;当市场化程度较高时,公司外部融资成本下降,融资约束程度降低,公司盈利能力提高,并购可能性也显著提高。本书假设2得到验证。

表5-12列示了繁荣期不同市场化条件下融资约束对并购可能性影响的回归估计结果。在宏观经济繁荣期,市场化程度较高时,融资约束对并购可能性的回归系数为－0.252,在1%的水平上显著;当市场化程度较低时,融资约束对并购可能性的回归系数为－0.299,同样在1%的水平上显著。说明在宏观经济发展较好的时期,市场化程度同样对融资约束与并购可能性之间的关系产生调节作用,在这一时期,尽管整体经济形势好转,但是较低的市场化程度依然具有信息不对称、金融市场摩擦较大的特征,公司的外部融资成本较高,融资约束提高,公司实施并购的可能性降低。本书假设2再次得到验证。

表5-12　繁荣期不同市场化条件下融资约束对并购可能性影响的回归估计结果

	高市场化程度组			低市场化程度组		
	β	z	$p>|z|$	β	z	$p>|z|$
常数	－1.507	－2.49	0.013	－1.79	－2.31	0.021
FC	－0.252	－3.94	0.000	－0.299	－4.31	0.000
top1	－0.008	－6.28	0.000	－0.006	－4.27	0.000
roe	0.894	2.4	0.016	0.029	0.07	0.947
size	0.068	2.57	0.01	0.101	3.39	0.001
xslrl	－0.146	－0.48	0.635	0.82	2.4	0.016
lzhy	0.126	2.15	0.031	0.078	1.31	0.192
time	－0.017	－3.25	0.001	－0.019	－3.53	0.000
lev	－0.18	－1.18	0.236	－0.504	－2.37	0.018
bod	－0.023	－1.05	0.294	0.014	0.6	0.546

续　表

	高市场化程度组			低市场化程度组		
	β	z	$p>|z|$	β	z	$p>|z|$
ibd	0.02	0.34	0.733	−0.048	−0.7	0.483
ldxbl	−0.002	−0.19	0.846	0.004	0.32	0.752
cash	−0.191	−0.1	0.922	−0.782	−0.35	0.727
industry	控制	控制	控制	控制	控制	控制
year	控制	控制	控制	控制	控制	控制
N	8296			6974		
$p>\chi^2$	0			0		
Pseudo R^2	0.029			0.036		

　　在控制变量方面,第一大股东持股比例(top1)在以上模型检验中均具有显著的负向影响,说明公司的股权集中度对成功实施并购具有较大的影响;公司的发展能力(roe)在模型中保持正向的显著影响,公司是否具有长远的发展潜力依然会影响公司成功并购的可能性,但是在宏观经济的繁荣期,整体经济形势好转,公司在实施并购的时候,发展能力的影响减弱;公司规模(size)对公司成功实施并购的可能性具有显著的正向影响,无论在宏观经济的哪个时期,公司规模越大,越有可能成功实施并购,这与众多学者的研究结论相一致;关于公司的盈利能力(xslrl),仅在低市场化程度的模型中具有显著的正向影响,说明在市场化程度不高的区域,公司的盈利能力即内源融资能力对并购成功的可能性具有正相关性;在公司治理方面,两职合一(lzhy)这一因素在宏观经济繁荣期全样本和高市场化程度模型中对成功并购的可能性具有显著的正向影响,在宏观经济较好的情境下,市场竞争程度较高,两职合一能够显著提高经营决策效率,更有利于抓住机会实施并购;公司的成立时间(time)在全样本和宏观经济繁荣期对并购可能性产生负向的影响,说明公司成立时间越短,发展劲头越足,发展壮大的欲望更加强烈,公司更有可能成功实施并购,在经济的繁荣期,初创期的公司更能顺应经济形势进行并购;公司的偿债能力(lev)在经济繁荣期和繁荣期的低市场化程度模型中,对并购可能性产生显著的负向影响,在这一宏观背景下,市场活跃,公司财务杠杆越高,承担的风险越大,公司成功实施并购的可能性越低;

董事会规模(bod)和独立董事比例(ibd)仅在经济衰退期低市场化程度模型中显著,并且具有负向影响,说明董事会规模越大,独立董事成员越多,管理层的并购决策受到的把控就越严重,公司实施并购的可能性就越低;公司的流动性比率(ldxbl)在整体上对公司成功实施并购的可能性具有显著的正向影响,在经济衰退期影响最为显著。

四、不同股权性质下融资约束对并购可能性影响的实证检验结果

表 5-13 列示了在不同股权性质下融资约束对并购可能性影响的回归估计结果。以全部观测值为样本时,股权性质对公司成功并购的可能性的回归系数为-0.395,在 1% 的水平上显著,说明当公司的实际控制人是国有企业时,公司实施并购的可能性降低 39.5%,在考虑样本公司的股权性质以后,融资约束依然对公司实施并购的可能性具有显著的影响,其回归系数为-0.268,并且在 1% 的水平上显著,说明在样本考察期内,非国有企业没有国有企业的各种政策限制,具有较强的自主性,更有可能实施并购;对比不同宏观经济发展时期加入公司股权性质的影响以后,融资约束对并购可能性的影响依然显著,但是强度有一定的差异,在衰退期,融资约束对并购可能性影响的回归系数为-0.344,股权性质对并购可能性影响的回归系数为-0.339,均在 1% 的水平上显著,在繁荣期,融资约束对并购可能性影响的回归系数则为-0.254,股权性质对并购可能性影响的回归系数为-0.413,说明在经济繁荣期,非国有控股性质的企业积极参与市场竞争寻求外部扩张机会,并且受到政府约束较少,往往更容易获得并购的成功。

表 5-14 列示了宏观经济衰退期不同股权性质下融资约束对并购可能性影响的回归估计结果。在宏观经济的衰退期,当实际控制人为国有企业时,融资约束对并购可能性影响的回归系数为-0.443,在 1% 的水平上显著,即对于国有控股企业来说,企业的融资约束提高 1 个百分点,企业实施并购的可能性就降低 44.3%;而当实际控制人为非国有企业时,融资约束对并购可能性影响的回归系数为-0.290,在 1% 的水平上显著,即对于非国有控股企业来说,融资约束程度提高 1 个百分点,企业实施并购的可能性将降低 29%,这说明与非国有企业相比,国有企业融资约束程度对企业并购可能性的影响更大。本书假设 3 得到验证。

表 5-13　股权性质对并购可能性影响的回归估计结果

	全样本			衰退期			繁荣期		
	β	z	$p>\lvert z\rvert$	β	z	$p>\lvert z\rvert$	β	z	$p>\lvert z\rvert$
常数	−2.571	−6.37	0.000	−3.908	−4.36	0.000	−2.129	−4.61	0.000
FC	−0.268	−6.56	0.000	−0.344	−3.86	0.000	−0.254	−5.44	0.000
own	−0.395	−10.75	0.000	−0.339	−4.56	0.000	−0.413	−9.7	0.000
top1	−0.006	−7.18	0.000	−0.005	−2.58	0.01	−0.006	−6.18	0.000
roe	0.772	3.19	0.001	1.271	2.53	0.011	0.456	1.63	0.103
size	0.119	7.00	0.000	0.16	4.00	0.000	0.105	5.3	0.000
xslrl	0.235	1.18	0.236	0.503	1.18	0.239	0.269	1.19	0.233
lzhy	0.025	0.68	0.498	−0.094	−1.18	0.24	0.057	1.37	0.172
time	−0.011	−3.29	0.001	−0.005	−0.65	0.513	−0.013	−3.4	0.001
lev	−0.131	−1.24	0.215	0.103	0.42	0.672	−0.205	−1.62	0.104
bod	0.007	0.48	0.634	0.036	1.27	0.205	−0.001	−0.04	0.969
ibd	−0.013	−0.34	0.737	−0.084	−1.08	0.278	0.003	0.06	0.953
ldxbl	0.014	2.07	0.038	0.045	3.68	0.000	0.003	0.32	0.749
cash	−0.528	−0.36	0.717	−0.184	−0.69	0.489	−0.288	−0.20	0.844
industry	控制	控制	控制	控制	控制	控制	控制	控制	控制
year	控制	控制	控制	控制	控制	控制	控制	控制	控制
N	20162			4892			15270		
$p>\chi^2$	0			0			0		
Pseudo R^2	0.0293			0.0375			0.0322		

表 5-14　衰退期不同股权性质下融资约束对并购可能性影响的回归估计结果

	国企控股			非国企控股		
	β	z	$p>\lvert z\rvert$	β	z	$p>\lvert z\rvert$
常数	−2.746	−2.15	0.032	−6.028	−4.16	0.000
FC	−0.443	−3.12	0.002	−0.29	−2.43	0.015
top1	−0.002	−0.80	0.422	−0.01	−2.86	0.004

	国企控股			非国企控股		
	β	z	$p>|z|$	β	z	$p>|z|$
roe	1.186	1.70	0.088	1.379	1.81	0.070
size	0.079	1.43	0.154	0.267	4.11	0.000
xslrl	0.693	1.07	0.286	0.273	0.46	0.648
lzhy	−0.088	−0.62	0.535	−0.096	−0.96	0.338
time	−0.003	−0.23	0.821	−0.004	−0.44	0.661
lev	0.532	1.45	0.146	−0.065	−0.17	0.864
bod	0.027	0.69	0.491	0.049	1.13	0.260
ibd	0.004	0.04	0.971	−0.206	−1.68	0.094
ldxbl	0.106	3.22	0.001	0.036	2.47	0.014
cash	−0.945	−1.61	0.107	0.0.517	1.41	0.159
industry	控制	控制	控制	控制	控制	控制
year	控制	控制	控制	控制	控制	控制
N	2458			2434		
$p>\chi^2$	0			0		
Pseudo R^2	0.0478			0.0424		

表 5-15　繁荣期不同股权性质下融资约束对并购可能性影响的回归估计结果

	繁荣期国企			繁荣期非国企		
	β	z	$p>|z|$	β	z	$p>|z|$
常数	−3.044	−4.65	0.000	−1.947	−2.82	0.005
FC	−0.305	−3.85	0.000	−0.23	−3.86	0.000
top1	−0.006	−3.98	0.000	−0.005	−3.68	0.000
roe	0.264	0.65	0.515	0.756	1.91	0.057
size	0.113	4.00	0.000	0.105	3.62	0.000
xslrl	0.273	0.76	0.448	0.175	0.58	0.56
lzhy	0.007	0.08	0.935	0.056	1.13	0.259

	繁荣期国企			繁荣期非国企		
	β	z	$p>\|z\|$	β	z	$p>\|z\|$
time	−0.003	−0.49	0.621	−0.017	−3.61	0.000
lev	0.085	0.39	0.694	−0.331	−1.88	0.06
bod	−0.019	−0.79	0.432	0.016	0.76	0.446
ibd	0.072	1.13	0.258	−0.067	−1.03	0.304
ldxbl	0.035	1.84	0.067	−0.007	−0.69	0.49
cash	−0.335	−0.18	0.855	−0.095	−0.04	0.97
industry	控制	控制	控制	控制	控制	控制
year	控制	控制	控制	控制	控制	控制
N	6749			8521		
$p>\chi^2$	0			0		
Pseudo R^2	0.0303			0.0297		

表 5-15 列示了宏观经济繁荣期不同股权性质下融资约束对并购可能性影响的回归估计结果。在经济繁荣期，同样对比两种产权性质情况下融资约束对并购可能性的影响，当实际控制人为国有企业时，融资约束对并购可能性影响的回归系数为−0.305，此时企业的融资约束程度提高1个百分点，企业实施并购的可能性将降低30.5%；当实际控制人是非国有企业时，融资约束对并购成功可能性影响的回归系数为−0.230，并且都在1%的水平上显著，即企业的融资约束程度提高1个百分点，企业实施并购的可能性将降低23%。说明在宏观经济繁荣期，国有企业的融资约束对并购可能性的影响依然显著强于非国有企业。本书假设3再次得到验证。

在控制变量方面，第一大股东持股比例（top1）对公司成功实施并购的可能性依然具有显著的负向影响，说明股权结构对公司的并购发展战略具有重要影响；公司的发展能力（roe）、公司的规模（size）在各模型中也具有显著性的影响，仅在以繁荣期的公司为样本时显著性不明显，公司的并购可能性依然要考虑企业的发展潜力和实际发展规模；公司成立时间（time）依然对公司成功实施并购具有显著的负向影响；其他控制变量在该组回归检验中并无显著影响。

第三节　稳健性检验

为了检验融资约束对并购可能性影响结论的可靠性,本书选取以下方法进行稳健性检验。

一、替换主要变量,验证可能存在的变量测度误差

变量测度误差的存在可能会直接影响研究结论的科学性,本书构建样本公司的融资约束指数进行相关分析,为验证结论的准确性,借鉴了Hadlock和Pierce(2010)构建的SA指数进行主要变量的替换。原因在于SA指数仅由外生的公司规模和公司上市时间两个指标构成,不含有其他内生变量,相对于KZ指数和WW指数可以在一定程度上控制测度偏误的影响,并且计算也相对简便。国内外学者对该指数做了验证,认为通过该方法得到的融资约束评价是比较稳健的,并且我国许多学者也将其用于我国企业融资约束的判断,例如鞠晓生等(2013),王义中和宋敏(2014),姜付秀等(2016),吴秋生等(2017)。具体来说:

$$SA = -0.737 \times size + 0.043 \times size^2 - 0.04 \times age \qquad (5.1)$$

其中,size为公司的规模,age为样本公司的上市年限。根据该模型计算出来的数值为负数,其绝对值越大,表示样本公司的融资约束程度越高。本书将根据SA指数的大小对样本公司的融资约束情况进行升序排列,按照三分位数进行分组,取排在前33%的样本公司为高融资约束组,其余样本公司为低融资约束组。

二、变更样本匹配方法——核匹配

采用核匹配的方法对样本变量进行重新配对,其优势在于能够保证全部处理组的公司都能够匹配到相应的控制组样本公司。该方法首先对控制组的所有样本公司进行加权,然后再与处理组的公司进行匹配,即处理组中的公司 i 相匹配的控制组企业是根据倾向得分构造的虚体公司,并不是真实的样本公司。

据上述方法,本书对样本公司重新进行融资约束情况判定,依据核匹配的方法重新进行样本匹配,得到20722个观测值,样本匹配结果详见表5-16,

仅在核匹配方法中,样本配对以后,处理组与控制组大部分变量无系统显著差异,除了董事会规模(size)和清偿比例两个变量,其他变量的 p 值均大于0.1,说明满足了匹配样本的要求。根据核匹配,最终获得20608个样本观测数值,其中处理组6865个观测值,控制组13743个观测值,共涉及2007—2017年2901个样本公司。

表5-17列示了在全样本和宏观经济周期不同阶段融资约束对并购可能性影响的回归估计结果。可以看到,在全样本中,融资约束对并购可能性影响的回归系数为−0.095,在1%的水平上显著。在宏观经济衰退阶段,融资约束的估计系数为−0.037;在繁荣期,其估计系数为−0.109,均在5%的水平上显著。说明在宏观经济周期下,融资约束对并购可能性具有显著的负向影响,与表5-8和表5-9的实证检验结果一致。

表5-18列示了衰退期不同市场化程度下融资约束对并购可能性影响的回归估计结果。可以看到,在衰退期样本组中,融资约束对并购可能性影响的估计系数为−0.073,在5%的水平上显著。在低市场化程度样本组,融资约束对并购可能性影响的回归估计系数为−0.011,在1%的水平上显著;在高市场化样本组中,回归估计系数为−0.130,但是并不显著。这说明在宏观经济衰退期,低市场化程度地区融资约束对并购可能性的影响更大,与表5-11的实证检验结果一致。

表5-19列示了繁荣期不同市场化程度下融资约束与并购可能性关系影响的回归估计结果。可以看到在繁荣期样本组中,融资约束对并购可能性影响的回归估计系数为−0.204,在1%的水平上显著。在低市场化程度样本组,融资约束对并购可能性影响的估计系数为−0.334,在1%的水平上显著;在高市场化样本组中,估计系数为−0.107,在5%的水平上显著。这说明在宏观经济繁荣期,低市场化程度地区融资约束对并购可能性的影响更大,与表5-13的实证检验结果一致。

表5-20列示了衰退期不同股权性质下融资约束与并购可能性关系影响的回归估计结果。可以看到,在衰退期样本组中,融资约束对并购可能性影响的回归估计系数为−0.036,但是并不显著。在国有控股企业样本组中,融资约束对并购可能性影响的估计系数为−0.070;在非国有控股企业样本组中,估计系数为−0.019,均在10%的水平上显著。这说明在宏观经济衰退期,国有控股企业的融资约束对并购可能性的影响较大,与表5-14的实证检验结果一致。

表 5-21 列示了繁荣期不同股权性质下融资约束与并购可能性关系影响的回归估计结果。可以看到,在繁荣期样本组中,融资约束对并购可能性影响的估计系数为 -0.112,在 1% 的水平上显著。在国有控股企业样本组,融资约束对并购可能性影响的估计系数为 -0.058,在 1% 的水平上显著;在非国有控股样本组中,回归估计系数为 -0.200,但是并不显著。这说明在宏观经济繁荣期,国有企业融资约束对并购可能性的影响更大,与表 5-15 的实证检验结果一致。

第四节　本章小结

本章在第三章和第四章的基础上,运用描述性统计分析、倾向得分匹配法和 Logit 回归分析法,对假设 1、2、3 进行了实证检验,三个假设均得到实证检验支持,即在宏观经济周期下,融资约束对企业并购可能性具有显著的负向影响,并且在不同市场化程度和股权性质下,融资约束对并购可能性的影响具有差异性。通过变更关键变量和倾向匹配方法对本章的实证检验结果进行了稳健性检验,与原检验结论一致,证明本章的研究结论具有稳健性。

表 5-16　样本倾向匹配平衡检验结果比较

变量	匹配情况	1:1 不放回匹配					1:1 放回匹配					1:4 匹配				
		%reduct %bias	bias	t	p>t	V(T)/V(C)	%reduct %bias	bias	t	p>t	V(T)/V(C)	%reduct %bias	bias	t	p>t	V(T)/V(C)
mc	不匹配	-8.7		-5.9	0.000		-8.7		-5.9	0.000		-8.7		-5.9	0.000	
	匹配	-18.4	-110.3	-4.7	0.000		5.1	41.8	3	0.003	1.03	3.5	59.4	2.09	0.036	1.03
bod	不匹配	13.5		9.18	0.000	1.03	13.5		9.18	0.000		13.5		9.18	0.000	
	匹配	30.6	-126.2	7.85	0.000	1.37*	-7.4	45.1	-4.1	0.000	0.82*	-6.8	49.5	-3.82	0.000	0.86*
ibd	不匹配	12.1		8.32	0.000	1.19*	12.1		8.32	0.000	1.19*	12.1		8.32	0.000	1.19*
	匹配	25.9	-113.6	6.45	0.000	1.67*	-8.1	33.1	-4.42	0.000	0.89*	-6.5	46.4	-3.57	0.000	0.92*
top1	不匹配	34.9		23.5	0.000	0.95*	34.9		23.5	0.000	0.95*	34.9		23.5	0.000	0.95*
	匹配	50.9	-45.9	13.27	0.000	1.18*	-5.5	84.1	-3.08	0.002	0.77*	-3.5	90	-1.94	0.053	0.78*
lev	不匹配	54.5		37.02	0.000	1.05*	54.5		37.02	0.000	1.05*	54.5		37.02	0.000	1.05*
	匹配	76.7	-40.8	19.73	0.000	1.79*	-1.2	97.8	-0.66	0.510	0.83*	-1.4	97.5	-0.75	0.453	0.83*
size	不匹配	49.1		32.89	0.000	0.89*	49.1		32.89	0.000	0.89*	49.1		32.89	0.000	0.89*
	匹配	72.3	-47.3	19.48	0.000	2.09*	-6.5	86.8	-3.46	0.001	0.64*	-7.2	85.4	-3.8	0.000	0.64*
roa	不匹配	-23.8		-16.11	0.000	1	-23.8		-16.11	0.000	1	-23.8		-16.11	0.000	1
	匹配	-38.5	-61.9	-9.84	0.000	1.01	-0.2	99.1	-0.13	0.897	1.06*	0.3	98.7	0.18	0.858	1.06*
own	不匹配	73.1		49.31	0.000	0.97	73.1		49.31	0.000	0.97	73.1		49.31	0.000	0.97
	匹配	136.4	-86.7	36.5	0.000	5.61*	-4.2	94.2	-2.53	0.011	1.04	-4.1	94.4	-2.42	0.015	1.03
qcbl	不匹配	-48.2		-30.01	0.000	0.29*	-48.2		-30.01	0.000	0.29*	-48.2		-30.01	0.000	0.29*
	匹配	-56.6	-17.3	-19.51	0.000	0.31*	2.9	93.9	2.73	0.006	1.33*	2.5	94.8	2.31	0.021	1.25*
freecash	不匹配	0.6		0.39	0.698	1.03	0.6		0.39	0.698	1.03	0.6		0.39	0.698	1.03
	匹配	4.1	-610.5	1.04	0.300	1.22*	0.2	69.9	0.1	0.920	1.04	-2	-246.8	-1.13	0.258	0.93*
Pseudo R^2		0.1755					0.1755					0.1755				
$p>\chi^2$		0.000					0.000					0.000				
ATT	Difference	-0.013					-0.016					-0.018				
	t-stat	-2.26					-1.46					-2.05				

续表

变量	匹配情况	1:1 不放回匹配 %reduct	bias	t	p>t	V(T)/V(C)	1:1 放回匹配 %reduct	bias	t	p>t	V(T)/V(C)	1:4 匹配 %reduct	bias	t	p>t	V(T)/V(C)
mc	不匹配	-8.7		-5.9	0.000		-8.7		-5.9	0.000		-8.7		-5.9	0.000	
	匹配	3.7	57.1	2.21	0.027		3.3	62.7	1.92	0.055		3.2	62.8	1.12	0.256	
bod	不匹配	13.5		9.18	0.000	1.03	13.5		9.18	0.000	1.03	13.5		9.18	0.000	1.03
	匹配	-6.6	51	-3.69	0.000	0.86*	-5.2	61.3	-2.92	0.003	0.87*	-4.8	64.7	-2.08	0.039	0.87*
ibd	不匹配	12.1		8.32	0.000	1.19*	12.1		8.32	0.000	1.19*	12.1		8.32	0.000	1.19*
	匹配	-6.3	48.1	-3.45	0.001	0.92*	-5.3	56.4	-2.9	0.004	0.92*	-4.7	61.6	-1.57	0.317	0.93*
op1	不匹配	34.9		23.5	0.000	0.95*	34.9		23.5	0.000	0.95*	34.9		23.5	0.000	0.95*
	匹配	-2.8	92.1	-1.53	0.125	0.78*	-3	91.4	-1.66	0.096	0.78*	-3.1	91.1	-1.02	0.982	0.78
lev	不匹配	54.5		37.02	0.000	1.05*	54.5		37.02	0.000	1.05*	54.5		37.02	0.000	1.05*
	匹配	-0.9	98.4	-0.6	0.547	1.06*	-1	98.2	-0.69	0.493	1.07*	-1.2	97.9	-0.61	0.542	0.69*
size	不匹配	49.1		32.89	0.000	0.89*	49.1		32.89	0.000	0.89*	49.1		32.89	0.000	0.89*
	匹配	-6.3	87.1	-3.37	0.001	0.64*	-6.3	87.1	-3.35	0.001	0.64*	-6.2	87.4	-1.29	0.301	0.63*
roa	不匹配	-23.8		-16.11	0.000	1	-23.8		-16.11	0.000	1	-23.8		-16.11	0.000	1
	匹配	0.1	99.5	0.07	0.942	1.07*	0.5	98	0.29	0.775	1.09*	0.3	98.7	0.18	0.857	1.08*
own	不匹配	73.1		49.31	0.000	0.97	73.1		49.31	0.000	0.97	73.1		49.31	0.000	0.97
	匹配	-4.1	94.4	-2.43	0.015	1.03	-3.7	94.9	-2.2	0.028	1.03	-2.4	96.8	-1.4	0.161	1.02
qcb1	不匹配	-48.2		-30.01	0.000	0.29*	-48.2		-30.01	0.000	0.29*	-48.2		-30.01	0.000	0.29*
	匹配	2.5	94.7	2.32	0.020	1.25*	2.7	94.4	2.47	0.014	1.26*	2.1	95.7	1.92	0.055	1.23*
freecash	不匹配	0.6		0.39	0.698	1.03	0.6		0.39	0.698	1.03	0.6		0.39	0.698	1.03
	匹配	-2.1	-273.5	-1.21	0.225	0.93*	-1.6	-172.9	-0.89	0.372	0.96	-1.2	-106.4	-0.68	0.496	0.97
Pseudo R²		0.1755					0.1755					0.1755				
p>χ²		0.000					0.000					0.000				
ATT Difference		-0.019					-0.020					-0.019				
ATT t-stat		-2.13					-2.35					-2.27				

133

表 5-17　不同经济周期下融资约束对并购可能性影响的回归估计结果

	全样本				[95%Conf. Interval]		衰退期				[95%Conf. Interval]	
	β	Std. Err.	z	p>|z|			β	Std. Err.	z	p>|z|		
常数	−3.327	0.379	−8.770	0.000	−4.071	−2.584	−4.106	0.861	−4.770	0.000	−5.794	−2.419
FC	−0.095	0.037	−2.610	0.009	−0.167	−0.024	−0.037	0.074	−0.500	0.617	−0.182	0.108
cycle	0.363	0.122	2.970	0.003	0.123	0.602						
top1	−0.006	0.001	−7.370	0.000	−0.008	−0.005	−0.005	0.002	−2.660	0.008	−0.009	−0.001
lev	0.008	0.094	0.090	0.931	−0.176	0.192	0.334	0.228	1.460	0.143	−0.113	0.781
bod	0.006	0.014	0.440	0.661	−0.021	0.033	0.032	0.028	1.140	0.255	−0.023	0.088
ibd	−0.014	0.038	−0.360	0.717	−0.089	0.061	−0.080	0.077	−1.050	0.294	−0.231	0.070
lzhy	0.029	0.036	0.800	0.423	−0.042	0.100	−0.077	0.078	−0.980	0.326	−0.230	0.076
own	−0.382	0.037	−10.330	0.000	−0.454	−0.309	−0.331	0.074	−4.500	0.000	−0.475	−0.187
roe	0.981	0.238	4.120	0.000	0.514	1.448	1.644	0.493	3.340	0.001	0.679	2.610
size	0.147	0.016	8.960	0.000	0.115	0.180	0.171	0.040	4.320	0.000	0.093	0.249
xslrl	0.181	0.194	0.930	0.351	−0.200	0.562	0.481	0.419	1.150	0.251	−0.340	1.302
time	0.000	0.000	−1.430	0.152	−0.001	0.000	0.000	0.001	−0.580	0.560	−0.002	0.001
ldxbl	0.005	0.006	0.790	0.431	−0.007	0.018	0.035	0.012	2.970	0.003	0.012	0.057
cash	−0.728	1.447	−0.500	0.615	−3.564	2.108	−0.260	0.238	−1.090	0.275	−0.727	0.207
industry	控制	控制	控制	控制	控制	控制	控制	控制	控制	控制	控制	控制
year	控制	控制	控制	控制	控制	控制	控制	控制	控制	控制	控制	控制
N	20608						5007					
p>χ²	0.000						0.000					
Pseudo R²	0.0277						0.0353					

续　表

	β	Std. Err.	z	$p > \|z\|$	[95%Conf. Interval]		
常数	-2.530	0.437	-5.790	0.000	-3.388	-3.388	
FC	-0.109	0.043	-2.560	0.011	-0.193	-0.025	
cycle							
top1	-0.006	0.001	-6.330	0.000	-0.008	-0.004	
lev	-0.060	0.111	-0.540	0.589	-0.277	0.158	
bod	-0.001	0.016	-0.070	0.944	-0.032	0.030	
ibd	0.003	0.044	0.060	0.953	-0.084	0.090	
lzhy	0.056	0.041	1.370	0.171	-0.024	0.137	
own	-0.394	0.043	-9.130	0.000	-0.478	-0.309	
roe	0.643	0.275	2.340	0.019	0.104	1.182	
size	0.133	0.019	7.050	0.000	0.096	0.170	
xslrl	0.223	0.222	1.000	0.315	-0.212	0.657	
time	0.000	0.000	-1.330	0.183	-0.001	0.000	
ldxbl	-0.006	0.008	-0.800	0.423	-0.022	0.009	
cash	-0.466	1.455	-0.320	0.749	-3.318	2.386	
industry	控制	控制	控制	控制	控制	控制	
year	控制	控制	控制	控制	控制	控制	
N			15601				
$p > \chi^2$			0.000				
Pseudo R^2			0.0306				

（繁荣期）

135

表 5-18　衰退期不同市场化程度下融资约束对并购可能性影响的回归估计结果

	全样本				[95%Conf. Interval]		低市场化程度组				[95%Conf. Interval]	
	β	Std. Err.	z	p>|z|			β	Std. Err.	z	p>|z|		
常数	-3.966	0.862	-4.600	0.000	-5.655	-2.277	-3.299	1.456	-2.270	0.023	-6.152	-6.152
FC	-0.073	0.073	-2.018	0.045	-0.217	0.070	-0.011	0.116	-2.790	0.001	-0.217	0.238
mc	0.015	0.064	0.240	0.810	-0.110	0.141						
top1	-0.006	0.002	-3.000	0.003	-0.010	-0.002	-0.003	0.003	-1.010	0.315	-0.010	0.003
lev	0.300	0.229	1.310	0.189	-0.148	0.748	0.179	0.385	0.460	0.642	-0.575	0.933
bod	0.029	0.028	1.000	0.315	-0.027	0.084	0.077	0.046	1.660	0.097	-0.014	0.167
ibd	-0.086	0.076	-1.130	0.260	-0.236	0.064	-0.342	0.127	-2.690	0.007	-0.591	-0.092
lzhy	-0.039	0.078	-0.500	0.619	-0.191	0.113	-0.080	0.120	-0.670	0.503	-0.315	0.154
roe	1.750	0.493	3.550	0.000	0.784	2.715	1.749	0.804	2.170	0.030	0.173	3.325
size	0.144	0.039	3.670	0.000	0.067	0.220	0.129	0.062	2.060	0.039	0.007	0.251
xslrl	0.521	0.419	1.240	0.213	-0.300	1.342	1.112	0.647	1.720	0.086	-0.157	2.381
time	-0.001	0.001	-0.990	0.322	-0.002	0.001	-0.001	0.001	-1.160	0.246	-0.004	0.001
ldxbl	0.038	0.012	3.260	0.001	0.015	0.061	0.046	0.018	2.610	0.009	0.012	0.081
freecash	-0.292	0.245	-1.190	0.234	-0.773	0.189	-0.314	0.527	-0.600	0.551	-0.135	0.719
industry	控制	控制	控制	控制	控制	控制	控制	控制	控制	控制	控制	控制
year	控制	控制	控制	控制	控制	控制	控制	控制	控制	控制	控制	控制
N	5007.000						2137					
$p>\chi^2$	0.000						0.000					
Pseudo R^2	0.0321						0.0459					

续　表

高市场化程度组

	β	Std. Err.	z	$p>|z|$	[95%Conf.	Interval]
常数	-4.482	1.130	-3.970	0.000	-6.696	-2.267
FC	-0.130	0.098	-2.340	0.181	-0.322	0.061
mc						
topl	-0.008	0.003	-3.090	0.002	-0.014	-0.003
lev	0.334	0.301	1.110	0.267	-0.256	0.924
bod	-0.002	0.037	-0.040	0.964	-0.074	0.071
ibd	0.056	0.099	0.570	0.571	-0.138	0.249
lzhy	-0.032	0.105	-0.300	0.763	-0.238	0.175
roe	1.914	0.640	2.990	0.003	0.660	3.169
size	0.159	0.053	3.020	0.003	0.056	0.262
xslrl	-0.036	0.569	-0.060	0.950	-1.151	1.079
time	0.000	0.001	-0.110	0.911	-0.002	0.002
ldxbl	0.024	0.017	1.430	0.153	-0.009	0.056
cash	-0.272	0.288	-0.950	0.345	-0.837	0.292
industry	控制	控制	控制	控制	控制	控制
year	控制	控制	控制	控制	控制	控制
N			2870			
$p>\chi^2$			0.000			
Pseudo R^2			0.0402			

表 5-19 繁荣期不同市场化程度下融资约束对并购可能性影响的回归估计结果

	全样本						低市场化程度组					
	β	Std. Err.	z	$p>\|z\|$	[95%Conf.	Interval]	β	Std. Err.	z	$p>\|z\|$	[95%Conf.	Interval]
常数	-2.583	0.436	-5.920	0.000	-3.438	-1.727	-2.857	0.751	-3.800	0.000	-4.329	-1.384
FC	-0.204	0.041	-4.940	0.000	-0.285	-0.123	-0.334	0.065	-5.150	0.000	-0.461	-0.207
mc	0.115	0.036	3.220	0.001	0.045	0.184						
top1	-0.007	0.001	-7.670	0.000	-0.009	-0.005	-0.006	0.001	-4.070	0.000	-0.008	-0.003
lev	-0.081	0.114	-0.710	0.478	-0.304	0.142	-0.253	0.203	-1.250	0.213	-0.652	0.145
bod	-0.008	0.016	-0.480	0.630	-0.038	0.023	0.016	0.024	0.670	0.505	-0.031	0.062
ibd	-0.006	0.044	-0.130	0.896	-0.092	0.081	-0.059	0.069	-0.860	0.391	-0.193	0.076
lzhy	0.098	0.041	2.390	0.017	0.018	0.178	0.064	0.059	1.090	0.275	-0.051	0.180
roe	0.721	0.274	2.630	0.009	0.183	1.258	0.169	0.428	0.390	0.694	-0.671	1.008
size	0.109	0.019	5.820	0.000	0.072	0.146	0.140	0.029	4.830	0.000	0.083	0.197
xslrl	0.272	0.222	1.230	0.220	-0.163	0.706	0.846	0.336	2.520	0.012	0.187	1.504
cltime	0.000	0.000	-1.630	0.104	-0.001	0.000	0.000	0.000	-0.360	0.716	-0.001	0.001
ldxbl	-0.006	0.008	-0.710	0.479	-0.021	0.010	-0.005	0.011	-0.410	0.684	-0.026	0.017
cash	-0.460	1.451	-0.320	0.751	-3.303	2.383	-1.215	2.232	-0.540	0.586	-5.591	3.160
industry	控制	控制	控制	控制	控制	控制	控制	控制	控制	控制	控制	控制
year	控制	控制	控制	控制	控制	控制	控制	控制	控制	控制	控制	控制
N	15601						7128					
$p>\chi^2$	0.000						0.000					
Pseudo R^2	0.0264						0.0361					

续　表

	β	Std. Err.	低市场化程度组 z	$p>|z|$	[95%Conf.	Interval]
常数	−2.289	0.575	−3.98	0	−3.417	−1.162
FC	−0.107	0.056	−1.93	0.054	−0.216	0.002
mc						
top1	−0.009	0.001	−6.37	0.000	−0.011	−0.006
lev	−0.101	0.136	−0.74	0.457	−0.368	0.166
bod	−0.023	0.021	−1.07	0.286	−0.065	0.019
ibd	0.023	0.059	0.39	0.694	−0.092	0.136
lzhy	0.125	0.058	2.17	0.03	0.012	0.239
roe	1.142	0.366	3.12	0.002	0.424	1.860
size	0.100	0.025	3.95	0.000	0.051	0.150
xslrl	−0.262	0.304	−0.86	0.389	−0.857	0.334
cltime	−0.001	0.000	−2.22	0.026	−0.002	−0.000
ldxbl	−0.013	0.012	−1.13	0.259	−0.037	0.010
cash	−0.575	1.935	−0.3	0.766	−4.367	3.217
industry	控制	控制	控制	控制	控制	控制
year	控制	控制	控制	控制	控制	控制
N			8473			
$p>\chi^2$			0.000			
Pseudo R^2			0.0271			

表5-20 衰退期不同股权性质下融资约束对并购可能性影响的回归估计结果

	全样本					国有企业				
	β	Std. Err.	z	p>|z|	[95% Conf. Interval]	β	Std. Err.	z	p>|z|	[95% Conf. Interval]
常数	-4.114	0.860	-4.780	0.000	-5.800	-2.427398	-3.140	1.226	-2.560	0.010	-5.544	-0.737
FC	-0.036	0.074	-0.490	0.626	-0.181	0.109	-0.070	0.099	-1.70	0.076	-0.264	0.125
own	-0.331	0.074	-4.500	0.000	-0.475	-0.187						
top1	-0.005	0.002	-2.670	0.008	-0.009	-0.001	-0.002	0.003	-0.760	0.449	-0.008	0.004
lev	0.330	0.228	1.450	0.147	-0.116	0.776	0.847	0.349	2.430	0.015	0.163	1.531
bod	0.032	0.028	1.140	0.255	-0.023	0.088	0.031	0.039	0.790	0.430	-0.046	0.108
ibd	-0.080	0.077	-1.050	0.294	-0.231	0.070	0.001	0.102	0.010	0.991	-0.199	0.202
lzhy	-0.076	0.078	-0.980	0.328	-0.230	0.077	-0.053	0.140	-0.380	0.701	-0.327	0.220
roe	1.646	0.493	3.340	0.001	0.680	2.611	1.650	0.681	2.430	0.015	0.317	2.984
size	0.172	0.040	4.340	0.000	0.094	0.249	0.079	0.055	1.440	0.151	-0.029	0.186
xslrl	0.478	0.419	1.140	0.253	-0.342	1.299	0.691	0.638	1.080	0.279	-0.559	1.941
time	0.000	0.001	-0.580	0.564	-0.002	0.001	0.000	0.001	-0.350	0.726	-0.003	0.002
ldxbl	0.035	0.012	2.980	0.003	0.012	0.057	0.087	0.030	2.850	0.004	0.027	0.146
cash	-0.259	0.238	-1.090	0.278	-0.726	0.208	-0.110	0.566	-1.950	0.052	-0.221	0.742
industry	控制	控制	控制	控制	控制	控制	控制	控制	控制	控制	控制	控制
year	控制	控制	控制	控制	控制	控制	控制	控制	控制	控制	控制	控制
N	5007						2491					
p>χ²	0.000						0.000					
Pseudo R²	0.0353						0.045					

续　表

	非国有企业				[95% Conf. Interval]	
	β	Std. Err.	z	$p>\lvert z\rvert$		
常数	-6.803	1.417	-4.800	0.000	-9.581	-4.026
FC	-0.019	0.119	-1.91	0.057	-0.252	0.214
own						
topl	-0.010	0.003	-3.130	0.002	-0.017	-0.004
lev	0.118	0.362	0.330	0.745	-0.592	0.828
bod	0.036	0.043	0.840	0.399	-0.048	0.120
ibd	-0.204	0.121	-1.680	0.093	-0.441	0.034
lzhy	-0.092	0.098	-0.940	0.349	-0.284	0.100
roe	1.756	0.746	2.360	0.019	0.295	3.217
size	0.296	0.064	4.610	0.000	0.170	0.422
xslrl	0.250	0.584	0.430	0.669	-0.895	1.395
time	0.000	0.001	-0.350	0.726	-0.002	0.001
ldxbl	0.028	0.014	2.000	0.046	0.001	0.056
cash	0.553	0.352	1.570	0.116	-0.136	0.124
industry	控制	控制	控制	控制	控制	控制
year	控制	控制	控制	控制	控制	控制
N	2516					
$p>\chi^2$	0.000					
Pseudo R^2	0.0403					

表 5-21　繁荣期不同股权性质下融资约束对并购可能性影响的回归估计结果

	全样本				[95%Conf. Interval]		国有企业				[95%Conf. Interval]	
	β	Std. Err.	z	p>|z|			β	Std. Err.	z	p>|z|		
常数	-2.558	0.437	-5.850	0.000	-3.415	-1.700	-3.473	0.628	-5.530	0.000	-4.704	-2.242
FC	-0.112	0.043	-2.630	0.009	-0.196	-0.028	-0.058	-0.060	-2.96	0.003	-0.173	0.053
own	-0.399	0.043	-9.260	0.000	-0.483	-0.314						
topl	-0.006	0.001	-6.330	0.000	-0.008	-0.004	0.002	-0.006	-4.140	0.000	-0.010	-0.003
lev	-0.082	0.112	-0.730	0.465	-0.302	0.138	0.207	0.229	1.110	0.268	-0.176	0.635
bod	0.000	0.016	-0.030	0.979	-0.031	0.030	0.024	-0.023	-0.960	0.336	-0.070	0.024
ibd	0.001	0.044	0.030	0.977	-0.086	0.088	0.064	0.078	1.220	0.222	-0.047	0.202
lzhy	0.058	0.041	1.420	0.156	-0.022	0.139	0.081	-0.005	-0.060	0.951	-0.164	0.155
roe	0.663	0.275	2.410	0.016	0.124	1.202	0.399	0.497	1.250	0.212	-0.284	1.279
size	0.136	0.019	7.200	0.000	0.099	0.173	0.028	0.130	4.670	0.000	0.075	0.184
xslrl	0.215	0.222	0.970	0.333	-0.220	0.649	0.354	0.195	0.550	0.582	-0.499	0.888
time	0.000	0.000	-1.260	0.208	-0.001	0.000	0.001	0.000	-0.580	0.565	-0.001	0.001
ldxbl	-0.006	0.008	-0.770	0.441	-0.022	0.009	0.019	0.022	1.200	0.232	-0.014	0.058
cash	-0.512	1.454	-0.350	0.725	-3.362	2.338	1.822	-0.322	-0.180	0.860	-3.893	3.249
industry	控制	控制	控制	控制	控制	控制	控制	控制	控制	控制	控制	控制
year	控制	控制	控制	控制	控制	控制	控制	控制	控制	控制	控制	控制
N	15601						6825					
p>χ^2	0.000						0.000					
Pseudo R^2	0.0302						0.028					

续 表

	非国有企业				[95%Conf. Interval]	
	β	Std. Err.	z	$p>\|z\|$		
常数	-3.153	0.655	-4.810	0.000	-4.438	-1.869
FC	-0.200	0.068	-1.030	0.301	-0.332	-0.068
own						
topl	-0.005	0.001	-3.780	0.000	-0.007	-0.002
lev	-0.180	0.155	-1.160	0.246	-0.484	0.124
bod	0.018	0.021	0.860	0.392	-0.023	0.060
ibd	-0.064	0.064	-1.000	0.318	-0.191	0.062
lzhy	0.060	0.049	1.230	0.220	-0.036	0.155
roe	0.932	0.390	2.390	0.017	0.168	1.696
size	0.150	0.027	5.460	0.000	0.096	0.203
xslrl	0.146	0.295	0.500	0.620	-0.433	0.726
time	0.000	0.000	-0.590	0.557	-0.001	0.000
ldxbl	-0.013	0.009	-1.410	0.158	-0.031	0.005
cash	-0.726	2.464	-0.290	0.768	-5.556	4.104
industry	控制	控制	控制	控制	控制	
year	控制	控制	控制	控制	控制	
N			8776			
$p>\chi^2$			0.000			
Pseudo R^2			0.0288			

第六章　融资约束对企业并购战略选择影响的实证分析

第一节　并购样本描述性统计分析

一、融资约束对并购战略选择影响的变量描述性统计

表 6-1 列示了融资约束对并购战略选择影响的虚拟变量描述性统计结果。2007—2014 年共发生并购 4165 起,31％的样本公司存在较高的融资约束;在并购规模方面,大部分样本公司的并购规模较小,整体比例在 80.7％左右,这一情况与迟殿洲(2016)的研究相一致。在宏观经济繁荣期,实施大规模并购的公司比例为 19.9％,高于宏观经济衰退期的 18.2％,说明在整体经济形势较好的时候,公司融资约束状况得到改善,公司并购规模扩大。在并购方向上,32.8％的公司选择同一行业并购,67.2％的样本公司选择非同一行业并购,这与魏炜等(2017)的研究相一致。在并购区域方面,样本公司整体上更偏好异地并购,全样本组中,43.5％的公司选择本地并购,56.5％的公司选择异地并购。肖土盛等(2018)的研究也得出了相同的结论:在宏观经济繁荣期,46.9％的公司进行本地并购。在市场化程度方面,发生并购的 4165 个样本公司所在地达到高市场化程度的有 44.3％,在宏观经济繁荣期,市场化程度较高的地区进行并购的比例为 45.0％,高于宏观经济衰退期的 43.1％。发生并购的样本公司大多为非国有控股企业,平均达到 46.6％。在并购支付方式方面,目前我国企业并购的支付方式仍然以现金支付为主,达 93.3％,这与李井林(2014)的研究一致,在宏观经济繁荣期,非现金支付的比例为 7.9％,高于宏观经济衰退期的 4.5％,这一特点与我国资本市场发

表6-1 融资约束对并购战略选择影响的虚拟变量描述性统计结果

变量	变量分类	全样本		繁荣期		衰退期	
		样本数量/个	占样本比/%	样本数量/个	占样本比/%	样本数量/个	占样本比/%
FC	低融资约束	2872	69.0	1789	68.4	1083	69.9
	高融资约束	1293	31.0	826	31.6	467	30.1
msize	小规模	3362	80.7	2094	80.1	1268	81.8
	大规模	803	19.3	521	19.9	282	18.2
ty	非同一行业有并购	2799	67.2	1763	67.4	1036	66.8
	同一行业并购	1366	32.8	852	32.6	514	33.2
area	异地并购	2354	56.5	1389	53.1	965	62.3
	本地并购	1811	43.5	1226	46.9	585	37.7
mc	低市场化	2321	55.7	1439	55.0	882	56.9
	高市场化	1844	44.3	1176	45.0	668	43.1
own	非国有控股	2223	53.4	1393	53.3	830	53.5
	国有控股	1942	46.6	1222	46.7	720	46.5
payway	非现金支付	277	6.7	207	7.9	70	4.5
	现金支付	3888	93.3	2408	92.1	1480	95.5
gljy	非关联交易	2724	65.4	1697	64.9	1027	66.3
	关联交易	1441	34.6	918	35.1	523	33.7
lzhy	两职分离	3230	77.5	2018	77.2	1212	78.2
	两职合一	935	22.4	597	22.8	338	21.8

展程度具有一定的关系。在关联交易方面,企业发生关联交易的并购比例平均为 34.6%,大部分是非关联交易。在公司治理方面,董事长和总经理两职合一的比例为 22.4%,大部分是两职分离的治理模式。

表 6-2 列示了融资约束对并购战略选择影响的其他控制变量的描述性统计结果。公司董事会独立董事(ibd)比例平均值达到 0.36,董事会规模(bod)平均值为 9.12,符合《公司法》规定的董事会结构比例。实施并购战略的公司平均成立时间达到 18.93 年,在宏观经济繁荣期实施并购的公司成立时间(time)最短的仅有 3 年,低于宏观经济衰退期的 7.8 年,说明在整体经济形势较好的情况下,处于成长期的企业更加积极实施并购战略。样本公司的平均规模(size)为 19.57。公司在不同的宏观经济周期的财务杠杆达到 44%,但是最小值为 0.01,说明样本公司资本结构具有一定的差异性。公司第一大股东持股比例(top1)具有显著的差异性,最大值为 78.92,最小值为 0.28。公司的有形资产比例相对较高,平均水平达到 0.95,在宏观经济衰退期,有形资产比例(yxzc)最小值为 0.32,低于宏观经济繁荣期的 1.0,说明在宏观经济衰退期企业的可抵押资产减少,融资约束程度较高。公司的净资产收益率(roe)最小值为 −0.33,在经济繁荣期公司的净资产为 0.11,高于衰退期的 0.08。

二、融资约束和并购交易的年度变化

表 6-3 列示了样本公司在 2007—2014 年融资约束和并购交易的情况,具体变化趋势见图 6-1,可以看到,企业面临的融资约束具有逆周期性,根据前文分析,2007—2008 年、2010—2012 年我国处于宏观经济的衰退期,企业的融资约束指数较高,融资约束情况较严重,2008—2010 年、2012—2014 年我国处于宏观经济的繁荣期,企业的融资约束得到了一定程度的缓解;企业的并购交易具有顺周期性,在宏观经济衰退期,企业的并购交易速度放缓,但是在宏观经济繁荣期,企业的并购交易活跃程度提高。再一次验证了在宏观经济周期背景下,企业的融资约束与并购交易的可能性之间具有负相关的关系。

表 6-2　融资约束对并购战略选择影响的连续变量描述性统计结果

| | 全样本 | | | | | 繁荣期 | | | | | 衰退期 | | | | |
	样本数/个	极小值	极大值	均值	标准差	样本数/个	极小值	极大值	均值	标准差	样本数/个	极小值	极大值	均值	标准差
ibd	4165	0.09	0.71	0.36	0.05	2615	0.09	0.71	0.37	0.05	1550.00	0.18	0.71	0.36	0.05
bod	4165	4.00	19.00	9.12	1.846	2615	4.00	19.00	9.08	1.837	1550.00	5.00	18.00	9.18	1.859
time	4165	3.00	37.90	18.93	5.45	2615	3.00	34.90	18.43	5.63	1550	7.80	37.90	19.778	5.0145
size	4165	19.57	25.73	21.84	1.19	2615	19.57	25.73	21.83	1.18	1550	19.57	25.73	21.86	1.20
lev	4165	0.01	0.96	0.45	0.21	2615	0.01	0.96	0.46	0.21	1550	0.01	0.90	0.44	0.22
top1	4165	0.28	78.92	19.75	19.95	2615	0.28	78.92	20.33	20.14	1550	0.28	78.92	18.77	19.58
yxzc	4165	0.00	1.00	0.95	0.06	2615	1.00	1.00	0.95	0.07	1550	0.32	1.00	0.95	0.06
roe	4165	-0.33	0.34	0.09	0.08	2615	-0.33	0.34	0.08	0.09	1550	-0.33	0.34	0.11	0.08

表 6-3　融资约束和并购交易情况

年份	融资约束	并购数量增长率/%	产出缺口
2007	2.36	14	22.01
2008	−0.19	−77	−11.99
2009	0.57	78	−9.59
2010	−2.70	53	8.32
2011	−0.61	46	3.62
2012	−0.19	−17	−7.66
2013	0.42	20	−2.20
2014	0.71	36	−1.71

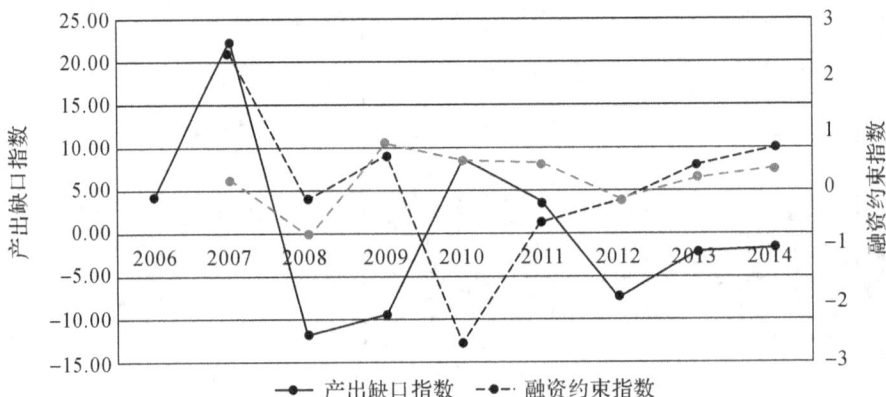

图 6-1　融资约束和并购交易的年度趋势

三、并购样本行业分布

表 6-4 列示了 2007—2014 年我国并购企业的行业分布状况。可以看到,机械设备制造和仪器仪表行业历年都是并购活动最活跃的领域,其次是石油、化学、橡胶塑料业,金属、非金属制造业,以及房地产行业,信息传输、软件和信息技术服务业,文教、工美、体育和娱乐用品制造业,文化、体育和娱乐业。这几个主要行业在 2010 年以后并购交易逐步增多,这主要得益于我国在 2010 年、2014 年先后颁布了关于促进企业兼并重组的意见,国家较

重视对电子信息技术以及文化产业的产业结构调整的引导。

表 6-4　并购企业行业情况统计　　　　　（单位：家）

行业	2007年	2008年	2009年	2010年	2011年	2012年	2013年	2014年	合计
农林牧渔	8	8	7	4	12	11	13	10	73
采矿业	10	17	17	12	13	23	14	21	127
食品饮料	10	16	13	19	19	15	25	21	138
纺织、服装、皮毛	14	17	15	14	14	16	19	21	130
木材加工、家具制造	3	2	2	1	2	4	6	4	24
造纸、印刷	5	10	7	9	5	9	9	3	57
文教、工美、体育和娱乐用品制造业	0	2	0	3	1	3	3	6	18
医药制造业	29	32	26	29	35	44	36	55	286
石油、化学、橡胶塑料	33	36	36	42	50	57	63	48	365
金属、非金属制造业	69	74	79	89	92	98	103	394	343
汽车制造业	13	12	10	7	12	29	15	16	114
机械、设备、仪表	61	84	77	70	111	144	177	192	916
其他制造业	7	8	7	8	7	3	3	3	46
电力、热力、燃气及水生产和供应业	22	19	29	23	25	21	24	28	191
建筑业	11	13	14	16	14	17	16	18	119
批发零售	29	30	28	37	38	40	42	35	279
交通运输、仓储和邮政业	24	15	19	17	18	24	15	20	152
住宿和餐饮业	0	3	2	3	2	1	3	4	18
信息传输、软件和信息技术服务业	18	10	13	24	25	33	42	48	213
房地产	31	31	36	51	39	40	54	48	330
租赁和商务服务业	6	3	5	3	5	6	8	8	44
科学研究和技术服务业	0	0	0	1	1	5	5	6	18
水利、环境和公共设施管理业	4	5	3	3	2	6	7	9	39
居民服务、修理和其他服务业	0	3	1	3	2	0	0	0	9
教育	0	0	0	0	0	0	1	0	1

续　表

行业	2007年	2008年	2009年	2010年	2011年	2012年	2013年	2014年	合计
卫生和社会工作	0	0	0	1	2	2	0	0	5
文化、体育和娱乐业	2	1	1	2	3	4	8	11	32
综合	18	14	10	16	13	2	2	3	78
合计	389	429	414	461	516	605	662	689	4165

第二节　融资约束对并购规模影响的实证检验

一、描述性统计分析

(一)并购规模描述性统计

表 6-5 列示了宏观经济周期下并购规模的描述性统计,本书将并购规模取值为并购交易成本与并购公司前一年总资产的比值,然后按照均值进行分组,大于均值的为大规模并购,小于均值的则为小规模并购,对比全样本组和宏观经济周期繁荣期和衰退期两组,可以看到整体上并购规模平均值为 0.15,大规模并购在并购交易中仅占 19.3%,但是在繁荣期,并购规模的取值为 0.19,大规模的并购的比例为 19.9%,明显高于经济衰退期。

表 6-5　并购规模的描述性统计

变量	分类	全样本		繁荣期		衰退期	
		样本数量/个	占样本比/%	样本数量/个	占样本比/%	样本数量/个	占样本比/%
并购规模	小规模	3362	80.7	2094	80.1	1268	81.8
	大规模	803	19.3	521	19.9	282	18.2
	数值	极小值	极大值	均值	标准差	极小值	极大值	均值	标准差	极小值	极大值	均值	标准差
		0.00	17.14	0.15	0.73	0.00	17.14	0.19	0.85	0.00	8.41	0.10	0.44

(二)分组均值和中位数检验

表 6-6 列示了并购规模在宏观经济周期和融资约束两组之间的差异。

Panel A 运用均值 t 检验和 Wilcoxon 秩和检验对并购规模按宏观经济繁荣期和衰退期样本分别进行了分组差异检验,发现宏观经济繁荣期的并购规模显著大于宏观经济衰退期的并购规模,说明在宏观经济形势较好的背景下,企业更容易进行大规模并购。在 Panel B 中加入融资约束后,可以看到在经济繁荣期的均值和中位数都显著高于经济衰退期的并购规模均值和中位数。

表6-6　并购规模组间比较

Panel A	按宏观经济周期分组			
属性	全样本	繁荣期	衰退期	t/z 统计量
均值	0.154	0.199	0.182	1.368**
中位数	0.026	0.028	0.023	10.199***
观察值	4165	2165	1550	
Panel B	宏观经济周期和融资约束交叉分组			
高融资约束组	全样本	繁荣期	衰退期	t/z 统计量
均值	0.237	0.243	0.246	0.1169*
中位数	0.039	0.043	0.031	8.595***
观察值	1293	826	467	
低融资约束组	全样本	繁荣期	衰退期	t/z 统计量
均值	0.116	0.179	0.154	1.7078**
中位数	0.022	0.023	0.019	7.472***
观察值	2872	1789	1083	

注:*、**、***分别表示变量在10%、5%和1%的水平上显著。

(三)相关性检验

在实证分析模型中,如果变量之间具有较强的多重共线性,会导致回归系数的估计值存在较大的标准误,导致整体估计效果准确性下降。为确定设定模型中是否存在变量之间的多重共线性,本书对变量进行了 Spearman 相关性检验,表 6-7 列示了融资约束和并购规模的相关性检验结果。从检验结果看,企业的融资约束程度与并购规模具有较强的相关性,其相关系数为0.053,并且在1%的水平上显著,初步验证了本书的假设。各个变量之间相关性系数的绝对值大部分小于0.5,说明变量之间不存在多重相关性。

表 6-7 融资约束对并购规模影响的变量相关性系数矩阵

	msize	FC	bod	ibd	lzhy	time	size	lev
msize	1							
FC	0.053***	1						
bod	-0.01	-0.110***	1					
ibd	-0.016	0.025	-0.336***	1				
lzhy	0.000	0.145***	-0.164***	0.101***	1			
time	-0.077***	-0.151***	0.038**	0.001	-0.110***	1		
size	-0.099***	-0.456***	0.280***	0.014	-0.193***	0.194***	1	
lev	-0.055***	-0.623***	0.169***	-0.035**	-0.198***	0.258***	0.504***	1
top1	-0.080***	-0.156***	0.037**	0.02	-0.121***	0.225***	0.319***	0.212***
yxzc	0.011	-0.041***	0.007	-0.017	-0.016	-0.047***	0.01	0.057***
roe	-0.013	-0.502***	0.019	-0.039**	-0.022	0.025	0.141***	-0.014
payway	-0.302***	-0.025	-0.011	0.008	0.030**	-0.026*	0.026*	-0.051***
gljy	0.114***	-0.088***	0.095***	-0.031**	-0.135***	0.091***	0.138***	0.144***
mc	0.019	0.060***	-0.035**	-0.002	0.048***	-0.061***	0.004	-0.134***
own	0.017	-0.192***	0.255***	-0.049***	-0.250***	0.188***	0.348***	0.314***

	top1	yxzc	roe	payway	gljy	mc	own
msize							

续 表

	top1	yxzc	roe	payway	gljy	mc	own
FC							
bod							
ibd							
lzhy							
time							
size							
lev							
top1	1						
yxzc	-0.070***	1					
roe	0.033**	-0.011	1				
payway	-0.018	0.003	0.099***	1			
gljy	0.090***	0.013	-0.050***	-0.223***	1		
mc	-0.018	0.066***	0.021	0.030*	-0.054***	1	
own	0.162***	0.011	-0.018	-0.025	0.177***	-0.074***	1

注:*、**、***分别表示变量在10%、5%和1%的水平上显著。

二、融资约束对并购规模影响的实证检验结果

表 6-8 列示了在不同样本组下融资约束对并购规模影响的回归估计结果。结果显示,在全样本组、繁荣期组和衰退期组,融资约束对企业并购规模选择都具有显著的正向影响。具体来说,企业的融资约束与并购规模的回归系数分别为 0.436、0.370、0.423,分别在 1%、5% 和 10% 的水平上显著,说明企业融资约束程度越高,企业进行大规模并购的可能性就越大,并且这种影响在宏观经济的衰退期的作用更加明显,这与前文分析相一致。在宏观经济繁荣期,企业融资渠道增多,融资成本降低,企业顺应经济形势积极进行扩张;在宏观经济衰退期,资产价格较低,并购成本下降,对于存在融资约束的企业来说,这是为宏观经济恢复进行积累的最好阶段,因而积极进行大规模的并购,验证了假设 4。

将市场化程度引入模型中,考察市场化程度对融资约束与企业并购规模之间关系的调节作用。加入市场化程度和融资约束的交乘项以后,融资约束对并购规模的回归系数有所下降,分别为 0.392、0.355 和 0.32,仅全样本和宏观经济繁荣期样本组中具有 5% 和 10% 的显著性,在宏观经济的衰退期并不显著,市场化程度×融资约束的回归系数分别为 0.093、0.03 和 0.244,但均不显著。说明相比于未考虑市场化程度因素时,融资约束对并购规模选择的影响是下降的,即加入市场化程度因素以后,企业的融资约束程度降低,市场流动性提高,企业融资约束对并购规模的影响降低了,市场化程度能够在一定程度上抑制融资约束对并购规模的影响,只是融资约束对企业选择大规模并购的影响作用更强。相比于宏观经济衰退期,在繁荣期,市场发展形势较好,对于高融资约束的企业来说是一个发展壮大的机会,企业积极进行大规模扩张的欲望更强,市场化程度的调节作用并不明显。

将股权性质引入模型中,考察股权性质对融资约束与企业并购规模之间关系的影响。将股权性质×融资约束交乘项引入模型以后,三个样本组的回归系数明显提高,显著性水平也有所提高,其回归系数分别为 0.576、0.591 和 0.516,显著性水平均在 10% 以上,全样本组和宏观经济繁荣期组样本的交乘项的回归系数为 −0.336 和 −0.512,在 10% 和 5% 的水平上显著,但是在宏观经济衰退期,融资约束对并购可能性影响的回归系数为 −0.23,并不显著。在加入股权性质因素以后,融资约束对并购规模影响程度提高了,但是在宏观经济繁荣期,与非国有企业相比,融资约束程度比较高的国有

表6-8　融资约束对并购规模影响的回归估计结果

	全样本	繁荣期	衰退期	全样本	繁荣期	衰退期
FC	0.436*** (3.13)	0.370** (2.12)	0.423* (1.68)	0.392** (2.37)	0.355* (1.69)	0.32 (1.11)
mc	0.088 (0.93)	0.132 (1.1)	−0.056 (−0.34)	0.055 (0.47)	0.122 (0.83)	−0.148 (−0.71)
mc×FC				0.093 (0.49)	0.03 (0.13)	0.244 (0.73)
own						
own×FC						
bod	−0.008** (−2.29)	−0.019** (−2.55)	0.02** (2.38)	−0.008* (−1.83)	−0.019** (−2.55)	0.019* (1.858)
ibd	−0.943** (−2.01)	−1.285** (−2.10)	0.081* (1.95)	−0.93* (−1.99)	−1.279* (−1.80)	0.109* (2.07)
lzhy	−0.057 (−0.50)	−0.023 (−0.16)	−0.038 (−0.19)	−0.058 (−0.51)	−0.023 (−0.16)	−0.046 (−0.22)
time	0.003 (0.27)	0.002 (0.18)	0.008 (0.45)	0.003 (0.28)	0.002 (0.18)	0.009 (0.49)
size	−0.271*** (−5.03)	−0.068 (−1.02)	−0.740*** (−7.00)	−0.271*** (−5.03)	−0.068 (−1.01)	−0.745*** (−7.02)
lev	−0.248 (−0.71)	−0.543 (−1.20)	−0.161 (−0.26)	−0.247 (−0.70)	−0.543 (−1.20)	−0.148 (−0.23)

续 表

	全样本	繁荣期	衰退期	全样本	繁荣期	衰退期
FC	0.436*** (3.14)	0.375** (2.15)	0.427* (1.7)	0.576*** (3.54)	0.591*** (2.88)	0.516* (1.79)
mc						
mc×FC						
own	0.107 (0.97)	0.079 (0.56)	0.105 (0.54)	0.203 (1.63)	0.224 (1.41)	0.172 (0.77)
own×FC				0.336* (1.67)	0.512** (2.02)	−0.23 (−0.63)
bod	−0.011** (−2.41)	−0.021* (−1.69)	0.016* (1.82)	−0.01** (−2.37)	−0.019** (−2.55)	0.016* (1.73)
ibd	−0.973* (−1.68)	−1.282** (−2.10)	0.07* (1.74)	−0.975* (−1.84)	−1.32** (−2.13)	0.076** (2.15)
lzhy	−0.047 (−0.41)	−0.016 (−0.11)	−0.03 (−0.15)	−0.053 (−0.47)	−0.022 (−0.15)	−0.036 (−0.18)
time	0.000 (0.02)	0.000 (0.01)	0.005 (0.28)	0.002 (0.18)	0.003 (0.22)	0.006 (0.31)
size	−0.273*** (−5.04)	−0.063 (−0.95)	−0.751*** (−7.05)	−0.275*** (−5.07)	−0.063 (−0.93)	−0.754*** (−7.07)
lev	−0.29 (−0.83)	−0.598 (−1.33)	−0.136 (−0.22)	−0.286 (−0.82)	−0.599 (−1.33)	−0.119 (−0.19)

注：*，**，***分别表示变量在10%、5%和1%的水平上显著。

企业进行大规模并购的可能性更大,这一时期国有企业凭借其天然的资源禀赋更倾向于进行大规模的并购,即股权性质起到了调节作用。但是在衰退期,市场低迷,国有企业承担较多的政策任务,并不会肆意进行大规模的并购,所以股权性质的调节作用并不明显。

第三节 融资约束对并购类型选择影响的实证检验

一、描述性统计分析

(一)并购类型的描述性统计

表 6-9 列示了并购类型在不同经济周期和融资约束组中的分布情况。可以看到,在所有分组中,非同一行业并购的数量全部高于同一行业之间的并购,说明面临不同程度融资约束的企业都注重多元化发展,进行纵向的并购以获得协同效应而不是仅追求本行业内垄断地位的获得;同时也可以看到高融资约束企业发生非同一行业间的并购比例更大。

表 6-9 并购类型组间分布情况

组别	非同一行业并购		同业并购	
	数量/个	占比/%	数量/个	占比/个
全样本	2799	67.2	1366	32.8
繁荣期	1763	67.4	852	32.6
衰退期	1036	66.8	514	33.2
高融资约束	920	71.2	373	28.8
低融资约束	1879	65.4	993	34.6
繁荣期高融资约束	594	71.9	232	28.1
繁荣期低融资约束	1169	65.3	620	34.7
衰退期高融资约束	326	69.8	141	30.2
衰退期低融资约束	710	65.6	373	34.4

(二)相关性描述统计

表 6-10 列示了融资约束对并购类型影响的变量的相关性分析结果,从

表 6-10　融资约束对并购方向影响的变量相关性系数矩阵

	ty	FC	bod	ibd	lzhy	time	size	lev
ty	1							
FC	−0.073***	1						
bod	0.021	−0.110***	1					
ibd	0.006	0.025	−0.336***	1				
lzhy	−0.031*	0.145***	−0.164***	0.101***	1			
time	0.029*	−0.151***	0.038**	0.001	−0.110***	1		
size	0.096***	−0.456***	0.280***	0.014	−0.193***	0.194***	1	
lev	0.069***	−0.623***	0.169***	−0.035**	−0.198***	0.258***	0.504***	1
top1	0.030*	−0.156***	0.037**	0.02	−0.121***	0.225***	0.319***	0.212***
yxzc	0.043***	−0.041***	0.007	−0.017	−0.016	−0.047***	0.01	0.057***
roe	0.058***	−0.502***	0.019	−0.039**	−0.022	0.025	0.141***	−0.014
payway	−0.004	−0.025	−0.011	0.008	0.030*	−0.026	0.026*	−0.051***
gljy	−0.028*	−0.088***	0.095***	−0.031**	−0.135***	0.091***	0.138***	0.144***
mc	−0.029*	0.060***	−0.035**	−0.002	0.048***	−0.061***	0.004	−0.134***
own	0.026*	−0.192***	0.255***	−0.049***	−0.250***	0.188***	0.348***	0.314***

续　表

	top1	yxzc	roe	payway	gljy	mc	own
ty							
FC							
bod							
ibd							
lzhy							
time							
size							
lev							
top1	1						
yxzc	-0.070***	1					
roe	0.033**	-0.011	1				
payway	-0.018	0.003	0.099***	1			
gljy	0.090***	0.013	-0.050***	-0.223***	1		
Mc	-0.018	0.066***	0.021	0.030*	-0.054***	1	
own	0.162***	0.011	-0.018	-0.025	0.177***	-0.074***	1

注：*、**、***分别表示变量在10%、5%和1%的水平上显著。

表中可以看到企业的融资约束与并购类型具有较强的相关性,其相关性系数为-0.073,并且在1%的水平上显著,初步验证了本书的假设。模型之间各个变量之间相关性系数的绝对值小于0.5,说明变量之间不存在多重相关性。

二、融资约束对并购类型影响的实证检验结果

表6-11列示了融资约束对并购类型影响的回归估计结果。可以看到在全部样本回归检验时,融资约束对企业的并购类型具有正向的影响,回归估计系数为0.023,但是并不显著。在宏观经济繁荣期,融资约束对并购类型影响的回归估计系数为-0.166,在5%的水平上显著,说明在这一时期,企业融资约束程度提高1个百分点,企业进行非同一行业并购的可能性就提高16.6%,说明在经济发展形势较好的时期,企业融资约束越高,越倾向于进行多元化并购以构建多元化的内部资本市场,降低其经营风险,提高企业实力;在衰退期,其回归系数为-0.099,在10%的水平上显著,说明在整体经济形势不好的情况下,高融资约束企业能够依据相对较低的并购成本进行非同一行业的并购,为经济复苏做准备,融资约束对并购类型选择的影响程度减弱。以上检验结果证明,融资约束对企业并购类型选择具有显著的影响,但是在宏观经济发展的不同时期影响强度存在差异,故假设5得到验证。

将市场化程度和融资约束的交乘项引入模型中,发现仅在宏观经济繁荣期,市场化程度起到了调节作用,在全样本和宏观经济衰退期,融资约束对企业并购类型的影响不显著。具体来说,加入市场化程度以后,在全样本和衰退期样本组中,融资约束的回归系数降低为0.019和-0.091,但均不显著。在宏观经济的繁荣期,回归估计系数为-0.172,在5%的水平上显著,此时市场化程度的独特贡献为0.073,说明考虑市场化程度以后,融资约束对并购类型选择的影响程度提高了。加入市场化程度和融资约束的交乘项以后,全样本组与衰退期样本组,融资约束的回归估计系数变为0.005和0.071,交乘项的回归系数为0.031和-0.373,但不显著。在繁荣期样本组,融资约束对并购类型影响的估计系数为-0.208,在1%的水平上显著,交乘项的回归系数为0.327,在10%的水平上显著,说明在经济形势较好的环境下,市场化程度越高,融资约束较高的企业更倾向于进行非同一行业并购,市场化程度起到了调节作用。

表6-11　融资约束对并购类型影响的回归估计结果

	全样本	繁荣期	衰退期	全样本	繁荣期	衰退期	全样本	繁荣期	衰退期
FC	0.023 (0.2)	-0.166** (-2.28)	-0.099* (-1.75)	0.019 (0.16)	-0.172** (-2.32)	-0.091 (-0.46)	0.005 (0.03)	-0.208** (-2.58)	0.071 (0.31)
mc				-0.11 (-1.43)	-0.258*** (-2.58)	0.076 (0.61)	-0.119 (-1.31)	-0.359*** (-3.14)	0.188 (1.25)
mc×FC							0.031 (0.19)	0.327* (1.87)	-0.373 (-1.38)
own									
own×FC									
bod	2.062** (2.17)	2.083** (2.2)	2.146*** (2.9)	3.137*** (4.02)	0.007** (2.24)	-0.003* (-1.79)	0.008** (2.37)	0.007** (2.23)	-0.003* (-1.98)
ibd	1.620* (1.91)	-0.58** (-2.59)	2.277*** (2.9)	0.35** (2.46)	-0.62** (-2.63)	1.91** (2.57)	0.352** (2.47)	-0.602* (-1.91)	1.883 (1.55)
lzhy	-0.093** (-2.12)	-0.086*** (-2.72)	-0.102** (-2.64)	-0.093 (-0.99)	-0.086* (-1.72)	-0.103*** (-2.65)	-0.093** (-1.99)	-0.087* (-1.73)	-0.088 (-0.55)
time	-0.005* (-1.76)	-0.003** (-2.32)	-0.012* (-1.84)	-0.006*** (-2.72)	-0.005** (-2.51)	-0.012 (-0.83)	-0.006* (-1.72)	-0.005** (-2.49)	-0.013* (-1.89)

续　表

	全样本	繁荣期	衰退期	全样本	繁荣期	衰退期	全样本	繁荣期	衰退期
size	0.102**	0.167***	−0.027	0.107**	0.184***	−0.028**	0.107**	0.185***	−0.02**
	(2.41)	(2.99)	(−0.39)	(2.52)	(3.26)	(−2.41)	(2.51)	(3.28)	(−2.29)
lev	0.529*	0.162**	0.74**	0.483*	0.052**	0.775**	0.483*	0.223**	0.768**
	(1.85)	(2.07)	(2.58)	(1.67)	(2.15)	(2.64)	(1.67)	(2.62)	(2.62)
top1	−0.002	−0.003**	−0.001**	−0.002*	−0.003**	−0.001*	−0.002	−0.003**	−0.001*
	(−1.67)	(−2.14)	(−2.18)	(−1.93)	(−2.09)	(−2.18)	(−1.92)	(−2.02)	(−1.92)
yxzc	−2.017**	0.29**	−1.251*	−0.139**	0.341***	−1.265*	−0.143**	0.298*	−1.211***
	(−2.24)	(2.34)	(−1.72)	(−2.21)	(3.4)	(−1.83)	(−2.21)	(1.78)	(−2.98)
roe	0.937*	0.847**	0.574*	0.940*	0.859**	0.577**	0.933*	1.026*	0.65***
	(1.91)	(2.47)	(1.67)	(1.91)	(2.48)	(2.67)	(1.89)	(1.75)	(2.75)
payway	−0.232	−0.119	−0.488*	−0.229**	−0.115*	−0.491*	−0.229**	−0.11	−0.501*
	(−1.56)	(−0.67)	(−1.70)	(−2.54)	(−1.84)	(−1.71)	(−2.53)	(−0.62)	(−1.74)
gljy	−0.151*	−0.209**	−0.045	−0.153*	−0.211**	−0.043	−0.153*	−0.205*	−0.048
	(−1.83)	(−1.98)	(−0.33)	(−1.86)	(−2.01)	(−0.31)	(−1.85)	(−1.94)	(−0.35)
cons	−4.383***	−5.604***	−0.913	−4.452***	−5.897***	−0.93	−4.440***	−5.983***	−1.18
	(−3.49)	(−3.51)	(−0.43)	(−3.54)	(−3.69)	(−0.43)	(−3.52)	(−3.74)	(−0.55)
industry	控制	控制	控制	控制	控制	控制	控制	控制	控制

续　表

	全样本 控制	繁荣期 控制	衰退期 控制	全样本 控制	繁荣期 控制	衰退期 控制	全样本 控制	繁荣期 控制	衰退期 控制
year	控制	控制	控制	控制	控制	控制	控制	控制	控制
N	4165	2615	1550	4165	2615	1550	4165	2615	1550
Pseudo R^2	0.1194	0.1294	0.1096	0.1198	0.1315	0.1097	0.1198	0.1326	0.1107
Log likelihood	−2258.2437	−1394.1718	−827.95679	−2257.2255	−1389.0811	−827.77322	−2257.2068	−1389.0811	−826.82159
LR	612.19	414.47	203.65	614.22	421.15	204.01	614.26	424.65	205.92
	全样本 控制	繁荣期 控制	衰退期 控制	全样本 控制	繁荣期 控制	衰退期 控制	全样本	繁荣期	衰退期
FC	0.023 (0.2)	0.095 (0.65)	−0.097 (−0.50)	0.139 (1.05)	0.174 (1.03)	0.105* (1.74)			
mc									
mc×FC									
own	0.079 (0.87)	0.177 (1.5)	−0.064 (−0.44)	0.15 (1.51)	0.225* (1.74)	0.07 (0.43)			
own×FC				−0.304* (−1.74)	−0.201 (−0.92)	−0.599** (−1.96)			

续 表

	全样本	繁荣期	衰退期	全样本	繁荣期	衰退期	全样本	繁荣期	衰退期
bod	0.006* (1.81)	0.002** (2.157)	-0.002** (-2.05)	0.007** (2.29)	0.002** (2.07)	-0.003* (-1.73)			
ibd	0.359 (0.47)	-0.627** (-2.64)	1.917** (2..57)	0.36** (2.48)	-0.634* (-1.74)	1.947* (1.69)			
lzhy	-0.085 (-0.90)	-0.078** (-2.66)	-0.108* (-1.68)	-0.092* (-1.98)	-0.082* (-1.68)	-0.129* (-1.81)			
time	-0.007 (-0.84)	-0.007** (-2.68)	-0.01** (-2.71)	-0.006* (-1.73)	-0.007** (-2.61)	-0.009** (-2.62)			
size	0.097** (2.26)	0.165*** (2.94)	-0.022 (-0.32)	0.096** (2.23)	0.166*** (2.95)	-0.034** (-2.48)			
lev	0.524* (1.83)	0.473** (2.26)	0.748 (1.59)	0.536* (1.87)	0.473** (2.26)	0.792* (1.68)			
top1	-0.002 (-1.02)	-0.004** (-2.30)	-0.001** (-2.16)	-0.002** (-1.98)	-0.004* (-1.8)	0.004** (2.09)			
yxzc	-0.208 (-0.31)	0.119** (2.14)	-1.224** (-1.99)	-0.228** (-2.34)	0.088* (1.85)	-1.109* (-1.90)			

续　表

	全样本	繁荣期	衰退期	全样本	繁荣期	衰退期	全样本	繁荣期	衰退期
roe	0.964*	1.254**	0.561	0.896*	1.197*	0.473**			
	(1.96)	(2.02)	(0.65)	(1.81)	(1.91)	(2.55)			
payway	−0.234	−0.121*	−0.490*	−0.234*	−0.119*	−0.514*			
	(−1.57)	(−1.68)	(−1.70)	(−1.77)	(−1.67)	(−1.78)			
gljy	−0.153*	−0.222**	−0.046	−0.148*	−0.219**	−0.031**			
	(−1.86)	(−2.10)	(−0.34)	(−1.79)	(−2.08)	(−2.23)			
cons	−4.243***	−5.679***	−1.07	−4.238***	−5.686***	−1.063			
	(−3.35)	(−3.54)	(−0.49)	(−3.34)	(−3.54)	(−0.49)			
industry	控制	控制	控制	控制	控制	控制			
year	控制	控制	控制	控制	控制	控制			
N	4165	2615	1550	4165	2615	1550			
Pseudo R^2	0.1195	0.1297	0.1096	0.1201	0.13	0.1117			
Log likelihood	−2257.8672	−1393.6704	−827.86124	−2256.3372	−1393.2476	−825.89745			
LR	612.94	415.47	203.84	616	416.32	207.77			

注：*、**、***分别表示变量在10%、5%和1%的水平上显著,括号内数值为z统计量。

将股权性质和融资约束的交乘项引入模型中,在考虑股权性质的情况下,融资约束对并购类型影响的回归估计系数变为0.023、0.095和−0.097,可以发现,相比未考虑该因素时,影响的方向发生了变化,但是这种影响并不显著。在加入交乘项以后,三个样本组的回归系数变为0.139、0.174和0.105,融资约束对并购类型的影响程度均提高了,但是仅在衰退期具有10%水平上的显著性。三个样本组中交乘项的回归系数分别为−0.304、−0.201和−0.599,仅全样本组和衰退期样本组分别具有10%和5%的显著性,说明在宏观经济繁荣期,股权性质并没有发挥调节作用。在衰退期,相比于非国有企业,高融资约束的国有企业进行同一行业并购的可能性更大,这同我国的实际情况是相吻合的,与国有企业承担较多的政策任务和国家产业结构整合具有不可分割的关系。

第四节　融资约束对并购区域选择影响的实证检验

一、描述性统计分析

(一)并购区域变量的描述性统计

表6-12列示了并购区域选择在各组间的分布情况。可以看到,在所有分组中,异地并购所占比例均大于本地并购,说明并购市场上,企业更多地进行市场份额和资源的占领,倾向于进行异地并购;高融资约束组异地并购比例(58.7%)大于低融资约束组的异地并购比例(55.5%),但是在经济繁荣期,高融资约束组的异地并购的比例(51.4%)低于低融资约束组的异地并购比例(56.9%),在经济衰退期,高融资约束企业的异地并购比例(61.9%)也低于低融资约束组的异地并购比例(62.4%)。

表6-12　并购区域分组描述统计

组别	异地并购		本地并购	
	数量/个	占比/%	数量/个	占比/%
全样本	2354	56.5	1811	43.5
繁荣期	1389	53.1	1226	46.9

组别	异地并购		本地并购	
	数量/个	占比/%	数量/个	占比/%
衰退期	965	62.3	585	37.7
高融资约束	759	58.7	534	41.3
低融资约束	1595	55.5	1277	44.5
繁荣期高融资约束	919	51.4	870	48.6
繁荣期低融资约束	470	56.9	356	43.1
衰退期高融资约束	289	61.9	178	38.1
衰退期低融资约束	676	62.4	407	37.6

(二)融资约束与并购区域的相关性分析

表 6-13 列示了融资约束对企业并购区域选择的相关性检验系数矩阵。可以看到,融资约束与并购区域选择具有显著的相关性,其相关性系数为 0.004,并且在 5% 的水平上显著,初步验证了本书的假设。模型之间各个变量之间相关性系数的绝对值小于 0.5,说明变量之间不存在多重相关性。

表6-13 融资约束对并购区域影响的变量相关性系数矩阵

	area	FC	bod	ibd	lzhy	time	size	lev
area	1							
FC	0.004**	1						
bod	0.021	-0.110***	1					
ibd	-0.007	0.025	-0.336***	1				
lzhy	-0.033**	0.145***	-0.164***	0.101***	1			
time	-0.016	-0.151***	0.038**	0.001	-0.110***	1		
size	0.003	-0.456***	0.280***	0.014	-0.193***	0.194***	1	
lev	0.001	-0.623***	0.169***	-0.035**	-0.198***	0.258***	0.504***	1
top1	-0.003	-0.156***	0.037***	0.02	-0.121***	0.225***	0.319***	0.212***
yxzc	0.041***	-0.041***	0.007	-0.017	-0.016	-0.047***	0.01	0.057***
roe	-0.025	-0.502***	0.019	-0.039**	-0.022	0.025	0.141***	-0.014
payway	-0.022	-0.025	-0.011	0.008	0.030**	-0.026*	0.026*	-0.051***
gljy	0.110***	-0.088***	0.095***	-0.031**	-0.135***	0.091***	0.138***	0.144***
mc	0.124***	0.060***	-0.035**	-0.002	0.048***	-0.061***	0.004	-0.134***
own	0.073***	-0.192***	0.255***	-0.049***	-0.250***	0.188***	0.348***	0.314***
	top1	yxzc	roe	payway	gljy	mc	own	area

续 表

	top1	yxzc	roe	payway	gljy	mc	own
FC							
bod							
ibd							
lzhy							
time							
size							
lev							
top1	1						
yxzc	-0.070***	1					
roe	0.033**	-0.011	1				
payway	-0.018	0.003	0.099***	1			
gljy	0.090***	0.013	-0.050***	-0.223***	1		
mc	-0.018	0.066***	0.021	0.030*	-0.054***	1	
own	0.162***	0.011	-0.018	-0.025	0.177***	-0.074***	1

注：*、**、***分别表示变量在10%、5%和1%的水平上显著。

二、融资约束对并购区域选择影响的实证检验结果

表 6-14 列示了融资约束对并购区域选择影响的回归估计结果。在全样本组和宏观经济繁荣期样本组,融资约束对企业并购区域选择具有显著的负向影响;但是在经济衰退期影响并不显著。具体来说,在全样本组和宏观经济繁荣期样本组,融资约束对并购区域选择影响的估计系数为 -0.265 和 -0.326,均在 5% 的水平上显著;但是在衰退期样本组,回归系数为 -0.114,并不显著。在全样本组中企业的融资约束程度提高 1 个百分点,企业进行本地并购的可能性就下降 26.5%,在经济繁荣期,影响程度更大,能够达到 32.6%,但在衰退期的影响就比较小,也就是说企业融资约束程度越高,企业进行本地并购的可能性越小。在宏观经济繁荣期,融资约束对企业进行异地并购的影响更大,说明企业的并购区域选择战略具有一定的择时性,在经济形势较好的情况下更愿意进行并购扩张,本书的假设 6 得到验证。

将市场化程度和融资约束的交乘项纳入实证检验,发现市场化程度在融资约束对并购区域选择影响中起到一定的调节作用,但是在宏观经济衰退期却效果甚微。具体来说,引入市场化程度以后,在全样本组和经济衰退期样本组中,融资约束对并购区域选择影响的回归系数有所下降,变为 -0.250 和 -0.068,说明市场化程度的贡献较低,但是在繁荣期,融资约束的回归系数变为 -0.328,并且在 5% 的水平上显著,说明市场化程度推动高融资约束企业进行异地并购。引入融资约束与市场化程度的交乘项以后,三个样本组中,融资约束对并购区域选择影响的回归系数均变大,分别为 -0.434、-0.495 和 -0.255,并且全样本组和繁荣期组在 1% 的水平上显著,交乘项的回归估计系数为 0.376、0.336 和 0.383,同样前两组在 5% 和 10% 的水平上显著,说明市场化程度发挥了调节作用,市场化程度越高,融资约束对并购区域选择的影响越大,但在衰退期,市场化程度并没有起到调节作用。

将股权性质和融资约束的交乘项纳入回归模型中,可以看到股权性质在全样本组和宏观经济繁荣期样本组中起到了显著的调节作用,但是在衰退期样本组并没有发挥同样的作用。具体来说,考虑股权性质影响后,融资约束对并购区域选择影响的回归系数分别为 -0.261、-0.311 和 -0.113,较未考虑该因素时影响程度有所下降,并且在全样本组和繁荣期具有 5% 水平上的显著性,说明股权性质在一定程度上能够抑制企业进行异地并购;在

表6-14　融资约束对并购区域选择影响的回归估计结果

	全样本	繁荣期	衰退期	全样本	繁荣期	衰退期	全样本	繁荣期	衰退期
FC	-0.265**	-0.326**	-0.114	-0.250**	-0.328**	-0.068	-0.434***	-0.495***	-0.255
	(-2.49)	(-2.47)	(-0.60)	(-2.32)	(-2.45)	(-0.35)	(-3.32)	(-3.03)	(-1.10)
mc				0.677***	0.738***	0.603***	0.564***	0.636***	0.490***
				(9.44)	(8.09)	(4.94)	(6.7)	(5.94)	(3.41)
mc×FC							0.376**	0.336*	0.383
							(2.51)	(1.79)	(1.46)
own									
own×FC									
bod	0.006**	0.021*	-0.047**	0.01**	0.024*	-0.039*	0.009*	0.023*	-0.04*
	(2.27)	(1.79)	(-2.29)	(2.45)	(1.89)	(-1.88)	(1.74)	(1.84)	(-1.84)
ibd	0.331**	-0.012**	0.528**	0.518*	0.097**	0.837*	0.558*	0.134*	0.852*
	(2.48)	(-2.01)	(2.46)	(1.75)	(2.11)	(1.72)	(1.88)	(1.75)	(1.73)
lzhy	-0.101**	-0.084*	-0.121*	-0.108**	-0.085*	-0.138*	-0.112**	-0.085*	-0.15**
	(-2.18)	(-1.79)	(-1.81)	(-2.25)	(-1.79)	(-1.91)	(-2.30)	(-1.79)	(-1.98)

续 表

	全样本	繁荣期	衰退期	全样本	繁荣期	衰退期	全样本	繁荣期	衰退期
time	0.014* (1.86)	0.007 (0.74)	0.026* (1.93)	0.016** (2.15)	0.011 (1.14)	0.026* (1.94)	0.017** (2.18)	0.011 (1.13)	0.027** (2)
size	-0.048** (-2.23)	-0.031 (-0.63)	-0.054 (-0.81)	-0.090** (-2.25)	-0.087* (-1.71)	-0.075 (-1.11)	-0.091** (-2.28)	-0.087* (-1.70)	-0.08 (-1.18)
lev	-0.500* (-1.90)	-0.428** (-2.28)	-0.504** (-2.11)	-0.185* (-1.69)	-0.09** (-2.26)	-0.208** (-2.45)	-0.181 (-0.68)	-0.091** (-2.27)	-0.203** (-2.44)
top1	-0.004* (-1.92)	-0.001 (-0.49)	-0.011** (-2.89)	-0.004** (-2.10)	-0.002 (-0.67)	-0.011*** (-2.95)	-0.004** (-2.04)	-0.002 (-0.61)	-0.011*** (-2.94)
yxzc	1.648*** (2.7)	1.994*** (2.66)	0.534 (0.46)	1.441** (2.34)	1.836** (2.44)	0.149 (0.13)	1.420** (2.31)	1.833** (2.43)	0.097 (0.08)
roe	0.082** (2.18)	-0.139** (-2.25)	0.916* (1.77)	0.088** (2.19)	-0.174** (-2.31)	1.019* (1.8)	0.021** (2.05)	-0.238** (-2.42)	0.952* (1.74)
payway	0.097* (1.71)	0.171 (1.07)	-0.175** (-2.61)	0.086 (0.63)	0.164* (1.82)	-0.198* (-1.69)	0.088** (2.64)	0.165 (1.02)	-0.188** (-2.66)
gljy	0.478*** (6.39)	0.598*** (6.38)	0.309** (2.35)	0.503*** (6.64)	0.622*** (6.54)	0.332** (2.5)	0.508*** (6.7)	0.626*** (6.58)	0.339** (2.55)

续　表

	全样本	繁荣期	衰退期	全样本	繁荣期	衰退期	全样本	繁荣期	衰退期
cons	0.467	0.948	0.558	1.149	1.906	0.935	1.248	1.969	1.159
	(0.43)	(0.64)	(0.28)	(1.05)	(1.28)	(0.47)	(1.13)	(1.32)	(0.58)
industry	控制	控制	控制	控制	控制	控制	控制	控制	控制
year	控制	控制	控制	控制	控制	控制	控制	控制	控制
N	4165	2615	1550	4165	2615	1550	4165	2615	1550
Pseudo R^2	0.0747	0.0668	0.1025	0.0906	0.0855	0.1149	0.0917	0.0863	0.1159
Log likelihood	−2633.3726	−1677.2676	−899.4498	−2587.9934	−1643.6751	−887.11058	−2584.8283	−1642.0656	−886.03518
LR	424.95	239.98	238.54	515.71	307.16	230.22	522.04	310.38	232.37

	全样本	繁荣期	衰退期	全样本	繁荣期	衰退期
FC	−0.261**	−0.311**	−0.113	−0.304**	−0.502***	0.104
	(−2.45)	(−2.35)	(−0.60)	(−2.47)	(−3.26)	(0.49)
mc						
mc×FC						
own	0.286***	0.518***	−0.109	0.261***	0.403***	0.031
	(3.46)	(4.91)	(−0.77)	(2.88)	(3.49)	(0.2)

续 表

	全样本	繁荣期	衰退期	全样本	繁荣期	衰退期	全样本	繁荣期	衰退期
own×FC				0.11 (0.7)	0.484** (2.45)	−0.663** (−2.23)			
bod	−0.002** (−2.11)	0.009** (2.33)	−0.043* (−1.91)	−0.002* (−1.69)	0.008** (2.32)	−0.044* (−1.82)			
ibd	0.276** (2.4)	0.027 (1.73)	0.591* (1.81)	0.279** (2.41)	0.066* (1.95)	0.639** (2.55)			
lzhy	−0.072* (−1.84)	−0.029** (−2.27)	−0.131* (−1.87)	−0.069*** (−2.81)	−0.02** (−2.19)	−0.154** (−2.01)			
time	0.008 (0.98)	−0.005 (−0.48)	0.029** (2.05)	0.007 (0.91)	−0.007 (−0.71)	0.031** (2.2)			
size	−0.068* (−1.72)	−0.069 (−1.36)	−0.047* (−1.69)	−0.068* (−1.71)	−0.071 (−1.40)	−0.058 (−0.85)			
lev	−0.509* (−1.93)	−0.419** (−2.24)	−0.493* (−1.79)	−0.512* (−1.94)	−0.422 (−1.25)	−0.458 (−1.01)			
top1	−0.005** (−2.23)	−0.003 (−1.03)	−0.010*** (−2.83)	−0.005** (−2.24)	−0.003 (−1.09)	−0.010*** (−2.80)			

续　表

	全样本	繁荣期	衰退期	全样本	繁荣期	衰退期	全样本	繁荣期	衰退期
yxzc	1.521** (2.48)	1.755** (2.33)	0.598 (0.51)	1.528** (2.49)	1.818** (2.4)	0.692 (0.59)			
roe	0.187*** (4.41)	0.093** (2.16)	0.886* (1.94)	0.21** (2.45)	0.219** (2.39)	0.778* (1.91)			
payway	0.089* (1.76)	0.144* (1.9)	-0.181* (-1.764)	0.088 (0.64)	0.134* (1.84)	-0.199* (-1.70)			
gljy	0.470*** (6.27)	0.572*** (6.07)	0.306** (2.32)	0.468*** (6.24)	0.563*** (5.97)	0.318** (2.41)			
cons	0.935 (0.85)	1.75 (1.18)	0.3 (0.15)	0.932 (0.85)	1.746 (1.18)	0.271 (0.13)			
industry	控制	控制	控制	控制	控制	控制			
year	控制	控制	控制	控制	控制	控制			
N	4165	2615	1550	4165	2615	1550			
Pseudo R^2	0.0769	0.0735	0.1028	0.0769	0.0752	0.1054			
Log likelihood	-2627.3623	-1665.1004	-899.15041	-2627.1197	-1662.071	-896.60207			
LR	436.97	264.31	206.14	437.45	270.37	211.24			

注：*，**，***分别表示变量在10%、5%和1%的水平上显著；括号内数值为z值统计量。

引入股权性质和融资约束的交乘项以后，发现在三个样本组中，融资约束对并购区域选择影响的估计系数分别为－0.304、－0.502 以及 0.104，前两者具有显著性，衰退期并不显著，交乘项的估计系数分别为 0.11、0.484 和－0.663，其中在繁荣期和衰退期，该系数具有 5％水平上的显著性，说明在这两个阶段，股权性质发挥了调节作用，在繁荣期，股权性质起到了正向的调节作用，高融资约束国有企业在这一时期进行异地并购的可能性更大；在衰退期，高融资约束的国有企业进行本地并购的可能性更大。

第五节 稳健性检验

前文将全部样本公司的融资约束程度按照融资约束程度指数进行了判断分组，按照从小到大排序，取后 33％为高融资约束组，其余部分为低融资约束组。为了验证本书的结论，在本章采用更换样本的办法进行了稳健性检验，依然使用本书确定的融资约束指数对样本公司融资约束状况重新进行得分估计，按照从小到大排序，取前 33％为低融资约束组，后 33％为高融资约束组，进行重新分组，检验融资约束对并购战略选择的影响。

一、融资约束对并购规模选择影响的稳健性检验

表 6-15 列示了融资约束对并购规模选择影响的稳健性检验回归估计结果。可以看到，融资约束与并购规模的影响显著正相关，在宏观经济的衰退期，融资约束对企业进行大规模并购的影响更大，其回归系数为 0.874，并且在 5％的水平上显著；在加入市场化因素以后，融资约束对并购规模选择影响的回归估计系数分别为 0.416、0.184 和 0.873，较之前影响程度减弱，但仍具有显著性。在加入融资约束与市场化程度的交乘项以后，融资约束的回归估计系数分别变为 0.347、0.151、0.754，并且均具有显著性，在宏观经济繁荣期和衰退期，交乘项系数分别为 0.068 和 0.319，并且具有显著性，说明市场化程度发挥了调节作用。加入股权性质因素以后，融资约束对并购规模选择影响的回归估计系数分别为 0.410、0.178、0.869，与未考虑该因素相比，融资约束的影响程度有所提高。加入股权性质和融资约束的交乘项以后，融资约束的回归估计系数进一步提高，变为 0.567、0.481 和 0.919，交乘项的回归估计系数分别为 0.291、0.576、0.093，在繁荣期和衰退期，股权性

表 6-15　融资约束对并购规模影响的稳健性检验回归估计结果

	全样本	繁荣期	衰退期	全样本	繁荣期	衰退期	全样本	繁荣期	衰退期
FC	0.408*	0.176	0.874**	0.416*	0.184**	0.873**	0.347**	0.151**	0.754*
	(1.75)	(0.61)	(1.97)	(1.78)	(2.64)	(1.97)	(2.36)	(2.47)	(1.69)
mc				0.101	0.135	-0.014	0.022	0.1	-0.186
				(0.89)	(0.93)	(-0.07)	(0.14)	(0.49)	(-0.62)
mc×FC							0.153	0.068**	0.319*
							(0.69)	(2.25)	(1.78)
own									
own×FC									
bod	0.023	0.016**	0.031**	0.022	0.015**	0.031	0.022*	0.015**	0.033**
	(1.69)	(2.39)	(2.49)	(0.67)	(2.36)	(0.49)	(1.67)	(2.36)	(2.51)
ibd	0.177	-0.46	1.944*	0.176*	-0.479	1.936*	0.221	-0.454	2.008*
	(0.16)	(-0.33)	(1.95)	(1.86)	(-0.34)	(1.94)	(0.2)	(-0.33)	(1.98)
lzhy	0.066*	0.049**	0.192	0.064	0.05*	0.193	0.062	0.049	0.188*
	(1.75)	(2.31)	(0.8)	(0.49)	(1.83)	(1.81)	(0.47)	(0.3)	(1.78)

续 表

	全样本	繁荣期	衰退期	全样本	繁荣期	衰退期	全样本	繁荣期	衰退期
time	-0.011	-0.016	-0.001*	-0.011	-0.015	-0.012	-0.01	-0.015	0.002
	(-0.87)	(-1.01)	(-0.01)	(-0.87)	(-0.97)	(-0.01)	(-0.83)	(-0.97)	(0.09)
size	-0.287***	-0.075	-0.821***	-0.294***	-0.086	-0.820***	-0.294***	-0.085	-0.828***
	(-4.34)	(-0.92)	(-5.95)	(-4.42)	(-1.05)	(-5.93)	(-4.42)	(-1.04)	(-5.94)
lev	-0.273	-0.822	0.495	-0.215	-0.745	0.488	-0.217	-0.751	0.543
	(-0.57)	(-1.34)	(-0.57)	(-0.45)	(-1.21)	(-0.56)	(-0.45)	(-1.21)	(0.61)
top1	-0.004	-0.008*	0.004	-0.004	-0.008*	0.004	-0.004	-0.008*	0.004
	(-1.03)	(-1.78)	(-0.59)	(-1.04)	(-1.8)	(-0.59)	(-1.02)	(-1.78)	(0.58)
yxzc	-1.776*	-2.530**	-0.349	-1.809**	-2.557**	-0.34	-1.830**	-2.564**	-0.38
	(-1.95)	(-2.23)	(-0.2)	(-1.98)	(-2.25)	(-0.19)	(-2)	(-2.26)	(-0.22)
roe	2.078***	0.985	5.586***	2.077***	0.98	5.585***	2.049***	0.969	5.503***
	(-2.76)	(1.05)	(-3.76)	(2.76)	(-1.05)	(-3.76)	(-2.72)	(-1.04)	(-3.69)
pay	-2.388***	-1.937***	-4.962***	-2.389***	-1.935***	-4.960***	-2.389***	-1.937***	-4.933***
	(-12.34)	(-8.77)	(-8.25)	(-12.42)	(-8.76)	(-8.24)	(-12.42)	(-8.76)	(-8.22)
gljy	0.374***	0.438***	0.213	0.377***	0.438***	0.212	0.378***	0.439***	0.211
	(-3.04)	(-2.85)	(-0.91)	(-3.06)	(-2.85)	(-0.9)	(-3.07)	(-2.86)	(-0.89)

续　表

	全样本	繁荣期	衰退期	全样本	繁荣期	衰退期	全样本	繁荣期	衰退期
cons	8.941***	5.970***	19.403***	9.092***	6.191***	19.389***	9.136***	6.197***	19.504***
	(4.83)	(2.68)	(5.35)	(4.89)	(2.77)	(5.34)	(4.91)	(2.77)	(5.37)
industry	控制	控制	控制	控制	控制	控制	控制	控制	控制
year	控制	控制	控制	控制	控制	控制	控制	控制	控制
N	2819	1757	1018	2819	1757	1018	2819	1757	1018
LR chi²	499.52	317.35	270.59	500.31	318.21	270.6	500.79	318.27	271.2
Loglikelihood	−1170.8	−744.39	−367.67	−1170.41	−743.96	−367.67	−1170.16	−743.93	−367.37
Pseudo R^2	0.1758	0.1757	0.269	0.1761	0.1762	0.269	0.1765	0.1762	0.2696

	全样本	繁荣期	衰退期	全样本	繁荣期	衰退期
FC	0.410*	0.178	0.869**	0.567**	0.481	0.919*
	(1.75)	(0.61)	(1.96)	(2.11)	(1.45)	(1.83)
mc						
mc×FC						
own	0.101	0.078	0.146	0.224	0.315	0.186
	(0.75)	(0.45)	(0.59)	(1.31)	(1.47)	(0.59)

179

续 表

	全样本	繁荣期	衰退期	全样本	繁荣期	衰退期	全样本	繁荣期	衰退期
own×FC	0.02* (1.82)			0.291 (1.21)	0.576* (1.911)	0.093** (2.21)			
bod		0.014** (2.34)	0.027* (1.72)	0.021 (0.62)	0.015* (1.76)	0.027** (2.42)			
ibd	0.16 (0.14)	-0.461 (-0.33)	1.906 (0.92)	0.167* (1.83)	-0.514 (-0.37)	1.923* (1.93)			
lzhy	0.076 (0.57)	0.056* (1.76)	0.209* (1.87)	0.067 (0.51)	0.045** (2.27)	0.205 (0.85)			
time	-0.013 (-1.02)	-0.017 (-1.09)	-0.004 (-0.15)	-0.011 (-0.85)	-0.013 (-0.78)	-0.003 (-0.13)			
size	-0.295*** (-4.41)	-0.081 (-0.99)	-0.834*** (-5.96)	-0.296*** (-4.42)	-0.078 (-0.95)	-0.835*** (-5.96)			
lev	-0.27 (-0.56)	-0.818 (-1.34)	0.49* (1.76)	-0.244 (-0.51)	-0.787 (-1.28)	0.503** (2.57)			
top1	-0.004 (-1.07)	-0.008* (-1.81)	0.004 (0.59)	-0.004 (-1.01)	-0.008* (-1.71)	0.004* (1.78)			

续　表

	全样本	繁荣期	衰退期	全样本	繁荣期	衰退期	全样本	繁荣期	衰退期
yxzc	-1.800***	-2.549**	-0.417	-1.802**	-2.661**	-0.397			
	(-1.97)	(-2.24)	(-0.24)	(-1.97)	(-2.32)	(-0.23)			
roe	2.109***	1.016	5.611***	2.095***	0.963	5.614***			
	(-2.79)	(-1.08)	(-3.77)	(-2.77)	(-1.02)	(-3.77)			
pay	-2.391***	-1.943***	-4.965***	-2.391***	-1.940***	-4.966***			
	(-12.43)	(-8.78)	(-8.24)	(-12.42)	(-8.76)	(-8.24)			
gljy	0.368***	0.430***	0.217	0.376***	0.443***	0.221			
	(-2.99)	(-2.79)	(-0.92)	(-3.04)	(-2.87)	(-0.94)			
cons	9.116***	6.100***	19.809***	9.042***	6.015***	19.761***			
	(4.89)	(2.72)	(5.36)	(4.84)	(2.68)	(5.34)			
industry	控制	控制	控制	控制	控制	控制			
year	控制	控制	控制	控制	控制	控制			
N	2819	1757	1018	2819	1757	1018			
LR chi²	500	317.56	270.94	501.54	321.24	270.98			
Loglikelihood	-1170.52	-744.28	-367.5	-1169.79	-742.44	-367.48			
Pseudo R^2	0.176	0.1758	0.2693	0.1765	0.1779	0.2694			

注：*、**、***分别代表统计量在10%、5%和1%的水平上显著，括号内为 z 统计计量。

质发挥了显著的调节作用,高融资约束的国有控股企业更倾向于进行大规模的并购,并且在经济的衰退期,融资约束的影响作用更大。这与表6-8的实证检验结果一致。

二、融资约束对并购类型选择影响的稳健性检验

表6-16列示了融资约束对并购类型选择影响的稳健性检验回归估计结果。从表中可以看到,在全样本组和宏观经济繁荣期样本组中,融资约束对并购类型选择具有显著的负向影响,其回归估计系数分别为−0.243和−0.174,并且在10%的水平上显著。而在衰退期样本组中,估计系数为−0.347,但是影响不显著。在考察市场化程度的调节作用时,加入市场化程度和融资约束的交乘项以后,融资约束对企业并购类型选择影响的回归估计系数提高到0−0.249、−0.193和−0.339,同样在前两个样本组中具有显著性,交乘项的回归估计系数为0.035、0.164以及−0.131,衰退期样本组依然不显著,说明在全样本组和宏观经济繁荣期样本组中,市场化程度起到了调节作用,在这两个样本组中,高市场化程度地区的高融资约束企业更倾向于进行非同一行业的并购。在考察股权性质的调节作用时,加入股权性质同融资约束的交乘项以后,融资约束的回归系数提高到0.437、0.216和0.753,在全样本组和宏观经济衰退期组中有显著性,交乘项的回归系数分别为−0.487、−0.421和−0.812,在全样本组和衰退期样本组中具有显著性,说明,在这两个样本组中,股权性质发挥了调节作用,高融资约束的国有企业更倾向于进行非同一行业的并购,这与表6-11的实证结论相一致。

三、融资约束对并购区域选择影响的稳健性检验

表6-17列示了融资约束对并购区域选择影响的稳健性检验回归估计结果。从表中可以看到,融资约束对并购区域选择影响的回归估计系数分别为−0.220、−0.083和−0.367,在全样本组和宏观经济繁荣期样本组中具有5%水平上的显著性,在衰退期样本组中影响不显著。在考察市场化程度的调节作用时,加入市场化程度和融资约束的交乘项以后,三组的融资约束对企业并购区域选择影响的回归估计系数分别为−0.397、−0.207和−0.573,在全样本组和繁荣期样本组中具有显著性,交乘项的回归系数分别为0.481、0.367和0.560,均具有显著性,说明市场化程度发挥了调节作用,市

表 6-16　融资约束对并购类型选择影响的稳健性检验回归估计结果

	全样本	繁荣期	衰退期	全样本	繁荣期	衰退期	全样本	繁荣期	衰退期
FC	-0.243* (-1.79)	-0.174* (-1.91)	-0.347 (-1.51)	-0.247* (-1.82)	-0.182* (-1.75)	-0.348 (-1.51)	-0.249* (-1.83)	-0.193** (-2.11)	-0.339 (-1.47)
mc				-0.086 (-0.9)	-0.151* (-1.2)	-0.047 (-0.3)	-0.102 (-0.83)	-0.225 (-1.41)	0.009* (1.76)
mc×FC							0.035* (1.72)	0.164* (1.75)	-0.131 (-0.44)
own									
own×FC									
bod	-0.03* (-1.88)	-0.019 (-0.53)	-0.058* (-1.82)	-0.029 (-1.06)	-0.018** (-2.5)	-0.058 (-1.27)	-0.029** (-2.06)	-0.018* (-1.69)	-0.059** (-2.29)
ibd	-0.129 (-0.14)	-0.977* (-1.81)	0.829** (2.54)	-0.135 (-0.14)	-0.967 (-0.81)	0.814** (2.53)	-0.128* (-1.894)	-0.939* (-1.78)	0.782** (2.51)
lzhy	-0.113 (-0.97)	-0.098 (-0.67)	-0.146* (-1.74)	-0.113 (-0.97)	-0.102** (-2.69)	-0.143** (-2.72)	-0.113 (-0.98)	-0.104* (-1.71)	-0.137* (-1.69)

续 表

	全样本	繁荣期	衰退期	全样本	繁荣期	衰退期	全样本	繁荣期	衰退期
time	0.001 (−0.09)	0.005* (1.73)	−0.018 (−0.97)	0.001 (−0.06)	0.004** (2.27)	−0.018 (−0.97)	0.001 (−0.07)	0.004 (−0.27)	−0.019* (−1.81)
size	0.099* (−1.87)	0.176** (−2.55)	−0.045 (−0.51)	0.102* (1.93)	0.186*** (2.67)	−0.044 (−0.5)	0.103* (−1.94)	0.189*** (−2.72)	−0.043 (−0.49)
lev	0.234 (−0.73)	0.007 (−0.02)	0.962* (−1.76)	0.198** (2.61)	−0.061** (−2.15)	0.945* (1.72)	0.218** (2.64)	0.033* (1.76)	0.88* (1.84)
top1	−0.004 (−1.41)	−0.005 (−1.37)	−0.002 (−0.38)	−0.004 (−1.39)	−0.005 (−1.34)	−0.002* (−1.83)	−0.004 (−1.39)	−0.005* (−1.81)	−0.002** (−2.38)
yxzc	−0.338 (−0.4)	−0.179 (−0.17)	−1.321* (−1.86)	−0.313 (−0.37)	−0.131 (−0.12)	−1.314* (−1.86)	−0.319 (−0.38)	−0.152** (−2.14)	−1.276* (−1.83)
roe	0.636** (2.22)	0.795** (2.23)	0.334** (2.43)	0.651** (2.24)	0.817 (−1.26)	0.341 (0.35)	0.67** (2.26)	0.916** (2.39)	0.289* (1.92)
payway	−0.281 (−1.52)	−0.172 (−0.78)	−0.535 (−1.47)	−0.283 (−1.52)	−0.177* (−1.8)	−0.533** (−2.47)	−0.282 (−1.52)	−0.174 (−0.78)	−0.54 (−1.49)
gljy	−0.261** (−2.5)	−0.243* (−1.82)	−0.284 (−1.61)	−0.263** (−2.51)	−0.244* (−1.83)	−0.285 (−1.61)	−0.262** (−2.5)	−0.241* (−1.8)	0.289 (−1.63)

续　表

	全样本	繁荣期	衰退期	全样本	繁荣期	衰退期	全样本	繁荣期	衰退期
cons	-3.018* (-1.94)	-4.045** (-2.13)	3.091 (1.22)	-3.087** (-1.98)	-4.239** (-2.22)	3.082 (1.21)	-3.105** (-1.99)	-4.366** (-2.28)	3.095 (-1.22)
industry	控制	控制	控制	控制	控制	控制	控制	控制	控制
year	控制	控制	控制	控制	控制	控制	控制	控制	控制
N	2694	1664	959	2694	1664	959	2694	1664	959
LR chi-square	508.45	350.76	173.57	509.26	352.21	173.66	509.3	352.77	173.85
Loglikelihood	-1497.37	-915.29	-542.53	-1496.96	-914.56	-542.49	-1496.94	-914.28	-542.39
Pseudo R^2	0.1451	0.1608	0.1379	0.1454	0.1615	0.138	0.1454	0.1617	0.1381

	全样本	繁荣期	衰退期	全样本	繁荣期	衰退期
FC	0.182 (0.94)	-0.001 (-0.004)	0.332 (0.98)	0.437** (1.97)	0.216 (0.77)	0.753* (1.933)
mc						
mc×FC						
own	0.141 (1.25)	0.302** (2.04)	-0.098 (-0.53)	0.317** (2.34)	0.456*** (2.58)	0.183 (0.81)

续　表

	全样本	繁荣期	衰退期	全样本	繁荣期	衰退期	全样本	繁荣期	衰退期
own×FC				-0.487** (-2.37)	-0.421 (-1.61)	-0.812** (-2.23)			
bod	-0.034* (-1.76)	-0.028* (-1.78)	-0.055** (-2.21)	-0.035** (-2.26)	-0.029* (-1.79)	-0.057 (-1.23)			
ibd	-0.232** (-2.15)	-1.044* (-1.87)	0.807* (1.75)	-0.24** (-2.26)	-1.086* (-1.9)	0.917** (2.59)			
lzhy	-0.108* (-1.92)	-0.074 (-0.5)	-0.174* (-1.87)	-0.126 (-1.07)	-0.087 (-0.59)	-0.217** (-2.08)			
time	-0.001 (-0.13)	-0.001 (-0.09)	-0.013 (-0.69)	0.002 (0.17)	0.002** (2.23)	-0.008 (-0.45)			
size	0.106** (1.97)	0.164** (2.35)	-0.004 (-0.04)	0.107** (-1.98)	0.168** (-2.41)	-0.019 (-0.21)			
lev	0.763* (1.89)	0.184 (0.35)	1.740** (2.55)	0.833** (2.06)	0.217** (2.41)	1.933*** (2.8)			
top1	-0.004 (-1.5)	-0.005** (-2.57)	-0.002 (-0.38)	-0.004 (-1.39)	-0.005 (-1.48)	-0.001** (-2.29)			

续　表

	全样本	繁荣期	衰退期	全样本	繁荣期	衰退期	全样本	繁荣期	衰退期
yxzc	-0.444**	-0.37	-1.379*	-0.444	-0.444	-1.078			
	(-2.53)	(-0.35)	(-1.9)	(-0.53)	(-0.42)	(-0.69)			
roe	1.234**	1.064**	1.177**	1.185*	0.988**	1.184*			
	(-1.99)	(2.35)	(2.05)	(-1.91)	(2.25)	(1.96)			
payway	-0.274	-0.187	-0.512**	-0.271	-0.182	-0.54			
	(-1.48)	(-0.84)	(-2.41)	(-1.46)	(-0.82)	(-1.48)			
gljy	-0.272***	-0.269**	-0.279*	-0.263**	-0.262*	-0.254			
	(-2.6)	(-2.01)	(-1.85)	(-2.5)	(-1.96)	(-1.43)			
cons	-3.533**	-3.826*	1.312	-3.687**	-3.919**	0.842			
	(-2.18)	(-1.94)	(0.48)	(-2.27)	(-1.98)	(0.31)			
industry	控制	控制	控制	控制	控制	控制			
year	控制	控制	控制	控制	控制	控制			
N	2694	1664	959	2694	1664	959			
LR chi-square	507.72	353.94	172.51	513.37	356.56	177.6			
Loglikelihooc	-1497.73	-913.7	-543.06	-1494.91	-912.39	-540.51			
Pseudo R^2	0.1449	0.1623	0.1371	0.1465	0.1635	0.1411			

注：*、**、***分别代表统计量在10%、5%和1%的水平上显著，括号里数值为z统计量。

表6-17 融资约束对并购区域选择影响的稳健性检验回归估计结果

	全样本	繁荣期	衰退期	全样本	繁荣期	衰退期	全样本	繁荣期	衰退期
FC	-0.22** (-2.24)	-0.083** (-2.38)	-0.367 (-1.12)	-0.173* (-1.97)	-0.03 (-0.14)	-0.323 (-0.98)	-0.397** (-2.02)	-0.207* (-1.84)	-0.573 (-1.61)
mc				0.709*** (-8.03)	0.850*** (7.44)	0.510*** (3.42)	0.499*** (4.33)	0.686*** (4.59)	0.273 (1.4)
mc×FC							0.481*** (2.82)	0.367* (1.69)	0.560* (1.89)
own									
own×FC									
bod	0.024* (0.98)	0.033 (1.03)	-0.014 (-0.32)	0.024* (1.96)	0.03* (1.95)	-0.011** (-2.26)	0.024* (1.94)	0.03 (0.93)	-0.011** (-2.26)
ibd	1.054** (2.26)	0.964* (1.91)	0.641* (1.75)	1.163** (2.37)	1.02 (0.93)	0.816* (1.86)	1.274* (1.95)	1.09 (2.01)	0.909 (0.62)
lzhy	0.07 (0.68)	0.072 (0.56)	0.11* (1.69)	0.068 (-0.66)	0.101 (0.77)	0.072 (0.39)	0.062 (1.59)	0.098 (0.74)	0.059** (2.32)

续　表

	全样本	繁荣期	衰退期	全样本	繁荣期	衰退期	全样本	繁荣期	衰退期
time	0.020*	0.009*	0.038**	0.022**	0.013**	0.037**	0.022**	0.014**	0.040**
	(-2.16)	(1.82)	(-2.25)	(-2.29)	(2.15)	(2.14)	(2.38)	(2.16)	(2.31)
size	0.015	-0.019	0.013**	-0.056	-0.08**	-0.003	-0.056	-0.077	-0.013
	(0.3)	(-0.31)	(2.15)	(-1.14)	(-2.29)	(-0.04)	(-1.14)	(-1.24)	(-0.15)
lev	-0.349*	0.138*	-0.922	0.028	0.623**	-0.666	0.029	0.605**	-0.641
	(-1.95)	(1.73)	(-1.43)	(1.84)	(2.3)	(-1.02)	(-0.08)	(2.26)	(-0.98)
top1	-0.005**	-0.002	-0.013***	-0.006**	-0.002	-0.013***	-0.006**	-0.002	-0.013***
	(-2.15)	(-0.53)	(-2.87)	(-2.32)	(-0.73)	(-2.9)	(-2.24)	(-0.65)	(-2.9)
yxzc	1.413*	1.927**	0.143	1.18	1.723*	-0.179	1.139	1.706*	-0.296**
	(-1.83)	(-2.01)	(1.1)	(1.52)	(-1.78)	(-0.12)	(-1.46)	(-1.76)	(-2.21)
roe	-0.137**	0.256**	-0.432	-0.147**	0.233	-0.375	-0.236	0.158*	-0.493*
	(-2.24)	(2.37)	(-0.4)	(-2.25)	(-0.33)	(-0.34)	(-0.41)	(1.82)	(-1.74)
payway	0.138*	0.225**	0.085**	0.156	0.261	0.074	0.157	0.257	0.101
	(1.82)	(2.14)	(2.24)	(0.92)	(1.3)	(0.21)	(0.92)	(1.28)	(0.28)
gljy	0.504***	0.650***	0.314*	0.532***	0.683***	0.331**	0.539***	0.689***	0.344**
	(-5.42)	(-5.53)	(1.91)	(5.64)	(5.7)	(2)	(5.71)	(5.74)	(2.08)

续　表

	全样本	繁荣期	衰退期	全样本	繁荣期	衰退期	全样本	繁荣期	衰退期
cons	-1.129	-0.777	-1.418	-0.454	0.26	-1.091	-0.318	0.307	-0.679
	(-0.82)	(-0.43)	(-0.54)	(-0.32)	(1.14)	(-0.42)	(-0.23)	(-0.17)	(-0.26)
industry	控制	控制	控制	控制	控制	控制	控制	控制	控制
year	控制	控制	控制	控制	控制	控制	控制	控制	控制
N	2847	1762	1022	2847	1762	1022	2847	1762	1022
LR chi^2	291.64	168.74	124.45	357.57	226.09	136.25	365.56	228.95	139.82
Loglikelihood	-1794.52	-1128.94	-618.68	-1761.55	-1100.26	-612.78	-1757.56	-1098.83	-610.99
Pseudo R^2	0.0752	0.0696	0.0914	0.0921	0.0932	0.1	0.0942	0.0943	0.1027

	全样本	繁荣期	衰退期	全样本	繁荣期	衰退期
FC	-0.215**	-0.075**	-0.377	-0.284	-0.39**	-0.03*
	(-2.22)	(-2.34)	(-1.15)	(-1.4)	(-2.55)	(-1.98)
mc						
mc×FC						
own	0.299***	0.557***	-0.18	0.254**	0.346**	0.039
	(2.96)	(4.3)	(-1.04)	(2.12)	(2.26)	(0.19)

续　表

	全样本	繁荣期	衰退期	全样本	繁荣期	衰退期	全样本	繁荣期	衰退期
own×FC				0.129	0.599***	−0.690**			
				(0.7)	(2.59)	(−2.02)			
bod	0.017*	0.019	−0.01**	0.016	0.019*	−0.008			
	(1.67)	(0.58)	(−2.22)	(0.66)	(1.86)	(−0.19)			
ibd	1.011**	0.998*	0.711	1.015	1.084	0.851			
	(2.1)	(1.94)	(0.49)	(1.21)	(1.02)	(0.59)			
lzhy	0.103*	0.135	0.091	0.108	0.155	0.062			
	(1.99)	(1.03)	(0.5)	(1.04)	(1.19)	(0.33)			
time	0.014	−0.002	0.042**	0.013	−0.007	0.047***			
	(1.42)	(−0.18)	(2.43)	(−1.3)	(−0.59)	(2.67)			
size	−0.035	−0.058	0.026	−0.036	−0.065	0.019			
	(−0.73)	(−0.94)	(0.31)	(−0.74)	(−1.06)	(0.22)			
lev	−0.354	0.129	−0.936	−0.372	0.069	−0.812			
	(−0.97)	(0.28)	(−1.45)	(−1.01)	(−0.15)	(−1.25)			
top1	−0.006**	−0.003	−0.013***	−0.006*	−0.003	−0.013***			
	(−2.38)	(−0.95)	(−2.79)	(−2.4)	(−1.08)	(−2.75)			

续　表

	全样本	繁荣期	衰退期	全样本	繁荣期	衰退期	全样本	繁荣期	衰退期
yxzc	1.316*	1.740*	0.226	1.315*	1.805*	0.45			
	(1.7)	(1.8)	(0.16)	(−1.7)	(−1.87)	(−0.31)			
roe	−0.049	0.451	−0.49	−0.04	0.528	−0.483			
	(−0.09)	(0.64)	(−0.45)	(−0.07)	(−0.75)	(−0.44)			
payway	0.13	0.189	0.068	0.128*	0.171	0.063			
	(0.77)	(0.95)	(0.19)	(1.76)	(0.86)	(0.18)			
gljy	0.494***	0.614***	0.308*	0.490***	0.602***	0.330**			
	(5.3)	(5.18)	(1.88)	(5.25)	(5.07)	(2)			
cons	−0.685	0.007	−1.805	−0.637	0.202	−2.31			
	(−0.49)	(0)	(−0.68)	(−0.46)	(0.11)	(−0.87)			
industry	控制	控制	控制	控制	控制	控制			
year	控制	控制	控制	控制	控制	控制			
N	2847	1762	1022	2847	1762	1022			
LR chi^2	300.42	187.42	125.54	300.91	194.16	129.67			
Loglikelihood	−1790.12	−1119.6	−618.13	−1789.88	−1116.22	−616.06			
Pseudo R^2	0.0774	0.0772	0.0922	0.0775	0.08	0.0952			

注：*、**、***分别代表统计量在10%、5%和1%的水平上显著，括号里数值为z统计量。

场化程度越高,高融资约束企业越倾向于进行异地并购。在考察股权性质的调节作用时,加入股权性质和融资约束的交乘项以后,融资约束的回归估计系数变为 -0.284、-0.390 和 -0.030,在繁荣期组和衰退期组具有显著性,交乘项的回归估计系数分别为 0.129、0.599 和 -0.690,依然是在繁荣期样本组和衰退期样本组中具有显著性,说明股权性质在其中发挥了调节作用,其中,在繁荣期样本组中起到了正向的调节作用,在衰退期样本组中则发挥了负向的调节作用,这与表 6-14 的实证结果相一致。

第六节 本章小结

本章首先在第三章和第四章的基础上利用描述性分析、Logit 回归分析的实证检验方法检验了在宏观经济周期不同阶段融资约束对企业并购战略选择的影响。研究发现,在宏观经济周期背景下,企业的融资约束程度能够显著影响并购规模、并购方向和并购区域的选择,但是在宏观经济周期的不同阶段,影响程度具有差异性,假设 4、5、6 均得到验证。同时发现,在全样本检验过程中,市场化程度和股权性质起到了调节作用,但是在宏观经济周期的不同阶段,两者调节作用发挥具有一定的差异性;在宏观经济周期的繁荣期,市场化程度的调节作用更强;在衰退期,股权性质的调节作用更明显,假设 7、8 得到验证。最后采用更换研究样本的方法对上述结论进行了稳健性检验,结果一致,证明本书结论具有稳健性。

第七章　融资约束、并购战略选择与并购绩效的实证分析

第一节　并购绩效的测度

本书依据并购协同效应理论,从财务协同、经营协同和管理协同三个层面选取了 16 个指标进行因子分析,获得综合绩效得分来衡量企业的并购绩效。其中因子分析要求所选变量具有趋同性,本书借鉴周士元(2012)的处理方法对资产负债率进行了正向化处理。为了考察融资约束对并购选择战略的影响后果——并购绩效的变化,本书对比分析并购前一年($t-1$)到并购后三年($t+3$)的绩效变化,故需要计算前后共计 5 年的绩效。在该部分仅列示并购前一年的计算步骤,其他各年度均采用同样的计算方法,具体如下。

一、KMO 和 Bartlett 检验

本书通过 SPSS 20.0 软件对样本公司并购前一年的财务数据进行了 KMO 和巴特利球形检验,结果显示(见表 7-1),KMO=0.625,在(0.5,0.7)范围内,故本书所选指标适合做因子分析;Bartlett 的球形度检验结果为 51157.737,并且显著,可认为是变量的相关性矩阵通过了检验。

表 7-1　样本公司 $t-1$ 年 KMO 和 Bartlett 检验结果

取样足够度的 Kaiser-Meyer-Olkin 度量		0.625
Bartlett 的球形度检验	χ^2	51157.737
	df	120
	p	0.000

二、确定因子个数

选取特征值大于 1 的因子作为代表因子，根据总方差分解（见表 7-2），确定的 5 个因子的累积贡献率达到 70.247%，认为可以代表本书所选 16 个财务指标计算综合指标得分。

表 7-2　总方差分解

成分	初始特征值			提取平方和载荷			旋转平方和载荷		
	合计	方差/%	累积/%	合计	方差/%	累积/%	合计	方差/%	累积/%
1	4.555	28.471	28.471	4.555	28.471	28.471	3.452	21.576	21.576
2	2.771	17.319	45.79	2.771	17.319	45.79	2.755	17.222	38.798
3	1.667	10.421	56.211	1.667	10.421	56.211	2.389	14.93	53.728
4	1.214	7.588	63.799	1.214	7.588	63.799	1.517	9.482	63.21
5	1.032	6.448	70.247	1.032	6.448	70.247	1.126	7.037	70.247
6	0.993	6.206	76.453						
7	0.961	6.004	82.457						
8	0.794	4.964	87.421						
9	0.57	3.561	90.982						
10	0.469	2.93	93.912						
11	0.341	2.131	96.042						
12	0.262	1.639	97.681						
13	0.22	1.377	99.059						
14	0.096	0.601	99.66						
15	0.044	0.277	99.937						
16	0.01	0.063	100						

提取方法：主成分分析法

三、旋转因子载荷矩阵

根据旋转成分矩阵可以判断确定的五个因子的代表意义为：

第一个因子的净资产收益率（roe）、总资产净利润率（roa）、总资产报酬率

(tar)的因子载荷分别为 0.926、0.921 和 0.849,反映了样本公司的资产使用效率;第二个因子的速动比率(qr)、流动比率(cr)和资产负债率(lev)的因子载荷分别为 0.935、0.933 和0.749,反映了公司的偿债能力;第三个因子的主营业务利润率(lrl)和那勒指数(mzl)的因子载荷为 0.555 和 0.691,反映了样本公司的经营能力;第四个因子的销售费用率(xsfy)和管理费用率(glfy)的因子载荷为 0.859 和 0.541,反映了样本公司的运营能力;第五个因子的单位资产人均主营业务收入(rjc)、净利润增长率(jlrzz)和销售收入增长率(xrl)的因子载荷分别为 0.325、0.705 和 0.679,代表公司的盈利能力。(见表 7-3)

表 7-3　旋转后的因子载荷矩阵

变量	旋转成分矩阵(a)				
	1	2	3	4	5
roe	**0.926**	−0.102	−0.034	−0.009	0.069
roa	**0.921**	0.072	0.013	0.073	−0.042
tar	**0.849**	0.028	−0.009	−0.001	−0.012
lrl	0.65	0.266	**0.555**	−0.021	0.073
qr	0.061	**0.935**	0.139	0.045	−0.053
cr	0.059	**0.933**	0.154	0.017	−0.025
lev	0.158	**0.749**	0.127	0.237	−0.125
lxb	0.059	−0.173	0.031	−0.057	−0.1
tat	0.171	−0.092	−0.876	−0.069	−0.044
mzl	0.582	0.119	**0.691**	−0.076	0.077
cbl	−0.387	−0.29	−0.644	−0.474	−0.096
xsfy	0.073	0.172	−0.024	**0.859**	0.064
glfy	−0.198	0.331	0.414	**0.541**	−0.013
rjc	0.006	0.286	−0.33	−0.337	**0.325**
jlrzz	0.059	−0.014	−0.069	0.19	**0.705**
xrl	0.005	−0.075	0.274	−0.186	**0.679**

提取方法:主成分分析法

旋转法:具有 Kaiser 标准化的正交旋转法,旋转在 7 次迭代后收敛

四、计算因子得分

根据确定的 5 个因子的方差贡献率的权重,以各个因子做变量确定公司的并购绩效综合得分(见表 7-4)。即

$$F(-1) = (21.576\% \times F1 + 17.222\% \times F2 + 14.93\% \times F3$$
$$+ 9.482\% \times F4 + 7.037\% \times F5)/70.247\% \tag{7.1}$$

其他各年按照同样的步骤计算绩效的综合得分:

$$F(0) = (21.799\% \times F1 + 17.257\% \times F2 + 14.496\% \times F3$$
$$+ 9.517\% \times F4 + 6.795\% F5)/69.865\% \tag{7.2}$$

$$F(1) = (23.177\% \times F1 + 17.1\% \times F2 + 13.12\% \times F3$$
$$+ 9.907\% \times F4 + 7.108\% \times F5)/70.142\% \tag{7.3}$$

$$F(2) = (22.882\% \times F1 + 16.629\% \times F2 + 12.98\% \times F3$$
$$+ 10.26\% \times F4 + 7.725\% \times F5)/70.476\% \tag{7.4}$$

$$F(3) = (22.947\% \times F1 + 16.891\% \times F2 + 12.127\% \times F3$$
$$+ 10.483\% \times F4 + 7.284\% \times F5)/69.733 \tag{7.5}$$

表 7-4　成分得分矩阵

变量	成分				
	f1	f2	f3	f4	f5
roe	0.297	−0.065	−0.097	0.025	0.033
roa	−0.056	0.021	−0.196	−0.24	−0.054
tar	0.143	0.033	0.203	−0.123	0.008
lrl	0.028	−0.03	−0.176	0.646	0.104
qr	−0.105	0.031	0.12	0.309	−0.002
cr	0.269	−0.014	−0.086	0.007	−0.036
lev	−0.024	0.384	−0.039	−0.128	0.003
lxb	−0.021	0.382	−0.049	−0.106	−0.02
tat	0.024	−0.078	0.05	−0.031	−0.106
mzl	0.021	0.272	−0.064	0.065	−0.087
cbl	−0.045	−0.014	0.125	−0.144	0.583

变量	成分				
	f1	f2	f3	f4	f5
xsfy	0.01	0.222	−0.191	−0.231	0.322
glfy	0.113	−0.039	0.308	−0.167	−0.007
rjc	0.29	−0.01	−0.095	0.054	−0.062
jlrzz	0.139	0.069	−0.462	0.091	0.024
xrl	0.006	0.007	−0.131	0.191	0.654

提取方法：主成分分析法

旋转法：具有 Kaiser 标准化的正交旋转法构成得分

第二节　描述性统计分析

一、并购绩效年度变化趋势

表 7-5 列示了在不同经济周期背景下,不同的并购战略选择带来绩效的变化。总体上看宏观经济繁荣期并购绩效是明显高于宏观经济衰退期的。具体特点如下。

(一)不同并购规模战略选择带来的绩效变化

在经济繁荣期,实施大规模并购的企业在并购当年获得较高的绩效,在并购后第 1 年出现业绩的下滑,随后并购绩效逐年提高,即企业在并购后需要一定的时间进行整合,在并购后第 2 年才开始获得规模效应;小规模并购则表现出不同的发展趋势,企业在并购后第 1 年才获得较高的收益,并购后第 2 年绩效下降,在第 3 年企业开始获得并购收益,说明企业小规模并购带来的规模效应低于大规模。整体上来说,企业大规模并购的收益高于小规模并购。

表 7-5　不同经济周期背景下并购绩效变化

并购年限	宏观经济衰退期并购绩效					
	并购规模		并购区域		并购方向	
	大规模	小规模	异地	本地	同业	异业
F−1	−0.015	−0.04	−0.048	−0.023	0.014	−0.059
F0	0.043	−0.013	−0.012	0.007	0.046	−0.025
F1	−0.029	−0.005	−0.013	−0.007	−0.034	0.002
F2	−0.005	−0.015	−0.026	−0.002	−0.028	−0.006
F3	0.033	−0.003	−0.003	0.01	−0.006	0.009

并购年限	宏观经济繁荣期并购绩效					
	并购规模		并购区域		并购方向	
	小规模	大规模	异地	本地	同业	异业
F−1	0.039	0.147	0.06	0.058	0.1	0.039
F0	−0.02	0.109	0.00	0.006	0.051	−0.02
F1	0.009	0.052	0.036	0.005	0.008	0.021
F2	0.011	0.075	0.014	0.028	−0.001	0.034
F3	−0.009	0.004	−0.022	0.002	−0.029	0.004

　　在宏观经济的衰退期,实施大规模并购和小规模并购的企业获得并购收益的趋势具有一致性的特点,但是大规模并购获得并购收益的时间滞后于小规模并购,即大规模并购的企业在并购后第 1 年绩效值最低,在第 2 年获得较高的绩效,随后出现业绩的下滑,而小规模并购在并购当年获得较低的绩效,在随后的两年逐步提高,在第 2 年获得较高的收益,但是在第 3 年开始出现业绩的下滑,但总体来说大规模并购的绩效高于小规模并购,受经济形势影响,这一时期企业的并购绩效并不理想,具体如图 7-1 所示。

(二)不同并购类型选择带来的绩效变化

　　在经济繁荣期,实施同一行业内并购的企业在并购当年获得较高的绩效,在并购后第 1 年出现较差的绩效情况,随后逐年提高,而非同一行业内并购的企业逐年获得绩效的提高,在并购完成的前 1 年和并购当年,同一行业间的并购带来的绩效高于非同一行业之间的并购,这主要得益于整合过程

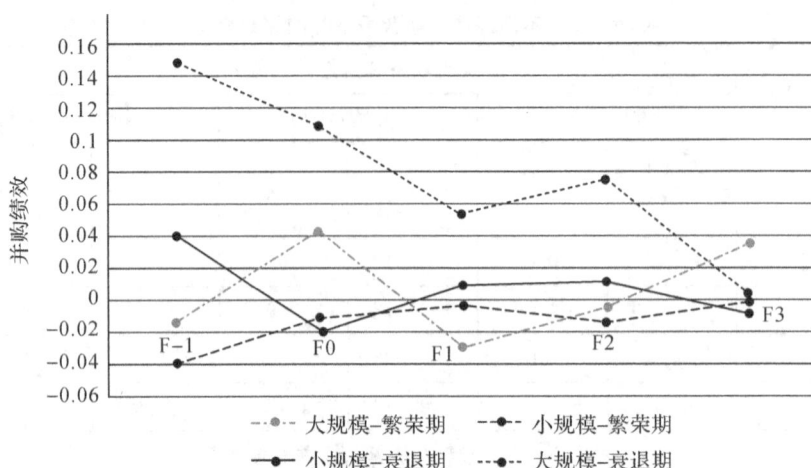

图 7-1　不同经济周期下并购规模—绩效变化

的方便,但是从并购后第 1 年开始,非同一行业间的并购带来的绩效显著高于同一行业内的并购,企业尽管在整合过程中投入一定的精力,但是带来了一定的绩效潜力。

在经济衰退期,不同并购类型战略带来的绩效,也呈现出差异化的特征,同一行业之间的并购,并购绩效逐年下降,而实施非同一行业并购的企业在并购当年绩效最差,在并购后第 2 年获得最高的收益,随后也出现绩效的下滑,但是并购当年和并购后第 1 年同一行业之间的并购收益是高于非同一行业之间并购的,之后出现相反的增长趋势,说明短期内横向的并购能够带来企业绩效的提高,但长远来看。多元化更有利于企业绩效的提高,具体如图 7-2 所示。

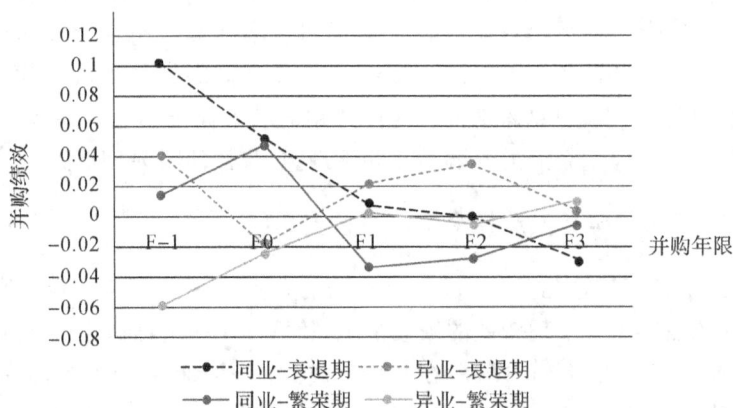

图 7-2　不同经济周期下并购方向—绩效变化

（三）不同并购区域选择带来的绩效变化

在经济繁荣期，实施异地和本地并购的企业均在并购当年获得较好的绩效，并购后第一年出现业绩的下滑，第二年出现较低的绩效，在第三年开始逐年提升，两种并购方式获得并购绩效的趋势是一致的，但是异地并购的绩效显著高于本地并购绩效。

在经济衰退期，在并购当年，本地并购和异地并购的绩效都非常低，但随后出现不同的发展趋势，实施本地并购的企业在并购后第 1 年获得较高的收益，随后出现绩效的逐年下滑，而异地并购恰恰相反，在并购以后逐步提高，在并购后第二年开始下降，但其收益是高于本地并购的，具体如图 7-3 所示。

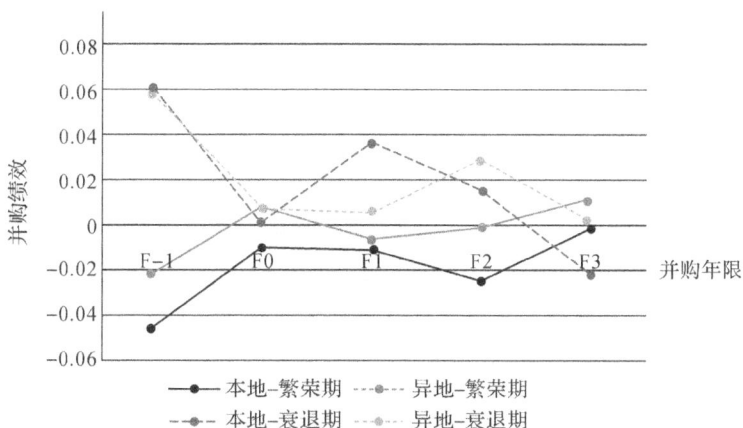

图 7-3　不同经济周期下并购区域—绩效变化

二、并购绩效的分组检验

表 7-6 列示了并购绩效在宏观经济周期和融资约束两组之间的差异。Panel A 运用均值 t 检验和 Wilcoxon 秩和检验对并购绩效按宏观经济繁荣期和衰退期样本分别进行了分组差异检验，发现宏观经济繁荣期的并购绩效显著大于宏观经济衰退期的并购绩效，说明在宏观经济形势较好的情形下，企业并购能够带来较高的收益。随后在 Panel B 中加入融资约束以后，可以看到在经济繁荣期的均值和中位数都显著高于经济衰退期的并购规模均值和中位数。

表 7-6　并购绩效分组检验

Panel A	按宏观经济周期分组			
属性	全样本	繁荣期	衰退期	t/z 统计量
均值	0.000	0.004	−0.007	−0.713**
中位数	−0.035	−0.034	−0.036	0.033
观察值	4165	2165	1550	
Panel B	宏观经济周期和融资约束交叉分组			
高融资约束组	全样本	繁荣期	衰退期	t/z 统计量
均值	0.176	0.194	0.165	0.970
中位数	0.134	0.176	0.118	5.193**
观察值	1293	826	467	
低融资约束组	全样本	繁荣期	衰退期	t/z 统计量
均值	−0.079	−0.070	−0.094	1.373*
中位数	−0.111	−0.098	−0.126	2.029
观察值	2872	1789	1083	

三、相关性分析

表 7-7 列示了融资约束、并购战略选择与并购绩效关系变量的相关系数矩阵。可以看到，融资约束与并购绩效之间具有显著的相关性，其相关性系数为0.246，并且在 1% 的水平上显著，初步验证了本书的假设。模型之间的各个变量之间相关性系数的绝对值小于 0.5，说明变量之间不存在多重相关性。

表7-7　融资约束、并购战略与并购绩效的变量相关性系数矩阵

	perf	FC	msize	ty	area	bod	ibd	lzhy	time
perf	1								
FC	0.246***	1							
msize	0.023***	0.088***	1						
ty	-0.021***	-0.056***	0.012	1					
area	-0.016***	-0.030*	-0.021	-0.051***	1				
bod	-0.093***	-0.144***	-0.01	0.021	0.021	1			
ibd	-0.023	0.042***	-0.016	0.006	-0.007	-0.336***	1		
lzhy	0.088***	0.170***	0.000	-0.031**	-0.033**	-0.164***	0.101***	1	
time	-0.127***	-0.304***	-0.059***	0.042***	-0.008	0.070***	0.01	-0.235***	1
size	-0.273***	-0.435***	-0.099***	0.096***	0.003	0.280***	0.014	-0.193***	0.312***
lev	-0.396***	-0.653***	-0.055***	0.069***	0.001	0.169***	-0.035**	-0.198***	0.431***
topl	-0.111***	-0.200***	-0.080***	0.030*	-0.003	0.037**	0.02	-0.121***	0.284***
yxzc	0.030**	0.01	0.011	0.043***	0.041***	0.007	-0.017	-0.016	-0.035**
roe	0.193***	-0.279***	-0.013	0.058***	-0.025	0.019	-0.039**	-0.022	0.038**
payway	0.003	-0.004	-0.302***	-0.004	-0.022	-0.011	0.008	0.030**	-0.049***
gljy	-0.073***	-0.108***	0.114***	-0.028*	0.110***	0.095***	-0.031**	-0.135***	0.177***
mc	0.115***	0.072***	0.019	-0.029*	0.124***	-0.035**	-0.002	0.048***	-0.089***
own	-0.142***	-0.219***	0.017	0.026*	0.073***	0.255***	-0.049***	-0.250***	0.370***

续 表

	size	lev	topl	yxzc	roe	payway	gljy	mc	own
perf									
FC									
msize									
ty									
area									
bod									
ibd									
lzhy									
time									
size	1								
lev	0.504***	1							
topl	0.319***	0.212***	1						
yxzc	0.01	0.057***	−0.070***	1					
roe	0.141***	−0.014	0.033**	−0.011	1				
payway	0.026*	−0.051***	−0.018	0.003	0.099***	1			
gljy	0.138***	0.144***	0.090***	0.013	−0.050***	−0.223***	1		
mc	0.004	−0.134***	−0.018	0.066***	0.021	0.030*	−0.054***	1	
own	0.348***	0.314***	0.162***	0.011	−0.018	−0.025	0.177***	−0.074***	1

注:*,**,***分别代表在10%,5%和1%水平上显著。

第三节　融资约束、并购战略选择与并购绩效的实证检验

一、融资约束、并购规模与并购绩效的实证检验结果

表 7-8 列示了在不同经济周期背景下,融资约束、并购规模和并购绩效之间关系的回归估计结果。在宏观经济繁荣期,高融资约束样本组,并购规模对并购绩效影响的回归估计系数为−0.054,在 5% 的水平上显著,说明高融资约束企业大规模并购并不会带来绩效的提高;在低融资约束组,并购规模对并购绩效影响的估计系数为 0.028,即这一时期,低融资约束企业进行大规模并购能够带来绩效的提高,但这种影响并不显著。也就是说在宏观经济繁荣期,相对于低融资约束企业,高融资约束企业进行大规模并购并不利于企业并购绩效的提高,即假设 9 得到验证。

在宏观经济衰退期,在高融资约束组,并购规模对并购绩效影响的回归估计系数为−0.103,在 5% 的水平上显著,代表高融资约束企业进行大规模并购并不会带来绩效的提高;在低融资约束组,并购规模的估计系数为−0.013,但是并不显著,说明在这一阶段,低融资约束企业进行大规模并购带来了负的并购绩效,可能原因在于在宏观经济衰退期,尽管企业并购成本相对较低,但是整体经济发展势头不足,市场需求不足,企业进行大规模并购并没有获得规模效应,因此绩效并没有得到提高,假设 10 并没有得到验证。

表 7-8　融资约束、并购规模与并购绩效的回归估计结果

	繁荣期		衰退期	
	高融资约束	低融资约束	高融资约束	低融资约束
msize	−0.054**	0.028	−0.103**	−0.013
	(−2.05)	(1.25)	(−2.22)	(−0.41)
bod	−0.004	−0.006	−0.018*	−0.004
	(−0.47)	(−1.24)	(−1.78)	(−0.68)
ibd	−0.147	−0.196**	−0.209	−0.09*
	(−0.52)	(−2.23)	(−0.53)	(−1.75)
lzhy	−0.007*	0.018	−0.028	0.031*
	(−1.85)	(0.89)	(−0.70)	(1.89)

	繁荣期		衰退期	
	高融资约束	低融资约束	高融资约束	低融资约束
time	0.003*	0.004**	0.003	−0.001
	(1.76)	(−2.35)	(−0.5)	(−0.24)
size	−0.041**	−0.018**	−0.001	−0.012
	(−2.13)	(−2.09)	(−0.05)	(−1.11)
lev	−0.595***	−0.760***	−0.848***	−0.751***
	(−4.90)	(−12.48)	(−4.94)	(−10.07)
top1	0.551**	0.001	0.001	0.001
	(2.35)	(1.48)	(−1.01)	(1.49)
yxzc	0.896***	0.056	0.598	0.203
	(3.75)	(0.42)	(1.43)	(1.13)
roe	1.114***	1.493***	1.896***	1.479***
	(6.1)	(13.22)	(5.93)	(10.58)
payway	−0.129**	−0.078***	−0.204**	−0.05
	(−2.39)	(−2.63)	(−2.15)	(−0.91)
gljy	−0.084**	0.007	−0.008	−0.011
	(−2.51)	(−0.44)	(−0.18)	(−0.53)
mc	0.070**	0.053***	0.063	0.035*
	(2.43)	(3.31)	(1.63)	(1.71)
own	0.026	0.003	−0.029	0.000
	(0.67)	(0.15)	(−0.55)	(0.01)
cons	0.171	0.726***	−0.128	0.348
	(0.34)	(3.08)	(−0.16)	(1.13)
industry	控制	控制	控制	控制
year	控制	控制	控制	控制
N	826	1789	467	1083
R^2	0.464	0.388	0.496	0.414
Adj. R^2	0.402	0.358	0.394	0.369
F	7.451***	13.019***	4.888***	9.217***

注：*、**、***分别代表统计量在10%、5%和1%的水平上显著，括号里数值为t值。

二、融资约束、并购类型与并购绩效的实证检验结果

表7-9列示了在宏观经济周期的不同阶段，融资约束、并购类型和并购绩效之间关系的回归估计结果。在宏观经济繁荣期，在高融资约束组，并购

类型与企业绩效之间的回归估计系数为 0.015,并且在 5％的水平上显著;在低融资约束组,并购类型与并购绩效之间的回归估计系数为 0.012,但是并不显著,说明在宏观经济繁荣期,相对于低融资约束企业,高融资约束企业进行同一行业内的并购有利于并购绩效的提高,同本书的分析结果相一致,故假设 11 得到验证。在宏观经济衰退期,在高融资约束组,并购类型与并购绩效的回归估计系数为 −0.033,但是并不显著,而低融资约束组的并购类型与企业并购绩效的回归估计系数为 −0.02,在 10％的水平上显著,说明在这一阶段,低融资约束的企业进行非同一行业之间的并购更有利于企业并购绩效的提高,假设 12 得到验证。

表 7-9 融资约束、并购类型与并购绩效的回归估计结果

	繁荣期		衰退期	
	高融资约束	低融资约束	高融资约束	低融资约束
ty	0.015**	0.012	−0.033	−0.02*
	(2.48)	(0.71)	(−0.82)	(−1.90)
bod	−0.005*	−0.006	−0.02*	−0.004**
	(−1.69)	(−1.19)	(−1.79)	(−2.68)
ibd	−0.154	−0.184	−0.205**	−0.082
	(−0.55)	(−1.15)	(−2.51)	(−0.41)
lzhy	−0.008	0.019*	−0.031*	0.03*
	(−0.25)	(1.91)	(−1.79)	(1.84)
time	0.003*	0.004**	0.002	−0.001
	(1.78)	(2.32)	(−0.46)	(−0.27)
size	−0.041**	−0.019**	0.012	−0.011
	(−2.11)	(−2.14)	−0.44	(−1.07)
lev	−0.597***	−0.758***	−0.854***	−0.747***
	(−4.92)	(−12.45)	(−4.94)	(−10.02)
top1	0.548**	0.001	0.001	0.001
	(2.33)	(1.55)	(0.94)	(1.47)
yxzc	0.908***	0.055	0.532	0.200
	(3.81)	(0.42)	(1.27)	(1.11)
roe	1.106***	1.491***	1.814***	1.475***
	(6.06)	−13.19	−5.69	−10.59
payway	−0.119**	−0.067**	−0.134	−0.043
	(−2.27)	(−2.37)	(−1.50)	(−0.86)

续　表

	繁荣期		衰退期	
	高融资约束	低融资约束	高融资约束	低融资约束
gljy	−0.088***	0.006	−0.017	−0.011
	(−2.63)	(0.39)	(−0.35)	(−0.53)
mc	0.070**	0.054***	0.06	0.036*
	(2.43)	(3.33)	(1.54)	(1.76)
own	0.026	0.002	−0.033	0.000
	(0.66)	(0.12)	(−0.63)	(0.02)
cons	0.141	0.708***	−0.402	0.33
	(0.28)	(3.01)	(−0.50)	(1.09)
industry	控制	控制	控制	控制
year	控制	控制	控制	控制
N	826	1789	467	1083
R^2	0.464	0.388	0.49	0.414
Adj. R^2	0.402	0.358	0.388	0.369
F	7.443***	12.999***	4.781***	9.231***

注：*、**、***分别代表统计量在10%、5%和1%的水平上显著,括号里数值为 t 值。

三、融资约束、并购区域与并购绩效的实证检验结果

表7-10列示了在宏观经济周期不同阶段,融资约束、并购区域选择与企业并购绩效之间关系的回归估计系数。在宏观经济周期的繁荣期,在高融资约束组,并购区域选择与并购绩效的回归估计系数为0.023,在10%的水平上显著;在低融资约束组,并购区域的回归估计系数为−0.024,在10%的水平上显著,说明在这一阶段,高融资约束企业进行本地并购能够带来绩效的提高,而低融资约束企业进行本地并购绩效反而下降,这同前文的理论分析结论一致,故假设13得到验证。

在经济的衰退期,在高融资约束组,并购区域与并购绩效的回归估计系数为−0.007,在5%的水平上显著;在低融资约束组,并购区域的回归估计系数为0.022,在10%的水平上显著。说明在宏观经济衰退期,高融资约束企业进行本地并购并没有带来绩效的提高,而低融资约束企业进行本地并购获得了绩效的显著提高,这与前文的理论分析结论一致,故假设14得到验证。

表 7-10　融资约束、并购区域与并购绩效的回归估计结果

	繁荣期		衰退期	
	高融资约束	低融资约束	高融资约束	低融资约束
area	0.023*	−0.024*	−0.007**	0.022*
	(1.8)	(−1.71)	(−2.18)	(1.72)
bod	−0.005**	−0.006*	−0.02**	−0.004
	(−2.54)	(−1.79)	(−2.38)	(−0.67)
ibd	−0.152	−0.188	−0.225	−0.1
	(−0.54)	(−1.18)	(−0.56)	(−0.50)
lzhy	−0.009	0.018*	−0.031	0.033
	(−0.29)	(−1.86)	(−0.77)	1.16
time	0.003*	0.004**	0.002	−0.001
	(−1.79)	(−2.29)	(−0.46)	(−0.30)
size	−0.040**	−0.019**	0.011	−0.011
	(−2.03)	(−2.18)	−0.39	(−1.02)
lev	−0.597***	−0.759***	−0.866***	−0.749***
	(−4.92)	(−12.47)	(−5.01)	(−10.06)
top1	0.561**	0.001	0.001	0.001
	(2.38)	(1.53)	(0.9)	(1.54)
yxzc	0.910***	0.066	0.526	0.201
	(3.82)	(0.5)	(1.26)	(1.12)
roe	1.107***	1.496***	1.797***	1.469***
	(6.06)	(13.25)	(5.64)	(10.54)
payway	−0.121**	−0.068**	−0.129	−0.039
	(−2.32)	(−2.39)	(−1.45)	(−0.78)
gljy	−0.090***	0.009	−0.014	−0.013
	(−2.69)	−0.54	(−0.30)	(−0.60)
mc	0.065**	0.056***	0.063	0.033
	(2.17)	(3.46)	(1.6)	(1.61)
own	0.02	0.005	−0.030	0.000
	(0.53)	(0.27)	(−0.560)	0.000
cons	0.102	0.726***	−0.355	0.317
	(0.2)	(3.08)	(−0.44)	(1.05)
industry	控制	控制	控制	控制
year	控制	控制	控制	控制
N	826	1789	467	1083

	繁荣期		衰退期	
	高融资约束	低融资约束	高融资约束	低融资约束
R^2	0.464	0.388	0.489	0.414
Adj. R^2	0.402	0.358	0.387	0.37
F	7.452***	13.034***	4.765***	9.236***

注：*、**、***分别代表统计量在10%、5%和1%的水平上显著，括号里数值为 t 值。

第四节　稳健性检验

融资约束对并购绩效的影响的稳健性检验采取的方法是更换主要变量——并购绩效。本书借鉴徐业坤（2017），程聪（2018）等学者的做法，选取总资产收益率（roa）衡量并购绩效。

一、融资约束、并购规模与并购绩效的稳健性检验

表 7-11 列示了在宏观经济不同阶段融资约束、并购规模与并购绩效的稳健性检验结果。可以看到，在宏观经济繁荣期，在高融资约束组，并购规模与并购绩效的回归估计系数为 -0.054，在 5% 的水平上显著；在低融资约束组，并购规模与并购绩效的回归估计系数为 -0.02，但并不显著。说明在市场经济形势较好的情况下，相对于低融资约束企业，高融资约束企业进行大规模并购并不会带来绩效的提高。在宏观经济衰退期，在高融资约束组，并购规模的回归估计系数为 -0.003，在 5% 水平上显著；在低融资约束组，并购规模的回归估计系数为 0.004，但是并不显著。说明这一阶段，高融资约束企业进行大规模并购并不会提高企业的绩效，低融资约束企业进行大规模并购能够带来绩效的提高，但是并不明显，这与表 7-8 的实证检验结果一致。

表 7-11　融资约束、并购规模与并购绩效的稳健性检验结果

	繁荣期		衰退期	
	高融资约束	低融资约束	高融资约束	低融资约束
msize	-0.054**	-0.02	-0.003**	0.004
	(-2.05)	(-1.15)	(-2.62)	(1.49)
bod	-0.021*	-0.014**	-0.037*	-0.001
	(-1.95)	(-2.13)	(-1.88)	(-0.09)

续　表

	繁荣期		衰退期	
	高融资约束	低融资约束	高融资约束	低融资约束
ibd	−0.028	−0.015	−0.026	−0.006
	(−1.00)	(−1.02)	(−0.64)	(−0.33)
lzhy	0.002**	0.004	−0.003**	0.001
	(2.54)	(1.25)	(−2.63)	(0.54)
time	0.000	0.000***	0.000	0.000
	(1.26)	(3.07)	(0.49)	(1.03)
size	0.002*	0.001*	0.002*	0.003***
	(1.83)	(1.75)	(1.81)	(3.31)
lev	0.012	−0.078***	−0.017	−0.072***
	(1.23)	(−13.60)	(−0.98)	(−10.05)
top1	0.049**	0.000*	0.000	0.000
	(2.08)	(1.66)	(1.22)	(1.35)
yxzc	0.041*	0.008	0.039*	(−0.006)
	(1.70)	(0.61)	(1.93)	(−0.35)
roe	0.199***	0.188***	0.295***	0.164***
	(10.91)	(17.58)	(9.13)	(12.26)
payway	−0.018***	−0.007**	−0.033***	−0.009*
	(−3.30)	(−2.41)	(−3.44)	(−1.73)
gljy	−0.011***	0.003*	−0.007	−0.004*
	(−3.29)	(1.88)	(−1.37)	(−1.74)
mc	0.005*	0.004***	0.006	0.004**
	(1.76)	(2.72)	(1.65)	(2.01)
own	0.003	−0.005***	−0.003	−0.002
	(0.77)	(−2.81)	(−0.52)	(−1.05)
cons	−0.01	0.052**	−0.042	0.014
	(−0.19)	(2.34)	(−0.52)	(0.46)
industry	控制	控制	控制	控制
year	控制	控制	控制	控制
N	826	1789	467	1083
R^2	0.396	0.373	0.425	0.363
Adj. R^2	0.325	0.343	0.309	0.314
F	5.624***	12.246***	3.673***	7.433***

注：*、**、***分别代表统计量在10%、5%和1%的水平上显著，括号里数值为 t 值。

二、融资约束、并购类型与并购绩效的稳健性检验

表 7-12 列示了在宏观经济周期不同阶段,融资约束、并购类型与并购绩效关系的稳健性检验结果。在宏观经济繁荣期,在高融资约束组,企业并购类型与并购绩效的回归估计系数为 0.002,在 10% 的水平上显著;在低融资约束组,企业并购类型与并购绩效的回归估计系数为 -0.001,但是并不显著。说明在这一阶段,相比于低融资约束企业,高融资约束企业进行同一行业内并购更能够获得较高的绩效。在宏观经济衰退期,在低融资约束组,并购类型与并购绩效的回归估计系数为 -0.001,在 5% 水平上显著;在高融资约束组,企业并购类型与并购绩效的回归估计系数为 -0.001,但是并不显著。说明在这一阶段,低融资约束企业进行同一行业内并购并不能够带来绩效的提高,多元化的并购更有利,这与表 7-9 的实证检验结果一致。

表 7-12 融资约束、并购类型与并购绩效的稳健性检验结果

	繁荣期		衰退期	
	高融资约束	低融资约束	高融资约束	低融资约束
ty	0.002*	0.001	0.001	-0.001**
	(1.69)	(0.47)	(0.11)	(-2.53)
bod	-0.117*	-0.18	-0.02	-0.014
	(-1.89)	(-0.14)	(-0.24)	(-0.52)
ibd	-0.028	-0.015*	-0.026*	-0.006
	(-0.98)	(-1.82)	(-1.86)	(-0.33)
lzhy	0.002	0.001	-0.003	0.001
	(0.54)	(0.14)	(-0.66)	(0.49)
time	0.145**	0.001***	-0.020***	-0.009***
	(2.25)	(3.08)	(-4.68)	(-3.66)
size	-0.002*	-0.001	0.003	0.003***
	(-1.86)	(-0.71)	(0.95)	(3.09)
lev	0.012	-0.078***	-0.017	-0.072***
	(1.02)	(-13.61)	(-1.00)	(-10.03)
top1	0.049**	0.000*	0.038*	0.001
	(2.08)	(1.68)	(1.89)	(0.08)
yxzc	0.041*	0.008	0.037*	-0.007
	(1.73)	(0.6)	(1.88)	(-0.38)

续　表

	繁荣期		衰退期	
	高融资约束	低融资约束	高融资约束	低融资约束
roe	0.200***	0.187***	0.293***	0.165***
	(10.93)	(17.55)	(9.12)	(12.41)
payway	−0.018***	−0.007**	−0.031***	−0.012**
	(−3.36)	(−2.46)	(−3.44)	(−2.57)
gljy	−0.011***	0.003*	−0.007	−0.004*
	(−3.32)	−1.9	(−1.41)	(−1.75)
mc	0.005*	0.004***	0.006	0.004**
	(1.76)	(2.75)	(1.63)	(1.98)
own	0.003	−0.005***	−0.003	−0.002
	(0.76)	(−2.83)	(−0.53)	(−1.02)
cons	−0.012	0.052**	−0.049	0.023
	(−0.23)	−2.36	(−0.61)	(0.8)
industry	控制	控制	控制	控制
year	控制	控制	控制	控制
N	826	1789	467	1083
R^2	0.396	0.374	0.424	0.362
Adj. R^2	0.326	0.343	0.308	0.313
F	5.632***	12.25***	3.665***	7.393***

注：*、**、***分别代表统计量在10%、5%和1%的水平上显著，括号里数值为 t 值。

三、融资约束、并购区域与并购绩效的稳健性检验

表 7-13 列示了在宏观经济周期的不同阶段，企业融资约束、并购区域选择与并购绩效关系的稳健性检验结果。在宏观经济繁荣期，在高融资约束组，并购区域与并购绩效的回归估计系数为 0.005，在 10% 的水平上显著；在低融资约束组，并购区域的回归估计系数为 0.001，但并不显著。说明在宏观经济繁荣期，相对于低融资约束企业，高融资约束企业进行本地并购能够获得较高的绩效。在宏观经济衰退期，在高融资约束组，并购区域与并购绩效的回归估计系数为 −0.001，在 10% 的水平上显著；在低融资约束组，并购区域的回归估计系数为 0.001，但是不显著。说明在这一阶段，高融资约束企业进行本地并购并不利于绩效的提高，这与表 7-10 的实证检验结果相一致。

表 7-13　融资约束、并购区域与并购绩效的稳健性检验结果

	繁荣期		衰退期	
	高融资约束	低融资约束	高融资约束	低融资约束
area	0.005*	0.001	−0.001*	0.001
	(1.69)	(1.001)	(−1.74)	(0.66)
bod	−0.001	0.004*	0.002	0.003
	(−0.60)	(1.84)	(−0.26)	(0.52)
ibd	−0.029**	−0.015**	−0.027**	−0.007**
	(−2.03)	(−2.02)	(−2.66)	(−2.39)
lzhy	0.001**	0.001	−0.003	0.001
	(2.47)	(0.14)	(−0.65)	(0.54)
time	0.002**	0.000***	0.000	0.000
	(2.26)	(3.07)	(0.5)	(1.03)
size	0.002	0.001	0.003	0.003***
	(0.95)	−0.74	−0.95	(3.12)
lev	0.012*	−0.078***	−0.018	−0.072***
	(1.97)	(−13.60)	(−1.02)	(−10.06)
top1	0.051**	0.000*	0.000	0.000
	(2.19)	(1.67)	(1.16)	1.44)
yxzc	0.041*	0.008	0.037	−0.006
	(1.7)	(0.6)	(0.88)	(−0.38)
roe	0.199***	0.188***	0.292***	0.165***
	(10.91)	(17.58)	(9.13)	(12.37)
payway	−0.018***	−0.007**	−0.031***	−0.012**
	(−3.49)	(−2.48)	(−3.43)	(−2.52)
gljy	−0.012***	0.003*	−0.007	−0.004*
	(−3.47)	−1.86	(−1.40)	(−1.79)
mc	0.004	0.004***	0.007*	0.004*
	(1.33)	(2.7)	(1.67)	(1.89)
own	0.002	−0.005***	−0.003	−0.002
	(0.51)	(−2.80)	(−0.54)	(−1.03)
cons	−0.016	0.052**	−0.048	0.022
	(−0.32)	(2.33)	(−0.59)	(0.78)
industry	控制	控制	控制	控制
year	控制	控制	控制	控制
N	826	1789	467	1083
R^2	0.398	0.373	0.424	0.362

	繁荣期		衰退期	
	高融资约束	低融资约束	高融资约束	低融资约束
Adj. R^2	0.328	0.343	0.309	0.313
F	5.674***	12.246***	3.667***	7.396***

注：*、**、***分别代表统计量在10％、5％和1％的水平上显著，括号里数值为 t 值。

第五节　本章小结

本章利用因子分析、描述性分析和多元回归分析的方法实证检验了融资约束、并购战略选择与并购绩效之间的关系。研究发现，企业实施不同的并购战略带来的并购绩效具有先上升后下降的波动变化趋势，并且在不同经济周期内，企业实施不同的并购战略带来的并购绩效具有一定的差异性。在宏观经济繁荣期，相对于低融资约束企业，高融资约束企业进行大规模并购并不利于企业并购绩效的提高，假设9得到验证；在经济衰退期，低融资约束企业进行大规模并购带来了负的并购绩效，假设10没有得到验证；在宏观经济繁荣期，相对于低融资约束企业，高融资约束企业进行同一行业内的并购有利于并购绩效的提高，假设11得到验证；在衰退阶段，低融资约束的企业进行非同一行业之间的并购更有利于企业并购绩效的提高，假设12得到验证；在宏观经济繁荣阶段，高融资约束企业进行本地并购能够带来绩效的提高，而低融资约束企业进行本地并购绩效反而下降，假设13得到验证；在宏观经济衰退阶段，高融资约束企业进行本地并购并没有带来绩效的提高，而低融资约束企业进行本地并购获得了绩效的显著提高，假设14得到验证。随后采用替换主要变量的方法，利用ROA来衡量企业的并购绩效进行稳健性检验，检验结果与前文一致，证明本书的结论具有稳健性。

第八章 结论与展望

第一节 研究结论

本书根据并购动因理论、融资约束相关理论及金融加速器理论以 2007—2017 年 A 股上市公司为样本,通过 HP 滤波法、倾向得分匹配法、描述性统计分析、Logit 逻辑回归以及多元回归等方法实证检验企业融资约束对并购可能性、并购战略选择以及并购绩效的影响,研究的主要结论如下。

第一,依据 GDP 增长率,采用 HP 滤波法对 2007—2017 年的国民经济形势进行判断,按照波峰—波峰的判断方法划分出经济周期的不同阶段。结合这一期间我国并购交易数量和金额数据发现我国的企业并购具有顺周期性的特点,即在宏观经济繁荣期,企业的交易数量和交易金额增速较快;而在宏观经济衰退期,并购市场活跃度下降,并购交易数量和金额增速放缓。

第二,本书采用 Logit 回归的方法构建融资约束指数,对我国上市公司的融资约束状况进行判断,发现上市公司的融资约束状况在行业间具有较大差异;随着我国市场经济体制改革和资本市场的发展,我国上市公司的融资约束状况具有时变特征,与国家的宏观经济环境变化具有一定的同步性;国有企业依靠其天然优势,具有较低的融资约束;在市场化程度较高的地区,公司的融资约束程度较轻,具有一定的区域分布特征。

第三,本书采用倾向得分匹配法对我国上市公司在宏观经济周期不同阶段成功实施并购战略情况做了分析,发现我国企业的融资约束状况能够影响到企业并购的可能性。具体来说,在宏观经济周期背景下,融资约束对企业并购可能性具有负向的影响;与市场化程度较高地区的企业相比,市场化程度较低地区的企业融资约束程度对企业并购可能性的影响更大;与非国有企业相比,国有企业融资约束程度对企业并购可能性的影响更大。

第四,通过实证检验,证明企业并购战略选择受到企业本身融资约束状况的影响,本书进一步研究了在完整的经济周期内(2007—2014)企业融资约束对并购战略选择的影响。发现在宏观经济繁荣期和衰退期,企业的融资约束程度越高,企业进行大规模并购的可能性越大,进行非同一行业之间的并购可能性也越大;在宏观经济繁荣期,融资约束程度越高,企业越有可能进行异地并购,但是在经济的衰退期,这影响并不显著。同时发现,在宏观经济的不同阶段,市场化程度和股权性质能够影响融资约束对企业并购战略选择的影响,在宏观经济繁荣期,市场化程度对融资约束与并购战略选择之间关系具有较强的调节作用;在宏观经济衰退期,股权性质则发挥了较强的调节作用,这也证明了在宏观经济繁荣期,市场将发挥较大的作用,在宏观经济衰退期,政府将发挥更大的作用。

第五,企业实施并购直至获得并购收益是一个长期的过程,本书采用因子分析方法从财务协同、经营协同和管理协同3个方面选择16个指标对企业的并购绩效进行了衡量,考察了企业并购之前至并购后3年的绩效变化情况,发现企业的并购绩效总体都有一个先升后降的趋势。本书进一步考察了在宏观经济不同阶段,融资约束、并购规模、并购类型和并购区域与并购绩效之间的关系,发现在宏观经济周期的不同阶段,融资约束情况不同的企业实施不同的并购战略带来的并购绩效具有显著的差异性。在宏观经济繁荣期,良好经济形势对于高融资约束企业来说是一个较好的并购契机,选择相对小规模的并购、同一行业之间的并购以及本地范围内的并购都利于获得较高的绩效;在宏观经济衰退期,得益于较低的并购成本,对于低融资约束企业来说进行小规模并购、非同一行业之间的并购以及本地的并购都有利于绩效的提高。

第二节　研究局限与未来研究展望

一、研究局限性

本书利用2007—2017年A股上市公司的数据考察了我国宏观经济周期的不同阶段内融资约束对企业并购战略选择的影响,尽管在并购规模、并购类型和并购区域选择3个维度进行了较为系统的检验,得出了部分具有现实意义的研究结论,但由于研究问题的复杂性、数据获取等原因,本书的研究仍然具有以下局限性。

第一,企业并购决策是管理者人为选择的结果,本书的研究是建立在管理者理性、市场有效的基础之上的,但我国市场经济发展历史较短,市场化程度较低,企业中存在大量的诸如管理者过度自负、盲目扩张等非理性行为,企业的并购战略选择也存在从众心理和的"同伴效应"、跟风式并购重组等现象,这都将对并购绩效产生严重影响,本书在实证研究过程中对管理者非理性行为的忽略可能会造成研究结果出现偏差。

第二,近几年我国市场经济发展迅速,由于科技进步推动了信息技术、互联网、物联网等发展,企业并购往往伴随着技术变革,同时国家产业政策不断调整,特殊产业政策带来效果具有一定的时滞性,在这样的背景下,本书以年度数据进行整体研究,忽略了技术进步与创新、特殊阶段的发展特点及政策变化可能带来的影响,导致研究结论可能具有一定的偏差。

第三,本书以上市公司的财务数据为基础对企业的融资约束状况进行了判断,但是在实际运行中,可能存在企业资金充足但是报表中存在融资约束的状况,这对本书的研究结论具有一定的影响。

二、未来研究展望

关于未来融资约束与企业并购战略的研究,沿着本书的研究思路,可以从以下几个方面进行进一步的研究。

第一,细分研究对象和研究变量。一方面,考虑企业的异质性特点,在未来可以细分行业、省份、企业不同生命周期阶段研究其融资约束情况、并购战略偏好等问题,同时不再局限于财务报表信息,而是通过调研等方式获得更具有针对性的数据进行研究。另一方面,本书研究证明宏观经济的周期性波动能够影响企业的融资约束状况和并购战略选择,在未来可以细化考察窗口期,按季度指标进行更进一步的划分,详细考察产业政策、货币政策以及其他宏观环境特征变化对企业并购的影响。

第二,进一步探讨管理者以及资本市场非理性对融资约束和企业并购战略的影响,可以将战略金融学的相关理论引入研究框架中。

第三,本书研究证明宏观经济环境的变化能够影响企业的融资约束和并购活动。当前国家积极进行反腐工作,加快市场化进程,这一外部环境的变化对于具有政治关联的企业来说具有直接的影响,未来可以从政治关联角度深入探讨融资约束对企业并购的影响。

第四,存在不同融资约束的企业并购决策战略具有一定的特征,从相反的方向考虑,企业并购是否影响了企业融资约束程度,影响途径是什么,具有哪些特征,在未来可以更进一步地研究融资约束与企业并购之间的关系。

参考文献

[1] Aggarwal R, Zong S, 2003. Internal cash flows and investment decisions: empirical evidence from the G4 countries[R]. Working Paper.

[2] Agrawal A, Jaffe F F, 2000. The post-merger performance puzzle [M]//Cooper C, Gregory A. Advances in mergers and acquisitions. Stamford: JAI Press.

[3] Agrawal A, Jaffe F F, Mandelker G, 1992. The post-merger performance of acqu-iring firms: a reexamination of an anomaly[J]. Journal of Finance (47):1605-1621.

[4] Akerlof G A,1970. The market for "lemons": quality uncertainty and the market mechanism [J]. The quarterly Journal of Economics (3): 488-500.

[5] Aktas N, Bodt D, Roll R, 2011. Serial acquirer bidding: an empirical test of the learning hypothesis[J]. Journal of Corporate Finance (2): 18-32.

[6] Alexandridis G, Mavrovitis C F, Travlos N G, 2012. How have M&As changed? evidence from the sixth merger wave[J]. European Journal of Finance (8):663-688.

[7] Almeida H, Campello M, 2002. Financial constraints and investment-cash flow senstivities:new research directions[R]. Working Paper.

[8] Almeida H, Campello M, Hackbarth D, 2011. Liquidity mergers[J]. Journal of Financial Economics (10):526-558.

[9] Almeida H，Campello M，Weisbach M S，2004. The cash flow sensitivity of cash[J]. Journal of Finance (4):1777-1804.

[10] Almeida H，Campello M，Weisbach M S,2004. Corporate financial and investment policies when future financing is not frictionless[J]. Journal of Corporate Finance(4):405-416.

[11] Alshwer A，Sibilkov V，Zaiats N，2011. Financial constraints and the method of payment in mergers and acquisitions[R]. Working Paper .

[12] Altman E I，1984. A further empirical investigation of the bankruptcy cost question[J]. The Journal of Finance，39(4):1067-1089.

[13] Altman E I，Haldeman R G，Narayanan P，1977. ZETA analysis: a new model to identify bankruptcy risk of corporation[J]. Journal of Banking and Finance1(1): 29-54.

[14] Amihud Y，Lev B，Travlos N，1990. Corporate control and the choice of investment financing: the case of corporate acquisitions [J]. Journal of Finance (45): 603-616.

[15] Arrow K J,1975. Vertical integration and communication[J]. Bell Journal of Economics(6): 173-183.

[16] Arslan-Ayaydin Ö，Florackis C，Ozkan A，2006. The role of cash holdings in reducing investment cash flow sensitivity:evidence from a financial crisis period in an emerging market[J]. Emerging Markets Review (4): 320-338.

[17] Athey M J，Laumas P S,1994. Internal funds and corporate investment in India[J]. Journal of Development Economics(2) : 287-303.

[18] Bae K ，Kang J K ，Kim J M，2002. Tunneling or value added? evidence from mergers by Korean business groups[J]. Journal of Finance(57):2695-2740.

[19] Baliga S，Sjöström T，2008. Strategic ambiguity and arms proliferation [J]. Journal of Political Economy(116):1023-1057.

[20] Barney J B,1991. Firm resources and sustained competitive advantage[J]. Journal of Management(17): 99-120.

[21] Bathelt H，Kappes K，2009. Necessary restructuring or globalization

failure? after the merger of the former Gemnan hoechst and French rhone-poulenc groups[J]. Geoforum (2):158-170.

[22] Baumol W,1959. Business behavior, value, and growth[M]. New York: Macmillan.

[23] Becketti S,1986. Corporate mergers and the business cycle[J]. Economic Review(5):13-26.

[24] Bellone F, Musso P, Nesta L, et al. , 2010. Financial constrains and firm export behavior[J]. World Economy (3):347-373.

[25] Berkovitch E, Narayanan M P,1993. Motives for takeovers: an empirical investigation[J]. Journal of Financial and Quantitative analysis(28): 347-362.

[26] Bernanke B S, Gertler M, 1995. Inside the black box: the credit channel of monetary policy transmission[J]. Journal of Economic Perspectives(9): 27-48.

[27] Bernanke B, Gertler M, 1989. Agency costs, net worth, and business fluctuations[J]. The American Economic Review (1) :14-31.

[28] Bernanke B, Gertler M, Gilchrist S, 1996. The financial accelerator and the flight to quality[J]. Review of economics & Statistics(1): 1-15.

[29] Bhaumik S K , Selarka E , 2012. Does ownership concentration improve M&A outcomes in emerging markets? [J]. Journal of Corporate Finance(8):63-86.

[30] Boateng A,Hua X,Uddin M,et al. ,2014. Home country macroeconomic factors on outward cross-border mergers and acquisitions: evidence from the UK[J]. Research in International Business&Finance(3): 202-216.

[31] Boldin M D, 1996. A check on the robustness of hamilton's markov switching model approach to the economic analysis of the business cycle[J]. Studiesin Nonlinear Dynamics&Econometrics(1): 35-46.

[32] Boulouta I, 2013. Hidden connections: the link between board gender diversity and corporate social performance[J]. Journal of Business Ethics (2):185-197.

[33]　Boyd B K,1995. CEO duality and firm performance: a contingency model[J]. Strategic Management Journal (4):301-312.

[34]　Brickly J A, Coles J L, Jarrell G,1997. Leadership structure: separating the CEO and shairman of the board[J]. Journal of Corporate Finance (3):189-220.

[35]　Bridges S, Guariglia A, 2008. Financial constraints, global engagement, and firm survival in the UK: evidence from micro data[J]. Scottish Journal of Pilitical Economy(55):444-464.

[36]　Burns A F, Mitchell W C,1946. Measuring business cycles[J]. National Bureau of Economic Research (5): 540-550.

[37]　Chan H W H, Lu Y, Zhang H F, 2013. The effect of financial constraints, investment policy, product market competition and corporate governance on the value of cash holdings[J]. Accounting & Finance (2): 339-366.

[38]　Chancharat N, Krishnamurti C,Tiara G, 2012. Board structure and survival of new economy IPO firms[J]. Corporate Governance: An International Review(2): 144-163.

[39]　Chatterjee, Sayan,1986. Types of synergy and economic value: The impact of acquisitions on merging and rival firms[J]. Strategic Management Journal(2):119-139.

[40]　Choe H, Masulis R W, Nanda V, 1993. Common stock offerings across the business cycle[J]. Journal of Empirical Finance (1): 3-31.

[41]　Choi S H, Jeon B N , 2011. The impact of the macroeconomic environment on merger activity: evidence from US time-series data [J]. Applied Financial Economic (4): 233-249.

[42]　Cleary S,1999. The relationship between firm investment and financial status[J]. Journal of Finance(54):673-692.

[43]　DeLong, G, 2003. Does long-term performance of match market expectations? Evidence from the US banking industry[J]. Financial Management(32):5-25.

[44]　Denis D J, Sibilkov V,2010. Financial constraints, investment, and

the value of cash holdings[J]. The Review of Financial Studies(23):247-269.

[45] Donaldson G, Stone N D, 1984. Managing corporate wealth[M]. New York: Praeger.

[46] Donaldson L, Davis J H, 1991. Stewardship theory or agency theory: CEO governance and shareholder returns[J]. Australian Journal of Management(16):49-64.

[47] Dunning J H, 1988. The eclectic paradigm of international production: a restatement and some possible extensions [J]. Journal of International Business Studies (1):1-31.

[48] Eckbo B E,1983. Horizontal mergers, collusion, and stockholder wealth [J]. Journal of Financial Economics(2):241-273.

[49] Egger H, Egger P, 2010. The trade and welfare effects of mergers in space[J]. Regional Science & Urban Economics (4):210-220.

[50] Erel I, Jang Y, Weisbach M S, 2013. Do acquisitions relieve target firms' financial constraints? [J]. Journal of Finance (1):289-328.

[51] Erel I, Jang Y, Weisbach M S, 2012. Financing-motivated Acquisition [R]. Working paper.

[52] Eugene F, Kenneth R, 1996. French multifactor explanations of asset pricing anomalies[J]. Journal of Finance(51): 55-84.

[53] Faccio M, Masulis R W, 2005. The choice of payment method in European mergers and acquisitions [J]. Journal of Finance (3):1345-1388

[54] Faulkender M, Wang R, 2006. Corporate financial policy and the value of cash[J]. Journal of Finance (5): 1957-1990.

[55] Fazzari S M, Petersen B C, 1993. Working capital and fixed investment: new evidence on financing constraints[J]. Journal of Economics (4):328-341.

[56] Fazzari S, Hubbard G, Perterson B C, 1988. Financing constraints and corporate investment [J]. Brookings Paper on Economic Activity, 17(1) : 141-159.

[57] Francoeur C , Amar W B , Rakoto P, 2012. Ownership structure,

earnings management and acquiring firm post-merger market performance: evidence from Canada[J]. International Journal of Managerial Finance (2):100-119.

[58] Gertler M, Gilchrist S, 1994. Monetary policy, business cycles and the behavior of small manufacturing firms[J]. The Quarterly Journal of Economics (2): 309-340.

[59] Gertler M, Hubbard R G, 1988. Financial factors in business fluctuations financial market volatility:causes and consequences[J]. Federal Reserve Bank Kansas City(79):33-78.

[60] Gertler M. 1992. Financial capacity and output fluctuations in an economy with multi-period financial relationships[J]. The Review of Economic Studies(3) :455-472.

[61] Gilchrist S,Himmelberg C P,1995. Evidence on the role of cash flow for investment[J]. Journal of Monetary Economics (3):541-572.

[62] Giuli A D, 2012. The effect of stock misvaluation and investment opportunities on the method of payment in mergers[J]. Journal of Corporate Finance (1):196-215.

[63] Golden B R, Zajac E J, 2001. When will boards influence strategy? inclination × power = strategic change[J]. Strategic Management Journal (12):56-79.

[64] Gort M,1969. An economic disturbance theory of mergers[J]. The Quarterly Journal of Economics (7): 624-642.

[65] Gregory S,McCorriston S,2005. Foreign acquisitions by UK limited companies: short-and long-run performance[J]. Journal of Empirical Finance (1): 99-125.

[66] Grinstein Y, Hribar P, 2004. CEO compensation and incentives: evidence from M&A bonuses[J]. Journal of Financial Economics (71):119-143.

[67] Guerard J,1989. Mergers, stock prices and industrial production, further evidence[J]. Economic Letters(30):161-164.

[68] Gugler K, Mueller D C, Yurtoglu B B,2009. The determinants of merger waves[R]. working paper.

［69］ Gugler K,Mueller D C,Weiehselbaumer M,2012. The determinants of merger waves: an international perspective［J］. International Journal of Industrial Organ-ization (4): 1-15.

［70］ Hackbarth D, Miao J, Morellec E, 2006. Capital structure, credit risk, and macroeconomic conditions ［J］. Journal of Financial Economics(82): 519-550.

［71］ Harford J, 1999. Corporate cash reserves and acquisitions［J］. The Journal of Finance (6):1969-1997.

［72］ Harford J,2005. What drives merger waves? ［J］. Journal of Financial Economics (7): 529-560.

［73］ Haushalter D S, Maxwell K F, 2007. The influence of product market dynamic on a firms cash holdings and hedging behavior［J］. Journal of Financial Economics(84):133-158.

［74］ Healy P M,Palepu K G,Ruback R S,1992. Does corporate performance improve after mergers? ［J］. Journal of Financial Economics (31): 135-175.

［75］ Heaton J, 2002. Managerial optimism and corporate finance ［J］. Financial Management(31):33-45.

［76］ Heckman J J,Vytlacil E,2005. Structural equations, treatment effects, and econometric policy evaluation［J］. Econometrica(73) : 669-738.

［77］ Hlarfstei,Stein. 1996. Are internal capital markets efficient? ［J］. Quarterly Journal ofEconomics(113): 531-553.

［78］ Hoberg G,Phillips G,2010. Product market synergies and competition in mergers and acquisitions: a text-based analysis ［J］. Review of Financial Studies (10): 3773-3811.

［79］ Holmstrom, Bengt, Kaplan, et al. ,2001. Corporate governance and merger activity in the united states:making sense of the 1980s and 1990s［J］. Journal of Economic Perspectives (2):121-144.

［80］ Hsueh S J, Yao C T, Tu C H , et al. , 2014. Can m&a activities act as a predictor of the performance of economic growth or stock prices? ［J］. Economic Modelling (3): 430-438.

［81］ Hubbard R G, Palia D, 1999. Reexamination of the conglomerate

merger wa-ve in the1960s: an internal capital markets view [J].
Journal of Finance (3):1131-1152.

[82] Jaffee D M, Russell T, 1984. Imperfect information, uncertainty,
and credit rationing : a reply [J]. Quarterly Journal of Economics
(99): 869-872.

[83] Jensen M C, Meckling W H,1976. Theory of the firm: managerial
behavior, agency costs and ownership structure [J]. Journal of
Financial Economics(3):305-360.

[84] Jensen M, 1987. The free cash flow theory of takeovers: a financial
perspective on mergers and acquisitions and the economy [J].
Proceedings of a Conference Sponsowd by Federal Reserve Bank of
Boston(34): 102-143.

[85] Jiang T, Nie H, 2014. The stained china miracle:corruption, regulation
and firm performance[J]. Economics Letters(123):366-369.

[86] Jiang T, Nie H,2013. The stained China miracle: regulation, and
firm performance[R]. Working Paper.

[87] Johnson S,LaPorta R,2000. Lopez-de-Silanes and a shleifer tunneling[J].
American Economic Review(90):22-27.

[88] Kale J R, Loon Y C, 2011. Product market power and stock market
liquidity[J]. Journal of Financial Markets (2):376-410.

[89] Kaplan S N, L Zingales, 1997. Do investment-cash flow sensitivities
provide useful measures of financing constraints[J]. The Quarterly
Journal of Economics (1): 169-215.

[90] Karagiannidis, S. , 2010. Mergers and acquisitions in Australia:
reasons and timing[D]. Victoria University.

[91] Karampatsas N, Petmezas D, Travlos N, 2013. Credit ratings and
the choice of payment method in mergers and acquisitions [R].
Working Paper.

[92] Kastrinak Z, Stoneman P, 2011. Merger patterns in the european
food supply chain[J]. Journal of the Economics of Busines (4): 463-
487.

[93] Craninckx K, Huyghebaert N, 2015. Large shareholders and value

creation through corporate acquisitions in Europe. The identity of the controlling shareholder matters [J]. European Management Journal(7):113-131.

[94] Khatami H, Marchica M, Mura R, 2011. Returns from M&A and acquisition premiums:the case of financial constraints[J]. Journal of Multinational Financial Management (21): 18-39.

[95] Khatami S H, Marchica M T, Mura R, 2013. Corporate ac-quisitions and financial constraints [J]. International Review of Financial Analysis(3):10-40.

[96] Kitching J, 1967. Why do mergers miscarry? [J]. Harvard Business Review (6): 84-101.

[97] Kiymaz H,2004. Cross-border acquisitions of US financial institutions: impact of macroeconomic factors[J]. Journal of Banking &Finance (6):1413-1439.

[98] Klein B, Crawford R, Alchian A,1978. Vertical integration, appropriable rents and competitive contracting process[J]. Journal of Law and Economics(21):297-326.

[99] Komlenovic S, Mamun A, Mishra D, 2011. Business cycle and aggregate industry mergers[J]. Journal of Economics & Finance (3): 239-259.

[100] Komlenovic S. 2008. Aggregate merger activity and the business cycle[J]. Business Cycle(53):235-260.

[101] Korajczyk, Levy, 2003. Capital structure choice: macroeconomic condition and financial constraints [J]. Journal of Financial Economics(68):75-109.

[102] Kräussl R, Topper M, 2007. Size does matter-firm size and the gains from acquisitions on the dutch market[J]. Social Science Electronic Publishing(4):279-293.

[103] Krishnan H A, Hitt M A, Park D,2007. Acquisition premiums, subsequent work-force reductions and post-acquisition performance [J]. Journal of Management Studies (5):709-732.

[104] Kropf M R, RobinsonD T, Viswanathan S,2005. Valuation waves

and merger activity: the empirical evidence[J]. Journal of Financial Economics (6): 561-603.

[105]   Kuppuswamy V, Villalonga B, 2012. Does diversification create value in the presence of external financing constraints? Evidence from the 2008-2009 financial crisis[J]. Journal of Finance (3): 867-891.

[106]   Kusewitt J B, Jr Kusewitt J B, 1985. An exploratory study of strategic acquisition factors relating to performance[J]. Strategic Management Journal(6):151-169.

[107]   Lang L H P, Stulz R, Walkling R A, 1989. Managerial performance, tobin's Q, and the gains from successful tender offers[J]. Journal of Financial Economics(24):137-154.

[108]   LaPorta R, LoPez-de-Silanes F, Shleifer A. 1999. Corporate ownership around the world[J]. Journal of Finance(54):471-517.

[109]   Leary M T, 2009. Bank loan supply, lender choice, and corporate capital structure[J]. The Journal of Finance (3): 1143-1185.

[110]   Lee H W, Kocher C, 2001. Firm characteristic and seasoned equity issuance method: private placement versus public offering[J]. The Journal of Applied Business Research(3):23-36.

[111]   Lemmon M, Roberts M R, 2010. The response of corporate financing and investment to changes in the supply of credit[J]. Journal of Financial and Quantitative Analysis (3): 555-587.

[112]   Levy A, Hennessy C, 2007. Why does capital structure choice vary with macroeconomic conditions? [J]. Journal of Financial Economics (54):1545-1564.

[113]   Lewellen W, Loderer C. 1985. Merger decisions and executive stock own-ership in acquiring firms [J]. Journal of Accounting and Economics (1):209-231.

[114]   Lewellen W. 1971. Pure financial rationale for the conglomerate merger[J]. The Journal of Finance (2):521-537.

[115]   Linn S, Switzer J, 2001. Are cash acquisitions associated with better better post combination operating performance than stock acquisitions? [J]. Journal of Banking and Finance (25):

1113-1138.

[116] Lopez-Gracia J, Sogorb-Mira F, 2015. Financial constraints and cash-cash flow sensitivity[J]. Applied Economics (10-12):1037-1049.

[117] Lys T, Vincent L, 1995. An analysis of value destruction in AT&.T's acquisition of NCR [J]. Journal of Financial Economics (39): 353-378.

[118] Malmendier U, Tate G, 2008. Does overconfidence affect corporate investment? CEO overconfidence measures revisited[J]. European Financial Management(11):649-659.

[119] Marris R, 1964. The economic theory of managerial capitalism[M]. Glencoe IL: Free Press.

[120] Martynova M, Renneboog L, 2011. The performance of the European market for corporate control: evidence from the fifth takeover wave [J]. European Financial Management (2): 208-259.

[121] Masulis R W, Wang C, Xie F, 2012. Globalizing the boardroom: the effects of foreign directors on corporate governance and firm performance [J]. Journal of Accounting and Economics (53): 527-554.

[122] McDaniel M W, 1986. Bondholders and corporate governance[J]. Business Lawyer(3): 413-445.

[123] Milton, Harris, Rene, et al. , 2001. Handbook of economics and finance[M], North Holland.

[124] Mitchell W, 1927. Business cycles: the problem and its setting[J]. Journal of the Royal Statistical Society(91): 251.

[125] Mkrtchyan A, 2012. Director compensation incentives: evidence from acquisit-ions[J]. Social Science Electronic Publishing(3):119-143.

[126] Modigliani M, Miller H, 1958. The cost of capital, corporate finance and the theory of investment[J]. The American economic review(48): 261-297.

[127] Moeller, Schlingemann, Stulz, 2004. Firm size and the gains from acquisitions[J]. Journal of Financial Economics(73):201-228.

[128] Mokhova N, Zinecker M, 2014. Macroeconomic factors and corporate capital structure[J]. Procedia-Social and Behavioral Sciences (24): 530-540.

[129] Mooney T, Shim H, 2015. Does financial synergy provide a rationale for conglomerate mergers? [J]. Asia-Pacific Journal of Financial Studies (4):537-586.

[130] Moyen, 2004. Investment-cash flow sensitivities: constrained versus unconstrained firms[J]. The Journal of Finance (5): 2061-2092.

[131] Mueller D C, 1969. A theory of conglomerate mergers[J]. The Quarterly Journal of Economics(23): 643-659.

[132] Mullin G L, Mullin J C, Mullin W P, 1995. The competitive effects of mergers: stock market evidence from the U. S. steel dissolution suit[J]. The RAND Journal of Economics (2): 314-330.

[133] Nakamura, Richard. 2004. To merge and acquire when the times are good? The Influence of macro factors on the Japanese M&A pattern[J]. European Institute of Japanese Studies (10):120-135.

[134] Nelson R L, 1959. Merger movements in American industry, 1895-1956[R]. UM].

[135] Netter J, Stegemoller M, Wintoki M B, 2011. Implications of data screens on merger and acquisition analysis: a large sample study of mergers and acquisitions from 1992 to 2009[J]. The Review of Financial Studies (7): 2316-2357.

[136] Nielsen J F, Melicher R W, 1973. A financial analysis of acquisition and merger premiums[J]. Journal of Financial and Quantitative Analysis (2): 139-148.

[137] Palepu K G, 1986. Predicting takeover targets: a methodological and empirical analysis[J]. Journal of Accounting and Economics (8):3-35.

[138] Pardoel M, 2011. Financing constrains in mergers and acquisitions: methods of payment, leverage change and firm performance[D]. Netherland: University of Tilburg.

[139] Pesaran M H, Potter S M, 1997. A floor and ceiling model of US

output [J]. Journal of Economic Dynamics&Control (4): 661-695.

[140] Rajan R, Zingales L, 1998. Which capitalism? Lesson from the East Asian crisis[J]. Journal of Applied corporate Finance (1) : 40-48.

[141] Rhodes K M, Viswanathan S, 2004. Market valuation and merger waves[J]. Journal of Finance (5): 2685-2718.

[142] Roll R, 1986. The hubris hypothesis of corporate takerovers[J]. Journal of Business(59): 197-216.

[143] Rosenbaum, Rubin, 1984. Reducing bias in observational studies using subclassification on the propensity score[J]. Journal of the American Statistical Association (79): 516-524.

[144] Rugman, Verbeke, 2007. Liabilities of regional foreignness and the use of firm-level vs country-level data: a response to Dunning et al. [J]. Journal of International Business Studies (1) :200-205.

[145] Saravia J A, 2014. Merger waves and the Austrian business cycle theory[J]. Electronic Journal(4):124-143.

[146] Shin H H, Stulz R M,1998. Are internal capital markets efficient [J]. Quarterly Journal of Economics(113):2531-2552.

[147] Shin H H, Park Y S, 1999. Financing constraints and internal capital markets: evidence from Korean"Chaebols"[J]. Journal of Corporate Finance(2): 169-191.

[148] Shleifer A, Vishny R W,1994. Politicians and firms[J]. The Quarterly Journal of Economics(109):995-1025.

[149] Shleifer A, Vishny R W,2003. Stock market driven acquisitions [J]. Journal of Financial Economics(6): 295-311.

[150] Sichel D E, 1994. Inventories and the three phases of the business cycle[J]. Journal of Business Economics and Statistics(12):57-60.

[151] Slusky A R, Caves R E,1991. Synergy, agency and the determinants of p-remia paid in mergeers[J]. Journal of Industrial Economics(39): 277-296.

[152] Stewart C, 1977. Determinants of corporate borrowing[J]. Journal of Financial Economics(5): 147-175.

[153] Stewart M C, Majluf N, 1984. Corporate financing and investment decisions when firms have information that investors do not have [J]. Journal of Financial Economics(13):187-221.

[154] Stiglitz J E, Weiss A, 1981. Credit rationing in markets with imperfect information[J]. American Economic Review(71): 393-410.

[155] Stulz, 1990. Managerial discretion and optimal financing policie[J]. Journal of Financial Economics (1): 3-27.

[156] Swieringa J, Schauten M, 2007. The payment method choice in dutch mergers and acquisitions[J]. SSRN Electronic Journal(79): 1537-1547.

[157] Tiao G C, Tsay R S, 1994. Some advances in nonlinear and adaptive modeling in time series [J]. Journal of Forecasting (13): 14-23.

[158] Tichy, 2001. What do we know about success and failure of mergers? [J]. Journal of lndustry Competition and Trade (4):347-394.

[159] Van Dijk D, Franses P H , Lucas A, 1999. Philip hans testing for arch in the presence of additive outliers [J]. Journal of Applied Econometrics (5):539-562.

[160] Weiss C, Hilger S, 2012. Ownership concentration beyond good and evil:is there an effect on corporate performance? [J]. Journal of Management& Governance (4):727-752.

[161] Weston F J, Siu J A, Johnson B A, 2001. Takeovers,restructuring,and corporate governance[M]. Prentice Hall.

[162] Whited T M, 1992. Debt, liquidity constraints, and corporate investment:evidence from panel data[J]. Journal of Finance(47): 1425-1460.

[163] Whited T M, Wu G J, 2006. Financial constraints risk[J]. Review of Financial Studies(19): 531-559.

[164] 曹永琴,李泽祥,2009.中国金融经济周期与真实经济周期的动态关联研究[J].统计研究(5):9-16.

[165] 陈国进,王少谦,2016.经济政策不确定性如何影响企业投资战略

[J].世界经济(5):5-22.

[166] 陈健,席酉民,郭菊娥.2005.中国上市公司横向关联方并购绩效的实证研究[J].经济管理(14):28-33.

[167] 陈仕华,李维安,2016.并购溢价决策中的锚定效应研究[J].经济研究(6):114-127.

[168] 陈仕华,卢昌崇,姜广省,等,2015.国企高管政治晋升对企业并购战略的影响:基于企业成长压力理论的实证研究[J].管理世界(9):125-137.

[169] 陈武朝,2013.经济周期、行业周期性与盈余管理程度:来自中国上市公司的经验证据[J].南开管理评论(3):26-35.

[170] 陈信元,黄俊,2016.股权分置改革、股权层级与企业绩效[J].会计研究(1):56-62.

[171] 陈玉罡,石芳,2014.反收购条款、并购概率与公司价值[J].会计研究(2):34-42.

[172] 陈志斌,刘静,2010.金融危机背景下企业现金流运行中的政策影响研究[J].会计研究(4):42-49,95-96.

[173] 程聪,2018.企业绩效评价方式与并购绩效 Meta 分析[J].科研管理(3):11-20.

[174] 程六兵,刘峰,2013.银行监管与信贷歧视:从会计稳健性的视角[J].会计研究(1):28-34.

[175] 池昭梅,张秋生,2017.中国上市公司内外部融资约束与并购支付方式研究[J].广西财经学院学报(12):38-53.

[176] 迟殿洲,2016.融资约束、并购规模与并购绩效[J].财会学习(1):124-127.

[177] 狄德罗,1999.大不列颠百科全书(国际中文版)[M].北京:中国大百科全书出版社.

[178] 杜丽虹,2006.产业周期、价值低估与现金收购[R].公司金融与企业发展清华圆桌论坛(11):4-10.

[179] 范从来,袁静,2002.成长性、成熟性和衰退性产业上市公司并购绩效的实证分析[J].中国工业经济(08):13-14.

[180] 方军雄,2008.政府干预、所有权性质与企业并购[J].管理世界(9):118-123.

[181] 方军雄.2009.市场分割与资源配置效率的损害:来自企业并购的证据[J].财经研究(9):36-47.

[182] 方明月,2011.资产专用性,融资能力与并购绩效[J].金融研究(5):156-171.

[183] 冯根福,吴林江,2001.我国上市公司并购绩效的实证研究[J].经济研究(1):54-61,68.

[184] 冯根福,吴林江,2001.我国上市公司并购绩效的实证研究[J]经济研究(1):54-61.

[185] 冯丽霞,2006.内部资本市场:组织载体,交易与租金[J].会计研究(8):37-43.

[186] 冯毅,2016.股权结构与董事会效率关系研究:基于公司复杂性的调节效应视角[M].北京:中国金融出版社.

[187] 傅传锐,杨群,2017.政治关联、竞争地位与混合并购:来自中国 A 股证券市场的经验证据[J].北京理工大学学报(社会科学版)(5):61-71.

[188] 高见,陈歆,2000.中国证券市场资产重组效应分析[J].经济科学(1):66-77.

[189] 高素英,王竞,金浩,2004.我国经济波动周期的测算与检验[J].南开学报(3):119-124.

[190] 高铁梅,王金明,陈飞,2009.中国转轨时期经济增长周期波动特征的实证分析[J].财经问题研究(1):22-29.

[191] 高燕燕,黄国良,李强,刘天竹,2018.国企多元化并购异象的根源与市场反应:基于制度基础观的研究[J].系统工程(1):81-90.

[192] 葛伟杰,张秋生,张自巧,2014.支付方式、融资约束与并购溢价研究[J].证券市场导报(1):40-47.

[193] 顾文军,2003.中国企业并购与宏观经济周期的相关性研究[J].北方经贸(10):12-14.

[194] 关伯明,邓荣霖,彭华伟,2015.公司股权结构对海外并购绩效的影响研究[J].现代管理科学(9):21-23.

[195] 韩可卫,杨波,1997.美国企业并购的发展历程、特点及启示[J].决策借鉴(6):38-40.

[196] 韩忠雪,王闪,崔建伟,2013.多元化并购、股权安排与公司长期财富

效应[J].山西财经大学学报(9):94-103.

[197] 韩忠雪,周婷婷,2011.产品市场竞争、融资约束与公司现金持有[J].南开管理评论(4):149-160.

[198] 洪道麟,刘力,熊德华.2006.多元化并购、企业长期绩效损失及其选择动因[J].经济科学(5):63-73.

[199] 胡杰武,2016.中联重科并购 CIFA 获得了什么?——5 周年之后的回顾与反思中联重科并购[J].中国软科学(4):150-166.

[200] 胡晓明,魏娜,2014.上市公司高管激励与并购绩效的实证分析[J].南京财经大学学报(2):56-63.

[201] 胡元木,2012.技术独立董事可以提高 R&D 产出效率吗?——来自中国证券市场的研究[J].南开管理评论(2):136-142.

[202] 黄莉,蔡金娥,2017.股权结构、融资约束与并购支付方式:基于混合所有制背景的研究[J].西安石油大学学报(社会科学版)(26):28-34,55.

[203] 黄志忠,谢军,2013.宏观货币政策、区域金融发展和企业融资约束[J].会计研究(1):63-69.

[204] 江龙,刘笑松,2011.经济周期波动与上市公司现金持有战略研究[J].会计研究(9):40-46.

[205] 江若尘,莫材友,徐庆,2013.政治关联维度、地区市场化程度与并购:来自上市民营企业的经验数据[J].财贸研究(12):126-140

[206] 姜付秀,张敏,陆正飞,2009.管理者过度自信、企业扩张与财务困境[J].经济研究(1):34-45,

[207] 蒋国平,1996.论我国企业并购中的几个非市场化问题[[J].理论与现代化(9):38-40.

[208] 靳庆鲁,孔祥,侯青川,2012.货币政策、民营企业投资效率与公司期权价值[J].经济研究(5):96-106.

[209] 况学文,施臻懿,何恩良,2010.中国上市公司融资约束指数设计与评价[J].山西财经大学学报(2):110-118.

[210] 乐琦,蓝海林,2012.并购后控制与并购绩效的关系研究:基于合法性的调节效应[J].管理学报(2):225-232.

[211] 乐琦.2012.并购后组织结构设置与并购绩效:基于多重因素的调节效应[J].经济与管理(08):47-52.

[212] 李杰.2007.融资压力与企业并购绩效:并购融资方式视角的分析 [J].华东经济管理(6):108-113.

[213] 李井林,刘淑莲,韩雪,2014.融资约束、支付方式与并购绩效[J].山西财经大学报,35(8):114-124.

[214] 李科,徐龙炳,2011.融资约束、债务能力与公司绩效[J].经济研究 (5):61-73.

[215] 李善民,曾昭化,王彩萍,等,2004.上市公司并购绩效及其影响因素研究机[J].世界经济(6):60-67.

[216] 李善民,毛雅娟,赵晶晶,2009.高管持股、高管的私有收益与公司的并购行为[J].管理科学(6):1-11.

[217] 李维安,陈钢,2015.会计稳健性、信息不对称与并购绩效:来自沪深A股上市公的经验证据[J].经济管理(2):96-106.

[218] 李延喜,杜瑞,高锐,等,2007.上市公司投资支出与融资约束敏感性研究[J].管理科学(1):82-88.

[219] 李勇,2014.宏观经济环境、动态目标资本结构与融资约束:基于中国上市公司的实证分析[J].山西财经大学学报(5):22-30.

[220] 连玉君,彭方平,苏治,2010.融资约束与流动性管理行为[J].金融研究(10):158-171.

[221] 连玉君,苏治,2009.融资约束、不确定性与上市公司投资效率[J].管理评论(1):19-26.

[222] 连玉君,苏治,丁志国,2008.现金-现金流敏感性能检验融资约束假说吗?[J].统计研究(10):92-99.

[223] 梁铄,张立,2006.基于实物期权模型的企业并购决策):目标企业规模可选[J].工业技术经济(4):35-40.

[224] 林钟高,郑军,卜继栓,2015.环境不确定性、多元化经营与资本成本[J].会计研究(2):36-43,93.

[225] 刘灿灿,于成永,岳修奎,等,2015.融资约束、相对规模与并购绩效:基于制造业上市公司实证研究[J].中国资产评估(8):32-41.

[226] 刘春红,张文君,2013.经济周期波动与融资约束的动态调整[J].中央财经大学学报(12):37-42.

[227] 刘莉,温丹丹,2014.股权激励与长期并购绩效的实证研究:基于制造业A股上市公司数据[J].云南财经大学学报(6):127-132.

[228] 刘淑莲,张芳芳,张文珂,2014.融资约束、现金流波动性与并购对价方式研究[J].证券市场导报(5):40-47.

[229] 刘树成,2009.新中国经济增长年曲线的回顾与展望:兼论新一轮经济周期[J].经济学动态(9):3-10.

[230] 刘树海,唐婧清,白仲林,2015.会计信息质量、融资约束与现金持有价值:基于门槛回归的经验证据[J].统计与信息论坛(7):77-83.

[231] 刘钊,王志强,肖明芳,2014.产权性质、资本结构与企业并购:基于中国制度背景的研究[J].经济与管理研究(2):32-41.

[232] 刘志远,张西征,2010.投资现金流敏感性能反映公司融资约束吗?[J].基于外部融资环境的研究经济管理(5):105-110.

[233] 卢闯,孙健,2015.股权激励与上市公司投资战略:基于倾向得分配对方法的分析[J].中国软科学(5):110-118.

[234] 陆正飞,韩非池,2013.宏观经济政策如何影响公司现金持有的经济效应[J].管理世界(6):43-60.

[235] 鹿朋,2008.并购活动与宏观因素相关性研究[J].内蒙古财经学院学报(1):10-13.

[236] 罗翠华,2004.企业跨地区并购与区域经济协调发展[J].科技进步与对策(8):83-85.

[237] 罗琦,张克中.2007.经济周期波动与企业现金持有行为关联性探析[J].财贸经济(10):79-82.

[238] 孟庆丽,2013.并购的协同效应计量及实证检验[J].统计与决策(24):173-175.

[239] 闵亮,沈悦,2011.宏观冲击下的资本结构动态调整:基于融资约束的差异性分析[J].中国工业经济(5):109-118.

[240] 倪静,王成方,2010,最终控制人性质、市场化进程与企业并购基于中国上市公司的经证据[J].中央财经大学学报(2):105-117.

[241] 欧阳陆伟,袁险峰,文美,等,2010.股权结构对上市公司并购绩效影响的实证研究[J].特区经济(4):116-117.

[242] 帕蒂汉森,2004.并购指南:人员整合[M].上海:中信出版社.

[243] 潘爱玲,王淋淋,2015.产权属性、政治关联与文化企业并购绩效[J].华中师范大学学报(人文社会科学版)(3):89-100.

[244] 潘红波,夏新平,余明桂.2008.政府干预、政治关联与地方国有企业

并购[J].经济研究(4):41-52.

[245] 潘瑾,陈宏民.2004.上市公司不同并购模式风险的实证研究[J].上海金融(10):34-36.

[246] 潘颖,王凯,2014.上市公司董事会治理与并购绩效关系的实证研究[[J].西北大学学报:哲学社会科学版(1):176-182.

[247] 仇冬芳,马彩霞,耿成轩,2017.环境不确定性、融资约束与现金持有价值:来自A股上市公司的经验数据[J].软科学(3):49-54.

[248] 仇云杰,魏炜,2016.研发投入对企业绩效的影响:基于倾向得分匹配法的研究[J].当代财经(3):96-106.

[249] 屈文洲,谢雅璐,叶玉妹,2011.信息不对称、融资约束与投资—现金流敏感性:基于市场微观结构理论的实证研究[J].经济研究(6):105-117.

[250] 塞罗沃,2000.协同效应的陷阱:公司在并购中如何避免功亏一篑[M].上海:上海远东出版社.

[251] 盛虎,关健,汪颖,2009.我国上市公司并购规模对企业价值影响的研究[J].财经问题研究(1):111-115.

[252] 盛敏,刘佳,迟飞,2012.中国上市公司企业并购的财务协同效应研究:聚焦于放大和紧缩[J].上海管理科学(8):58-63.

[253] 宋常,刘笑松,黄蕾,2012.中国上市公司高额现金持有行为溯因:融资约束理论抑或委托代理理论[J].当代财经(2):121-127.

[254] 宋明岷,2011.我国商业银行并购贷款发展策略[J].投资研究(3):26-29.

[255] 宋淑琴,刘淑莲,2014.融资约束、债务融资与海外并购绩效:光明集团并购英国维他麦案例分析[J].辽宁大学学报(哲学社会科学版)(2):36-43.

[256] 苏冬蔚,2005.多元化经营与企业价值:中国上市公司多元化溢价的实证分析[J].经济学(10):135-158.

[257] 孙梦男,姚海鑫,赵利娟,2017.政治关联、并购战略选择与企业价值[J].经济理论与经济管理(1):19-32.

[258] 唐绍祥,2007.我国总体并购活动与宏观经济变量的关联性研究[J].数量经济技术经济研究(1):83-91.

[259] 唐雪松,周晓苏,马如静,2010.政府干预、GDP增长与地方国企过度

投资[J].金融研究(08):33-48.

[260] 田秋生,唐汉清,2011.中国经济周期的划分与波动趋势研究[J].统计与决策(14):109-111.

[261] 田文龙,2016.并购中"蛇吞象"现象所带来的启示:以吉利并购沃尔沃为例[J].中国管理信息化(2):97-98.

[262] 万良勇,廖明情,胡璟,2015.产融结合与企业融资约束:基于上市公司参股银行的实证研究[J].南开管理评论(2):64-72.

[263] 汪波,章韬,王纯洁,2013.所有权性质、企业并购决策与经营绩效:来自42家钢铁上市公司的证据[J].中央财经大学学报(9):57-63.

[264] 王峰娟,谢志华,2010.内部资本市场效率实证测度模型的改进与验证[J].会计研究(8):42-49.

[265] 王凤荣,高飞.2012.政府干预、企业生命周期与并购绩效:基于我国地方国有上市公司的经验数据[J].金融研究(12):137-150.

[266] 王凤荣,苗妙,2015.税收竞争、区域环境与资本跨区流动:基于企业异地并购视角的实证研究[J].经济研究(2):16-30.

[267] 王林元,王晓慧,2011.影响企业并购的宏观经济因素分析:基于企业并购理论与中国市场实践的实证研究[J].吉林金融研究(9):5-10.

[268] 王树强,赵慧霞,2015.企业跨区域并购绩效的影响因素研判[J].河北工业大学学报社会科学版(1):17-25.

[269] 王小鲁,樊纲,余静雯,2017.中国分省份市场化指数报告(2016)[M].北京:社会科学文献出版社.

[270] 王彦超,2009.融资约束,现金持有与过度投资[J].金融研究(7):121-133

[271] 魏锋,刘星,2004.融资约束、不确定性对公司投资战略的影响[J].经济科学(2):35-43.

[272] 魏炜,朱青元,林桂平,2017.政治关联、多元化并购与企业并购绩效[J].管理学报(7):998-1005.

[273] 文武,程惠芳,汤临佳,2015.经济周期对我国研发强度的非对称影响[J].科学学研究(3):1357-1364.

[274] 吴红军,2006.融资约束是上市公司间收购的动力吗?[A].中国会计学会2006年学术会议论文集.

[275] 吴华强,才国伟,徐信忠,2015.宏观经济周期对企业外部融资的影响研究[J].金融研究(8):109-123.

[276] 吴娜,2013.经济周期、融资约束与营运资本的动态协同选择[J].会计研究(8):54-61.

[277] 吴秋生,黄贤环,2017.财务公司的职能配置与集团成员上市公司融资约束缓解[J].中国工业经济(9):156-173.

[278] 吴兴华,2010.民营企业董事会与公司绩效关系实证研究:基于职业经理人战略选择视角[J].广西社会科学(4):46-49.

[279] 席鑫,堪昕,2010.上市公司并购绩效的影响因索的实证研咒[J].工业技术经济(9):18-26.

[280] 肖土盛,李丹,袁淳,2018.企业风格与政府环境匹配:基于异地并购的证据[J].管理世界(3):124-138.

[281] 谢军,2006.第一大股东、股权集中度和公司绩效[J].经济评论(1):70-75,97.

[282] 谢军,2007.第一大股东持股和公司价值):激励效应和防御效应[J].南开管理评论(1):21-25.

[283] 谢亚涛,2003.企业并购的绩效分析[J].会计研究(12):52-53.

[284] 邢立全,陈汉文,2013.产品市场竞争、竞争地位与审计收费:基于代理成本与经营风险的双重考量[J].审计研究,29(3):50-58.

[285] 徐晓慧,2015.中国上市企业并购短期绩效研究:基于并购双方的行业相似性[J].当代经济科学(3):89-98.

[286] 徐业坤,杨帅,李维安,2017.政治晋升、寻租与企业并购[J].经济学动态(4):64-77.薛有志,马雯,2008.实际控制权性质、多元化进入方式与多元化经营业绩[J].经济管理(11):126-132.

[287] 阳佳余,徐敏,2015.融资多样性与中国企业出口持续模式的选择[J].世界经济(4):50-76.

[288] 杨锦之,2010.企业集团内部资本市场配置效率研究:基于中国系族企业的经验证据[M].北京:中国经济出版社.

[289] 杨懿丁,2018.高管持股、多元化战略与公司长期并购绩效[J].财会通讯(6):78-81.

[290] 杨志海,赵立彬.2012.融资约束、支付方式与并购绩效的关系研究[J].证券市场导报(5):36-40.

[291]　姚海鑫,李璐,2018.共享审计可以提高并购绩效吗?:来自中国 A 股上市公司的经验证据[J].审计与经济研究(3):29-39.

[292]　姚海鑫,赵利娟,孙梦男,2017.董事会积极监督的博弈分析[J].财会月刊(10):10-13.

[293]　应惟伟,2008.经济周期对企业投资影响的实证研究[J].财政研究(5):30-33.

[294]　于永成,滕颖,2016.制度环境与跨区域并购效应关系研究[J].会计之友(8):34-37.

[295]　余鹏翼,王满四.2014.国内上市公司跨国并购绩效影响因素的实证研究[J].会计研究(3):64-70,96.

[296]　余瑜,王建琼,2013.什么驱动了中国上市公司并购浪潮?[J].中央财经大学学报(9):71-77,96.

[297]　余瑜,王建琼,2015.上市公司并购浪潮中的参照点效应:基于中国资本市场数据的实证研究机[J].西南民族大学学报(人文社会科学版)(9):128-132.

[298]　喻坤,李治国,张晓蓉,等,2014.企业投资效率之谜:融资约束假说与货币政策冲击[J].经济研究(5):106-121.

[299]　袁卫秋.2014.盈余管理方向与企业投资效率[J].西部论坛(2):93-99.

[300]　袁学英,2011.中国企业跨区域并购、资源流动与长期绩效[D].北京:北京交通大学,2011.

[301]　原磊,2010.国际金融危机下中国企业并购行为研究[J].宏观经济研究(7):22-30.

[302]　曾爱民,魏志华,2013.融资约束、财务柔性与企业投资:现金流敏感:理论分析及来自中国上市公司的经验证据[J].财经研究(11):48-59.

[303]　曾亚敏,张俊生,2014.国际会计公司成员所的审计质量[J].审计研究(1):96-10.

[304]　曾亚敏,张俊生 2008.中国上市公司股权收购动因研究):构建内部资本市场抑或滥用自有现金流[J].世界经济(2):62-68.

[305]　张洽,2013.CEO 薪酬、权力寻租与并购绩效:基于我国上市公司的实证分析[J].中南财经政法大学学报(5):115-122.

[306] 张秋生,张学光,2016.搭建平台探讨并购重组市场规律[N].华夏时报 01-25(011).

[307] 张淑莲,张广宝,耿琳,2012.并购对价方式选择:公司特征与宏观经济冲击[J].审计与经济研究(7):55-65.

[308] 张小艳,王舒,2015.货币政策与资本结构逆向调整:基于产权性质的差异性分析[J].财会通讯(18):71-74.

[309] 张艺琼,冯均科,2018.合约特征、高管股权激励与公司内部控制有效性:基于倾向得分匹配法的实证检验[J].山西财经大学学报(4):86-100.

[310] 张志宏,费贵贤,2010.控股权性质、市场化进程与企业并购模式选择[J].中南财经政法大学学报(5):46-53.

[311] 章细贞,何琳,2014.公司治理、管理者过度自信与企业并购绩效相关性研究[[J] .西安财经学院学报(3):17-22.

[312] 赵息,陈佳琦,2016.创业板上市公司股权结构对并购绩效的影响[J].东北大学学报(社会科学版)(3):255-261.

[313] 赵懿清,张悦,胡伟洁.2016.政府控制、经济周期与企业投资趋同行为[J].经济与管理研究(11):11-21.

[314] 赵子华,2007.财务政策选择的外部影响因素分析[J].现代商贸工业(9):26-30.

[315] 郑江淮,何旭强,王华,2011.上市公司投资的融资约束:从股权结构角度的实证分析[J].金融研究(1):92-99.

[316] 周黎安,2004.晋升博弈中政府官员的激励与合作:兼论我国地方保护主义和重复建设问题长期存在的原因[J].经济研究(6):34-45.

[317] 周林子,胡珺,胡国柳,2014.产权性质、高管控制权与并购绩效:基于内部控制有效性的研究[J].海南大学学报(人文社会科学版)(3):107-113,120.

[318] 周绍妮,王惠瞳.2015.支付方式、公司治理与并购绩效[J].北京交通大学学报(社会科学版)(2):39-44.

[319] 祝继高,陆正飞,2009.货币政策、企业成长与现金持有水平变化[J].管理世界(3):152-158,188.